图解 精益制造065

丰田生产方式的进化

精益管理的本源（上）

新しいトヨタ生産方式「トータルTPS」

【日】堀切俊雄 著
丁汝峰 龙蔚婷 译

人民东方出版传媒
People's Oriental Publishing & Media
東方出版社
The Oriental Press

图字：01-2019-4947 号

图书在版编目（CIP）数据

丰田生产方式的进化：精益管理的本源：上、下 /（日）堀切俊雄 著；丁汝峰，龙蔚婷译. —北京：东方出版社，2021. 1
（精益制造；065，066）
ISBN 978-7-5207-1762-5

Ⅰ. ①丰…　Ⅱ. ①堀… ②丁… ③龙…　Ⅲ. ①丰田汽车公司—工业企业管理—经验
Ⅳ. ①F431. 364

中国版本图书馆 CIP 数据核字（2020）第 234198 号

精益制造 065、066：丰田生产方式的进化——精益管理的本源（上、下）
[JINGYI ZHIZAO 065、066：FENGTIAN SHENGCHAN FANGSHI DE JINHUA——JINGYI GUANLI DE BENYUAN（SHANG、XIA）]

作　　者：[日] 堀切俊雄
译　　者：丁汝峰　龙蔚婷
责任编辑：崔雁行　史晓威
出　　版：东方出版社
发　　行：人民东方出版传媒有限公司
地　　址：北京市西城区北三环中路 6 号
邮　　编：100120
印　　刷：北京文昌阁彩色印刷有限责任公司
版　　次：2021 年 1 月第 1 版
印　　次：2021 年 1 月第 1 次印刷
开　　本：880 毫米×1230 毫米　1/32
印　　张：16. 875
字　　数：145 千字
书　　号：ISBN 978-7-5207-1762-5
定　　价：136. 00 元
发行电话：(010) 85924663　85924644　85924641

目　录

作者序

堀切俊雄

现在，市面上有很多关于丰田生产方式（Toyota Production System，TPS）的书，但其中没有一本对丰田汽车及其关联企业在日本海内外实施的TPS详情进行充分说明。此外，丰田系以外的众多企业纷纷尝试实践TPS却最终难以实现，这也是一大课题。

为了解决这些课题，笔者决定将最新的TPS命名为"TOTAL TPS"，即"全面TPS"。此外，笔者还在日本以外的其他国家开展了有关TOTAL TPS的讲座、培训，以及工厂实践指导。目前，全面TPS已经在包括美国、俄罗斯、德国、意大利、土耳其、斯里兰卡、中国、韩国、马来西亚、越南等国家在内的世界许多国家开始普及。

和笔者的团队共同推进企业改善的，有尝试学习旧有TPS（其他国家和地区称之为"Lean Production"）却无法投入实践的企业，还有实践了但没有取得成果的企业，他们都十分赞同全面 TPS 的理念。大家通过共同合作的方式推进改善，成功率几乎达到 100%。TPS 活动一直在持续进行，改善水平每年都在提高。

特别是俄罗斯的某家内饰零部件制造企业，他们的成功经验值得大书特书。最初，这家企业的 5S 做得很差，产品质量问题多，工厂生产效率低，处于濒临倒闭的状态，但是通过导入全面 TPS，企业人员得以成长，管理者的能力得以提升，企业内部实施了精彩的改善。在质量管理方面，他们导入“自工序完结”，这一改善帮助他们在俄罗斯企业管理协会获得“质量第一企业”的称号，各家汽车主机厂也纷纷向这家企业下达零部件生产订单。最终，这家企业不仅摆脱了危机，还新建了第二工厂。

在笔者提出的全面 TPS 中，除了经营者、管理者之外，在工厂一线工作的作业人员当中也能培养出自主改善的人才。能够自主实施优秀的改善，也是全面 TPS 的特征之一。

本书介绍了很多全面 TPS 的内容、开展方式以及改善的实施案例，不仅在日本国内，在日本海外工厂的指导中也取得了出色的成绩。海外生产相对于国内生产的比例在增加，所以在海外工厂培养人才、实施自发改善、成为更强的工厂是十分重要的课题。结合这一需求，笔者可以自信地说，本书中介绍的海外工厂指导案例资料集将起到非常积极的作用。

笔者倡导的全面 TPS 中最重要的一点是，要关心工作者的内心，并让他们的内心有所成长。

过去的 TPS 更强调理论和物理方面，但企业是人的集合，企业并不是依靠管理者的双手“制造产品”，进行实际操作的其实是负责实际业务的人员和作业人员，只有他们开始进行改善，企业才能提高业绩，取得成果。

也就是说，关心企业内全体员工的内心世界，形成“尊重人性”的氛围，全员士气才能提升，才能发挥出全员的力量。使这一点成为可能的，便是全面 TPS。

· 全体员工的思维、内心思考方式发生改变

· “改善很有趣”“开始感觉到自己的工作是有价值的”的声音开始在员工当中涌现

· 现场、工厂、企业呈现出活力

理解本书的内容并付诸实践，就能实现这样的改善。此外，本书还包含了大量笔者在世界各地工厂指导全面 TPS 的案例，如果能为大家带来帮助，笔者将感到十分荣幸。希望各位读者能够充分学习、掌握和实践这一“世界最强工厂运营法则”。

追根溯源，读懂精益管理

齐二石[①]

制造业是国民经济的支柱。我国制造业规模已经很大，居全球首位，是全世界唯一拥有全部工业门类的国家。现在，在百年不遇的大变局中，新技术的进步和新冠疫情，都在推动我国制造业加速转型升级。转型的核心，是从投资型、外延扩张型向精益型、效益型企业转型，这也是避免掉入“中等收入陷阱”的关键问题。那么，该如何选择正确的企业发展之路呢？这就要求我们既要考察研究美日德等发达国家制造业发展之路，又要考虑我国企业的实际需求和企业状况。有的企业“病急乱投医”，希望抓住西方的一种技术、模式向企业推行，结果都没有成功，还耗费了大量资金，成为企业背上沉重的包袱。

解决选择道路的问题，首先要搞清制造企业是技术、管理、人、资本、文化五大要素的综合系统组织，这五大要素各自的

① 齐二石，天津大学管理创新研究院院长，教授，博士生导师，中国机械工程学会工业工程分会理事长。

功能不同，其中管理是最具本土化特色的要素，并有着将其他要素进行有效组织、提升整体效益及竞争力的功能，不可能由单一技术引进就能实现转型升级。

其次要研究发达国家转型升级的路线图，特别是我们的邻居日本制造业成功的路径。20 世纪初，日本的上野洋一赴美学习工业工程（IE），师从泰勒，回国后带入日本企业应用，取得很好效果。“二战”后恢复经济，日本再次有效引进了美国的 IE，并进行了有效的本土化改造，创建了举世瞩目的丰田生产方式（Toyota Production System，TPS），美国学者将其概括为精益生产（Lean Production，LP），站在管理学角度，也称其为精益管理（Lean Management）。目前日本的制造业整体仍然以这种生产方式的效率水平，在国际上保持着强劲的竞争力。

改革开放后，我国很多制造企业已经大力推进精益生产方式，实施管理创新。从效果来看，既有硕果累累的，也有不尽如人意的，甚至有“半拉子工程”。究其原因，是有些企业搞形式主义，有些企业对 TPS/LP 理解不准确，也就是对精益生产方式本身的理念、方法和工具存在认识上的误区和偏差，还存在教条化的倾向。还有一种情况是不能把马克思主义与中国实践相结合，而是照抄照搬。所以，我国的企业应踏踏实实、认认真真学好学透精益生产、精益管理的理念、方法、工具，并和本企业需求与实践相结合，在此基础之上努力、勤奋、实干，才能成功。

这本《丰田生产方式的进化：精益管理的本源》的中文版出版，恰逢其时，相信对我们广大制造业经营管理者追根溯源认识和理解精益生产方式会有很大帮助。我通过北京中产连了解作者堀（kū）切俊雄先生多年。他在日本丰田汽车公司供职36年，经历过工艺技术、工厂建设、制造运行和生产管理等工作领域，还经历过基层技术员、中层管理者、高层经营者的职务角色。作为具有深厚经验的实践者，他以工作经验和心得成书的角度非常独特。在这本书中，堀切俊雄先生创造了TOTAL TPS（全面丰田生产方式）的提法，简称T-TPS。他从T-TPS的角度对丰田生产方式进行了解读，强调丰田生产方式不是仅仅局限于制造，而是要以改善为基础，实现设计、生产准备、制造、服务的全过程改善，并且深入解读了丰田生产方式的两大支柱更深厚的内涵：(1) 准时化（Just In Time），实现设计、生产、销售、服务全过程的周期时间缩短、效率提高、成本低；(2) 自働化（Jidouka），通过全员行为的人机协调配合、防错机制和工具，实现产品和工作业务的质量保证。通过这两点，实现企业的高效率、低成本、高质量的运营管理。

堀切俊雄先生是一位实务型专家，书中必然有很多方式方法类的内容。但我建议制造业的经营管理者在读这本书时不要仅仅执着于追寻其中的方式方法，而要透彻地探索其方式方法和工具背后所蕴含的效率观、质量观、成本观、人才观，体察这些方面的不同之处，只有避免逻辑扭曲，才能结合中国产业环境的实情，进行有效借鉴、运用和融合创新。

第 1 章

全面丰田生产方式
——TOTAL TPS

1.1 旧有 TPS 的问题

1.1.1 企业经营者的困惑

TPS（丰田生产方式）广为人知，关于 TPS 的书籍也出版了很多。大多数人以为自己阅读了不少书，因此对 TPS 理论比较熟悉，可是在自己的企业或工厂实践时，却发现不得要领，难以实施。有些企业即便充分理解了 TPS，实践时也没有达到预期效果。

还有的企业外部 TPS 专家，一边接受指导一边实施 TPS。但也没有取得预期的效果。

TPS 指导师一般会指定一条标杆线作为改善的标准，在找出标杆线重点问题的同时进行改善。这样做的结果就是：作为改善的核心，标杆线在专家的指导下逐渐改善，却无法扩展到整个工厂。TPS 的专家不在时，改善的势头马上就会减弱，并且在一段时间后做过的改善也消失得无影无踪。几乎所有的企业面临的现状是 TPS 改善活动无法执行下去、改善没有效果、无法固化等。

尽管有些理想化，但 TPS 的书里有很多内容还是不错的，为什么实践起来会这么困难呢？

笔者至今在各种各样的企业里从事 TPS 的改善活动，同时尝试着思考下述 4 个问题：

（1）如果好，为什么会有好的结果？

（2）如果不好，为什么会出现不好的结果？

（3）还有没有更容易理解的方法？

（4）大家到底应该如何实施改善？

在不断的尝试和失败中思考 TPS 的原理，完善改善的手法。在回答上述 4 个问题之前，首先让我们来探讨几个 TPS 的实际案例。

1.1.2 旧有 TPS：代表性的实践事例

笔者想举几个旧有 TPS 的实践事例，通过事例来分析改善的生产现场是如何变化、发生了哪些问题的。一旦发现问题，如果能对问题做到心中有数的话，就可以找出下述问题的对应方法和改善对策。

案例 1：只知道从书中学习 TPS 的企业

有一次，某家生产设备制造企业的 Y 社长找到笔者来商量事情。这位 Y 社长读了 20 多本关于 TPS 的书，可还是向笔者倾诉了这样的烦恼：

“我读了很多书，自认为已经‘掌握了’TPS，于是想在自己的企业里实践一下，但却不知道如何去做。到底从哪儿入手才好呢？我的企业现在到底是个什么状态呢？该以什么为目标来实践 TPS 呢？TPS 的推进目标又是什么呢？我从这些角度出发再次翻看相关图书，想尝试再次实践，但还是做不到。TPS 真的是很难啊！”

那个时候，笔者刚从丰田退休，于是这样回答他：

“只读书当然不会明白，如果让丰田的 TPS 专家去你的企业看一看的话，一眼就能看出是什么状态。”

虽然当时只能这样答复 Y 社长，但笔者忽然意识到，简单明了、易于实践的方法对于企业，尤其是丰田集团以外的企业是很有必要的。如果仅仅按照旧有 TPS 的解释，一般的企业会感到晦涩难懂，而且旧有 TPS 对于很多关键内容的说明是不充分的。即使是有着丰富经验的 TPS 专家，在指导外部企业时，不同专家采取的方法也不一样，因此实践方法并不固定，也就是说并没有建立成熟的实践方法体系。

案例 2：能在一定程度上推进 TPS 的企业

这是一个已经把 TPS 实践到一定程度的企业案例。TPS 改善活动的指导师按照下述方法，开始对企业进行改善：

①确定工厂改善的标杆工序；

②开始改善标杆工序；

③实施工序改善，降低人时；

④观察各工序中作业人员的动作；

⑤指导改善，消除作业中的浪费。

可是，这些方法一开始却招致了作业人员和负责人的反对，即使算不上反对，他们也在以各种方式抵触。其中有些人是故意反对，而有些人是无意识地抵触。

改善指导师在遭遇这样的反对和抵触时会生气、会怒骂，甚至是强制让员工执行，有时还会动用上司的权力强行要求改善。对于强制改善的反应有以下三种：①即使强制也不实施；②不情愿地只实施一部分；③拿出一个相对说得过去的结果。

在第三种情况下，改善指导师会在完成标杆流水线的改善后把改善范围横向扩展。但是，当指导师不在时，改善活动就会停滞不前，就更不用指望在其他生产线和工作现场开展改善了。

更糟糕的是，即使是已经开始改善的标杆工序，当指导师不在时，“找麻烦的人可算是不在了”的气氛就蔓延开来，进而导致改善活动无法继续进行，甚至开始倒退，几个月后又回到改善前的状态。不过，以旧有的TPS手法，出现这种情况也在情理之中。

案例 3：丰田汽车堤工厂

笔者自身就有在丰田汽车实践 TPS 的经验，起初的 TPS 经验是在丰田堤工厂。

有一次，TPS 推进部的生产调查室 A 主查一行开始对堤工厂进行改善。当时笔者还只是生产技术部的技术员，刚刚建了一条新车型的生产线，A 主查就在旁边开始指导改善活动。笔者曾在学习交流会中了解过一些 TPS 知识，但是目睹实施过程还是第一次。

“缩短冲压的换模时间！”“消除孤岛！”A 主查和其下属的指导活动是在大喊大叫中进行的。被训斥的对象有部长这样的管理监督人员，还有他的下属，包括工长、组长、班长等。

就这样，生产现场的改善活动按照 A 主查及其改善指导组的想法进行着。笔者本打算在堤工厂工作满一年后就回到生产技术部（在元町工厂），但 A 主查当时要求“把生产技术部的人也纳入到 TPS 指导中来”。于是，笔者进入堤工厂的生产现场，接受 A 主查的改善指导。

在白班的时候，改善班和笔者时刻注意着生产线的状况，找出浪费点并消除浪费。特别是 A 主查指出的问题和浪费点，都要在当天拿出改善方案并投入实施。A 主查第二天会来现场进行检查，如果问题没有解决，A 主查就会面色发青，火冒三丈。因此，为了不惹 A 生气，笔者只能不断对生产线进行改善。当时工厂是白班、夜班两班倒，工人每天只能在两个班次交替的时候（晚8点~9点），即在生产线停止的一个小时内进行设备的改善，布局、作业分配的变更和省人化的改善。

白班时观察现场、找出问题、考虑解决方法，白夜班交替的间隙实施改善。可是，即使对生产线做了一些改善，到了夜班还是会发生很多问题。为了找出解决方案，笔者每天回到家都已经半夜12点或1点了。这样的改善指导大约持续了一年。

现在回想起来，当时大家只是为了不招惹A主查生气，所以一直很拼命。现场也确实因为改善消除了一些浪费，工作变得轻松了。但是，对于生产线的作业人员来说，劳动量大幅增加也是不争的事实。特别是现场的班长、组长，他们经常说“工作更辛苦了，身体也快透支了”，还给我们看作业人员肿起的脚部。笔者自己和班长、组长的心情是一样的，觉得这样下去根本行不通。但由于现场的管理监督人员、改善人员都很害怕招惹A主查生气，所以表面上没有提出任何反对意见，继续默默地进行改善。

最后，A主查带着改善组的主要成员（包括笔者在内）找到了当时在生产管理部的大野耐一副社长。A主查高调地汇报了“××课的作业者削减了n名”之类的内容。就这样，A主查在堤工厂的改善指导结束了，很快去了其他工厂和其他丰田系的企业。

通过这次改善，笔者亲身体验到了TPS，这是一次很好的学习经验。但是，生产现场与改善有关的人员之间却产生了各种各样的隔阂，工作现场更是“伤痕累累”。不久之后，质量不合格的产品频繁出现，原来已经削减掉的大部分人工后来又都回到了现场。改善后的现场，最终却充斥着无力感，大家无精打采，人与人之间的信赖感也所剩无几。

更有人抱怨道：“这样的改善到底是为了什么？难道这就是真正的改善吗？难道这不是A主查为了提高自己的业绩而做的改善吗？我们难道不是牺牲品吗？”

这种状态的现场，如果要通过“TOTAL TPS”达到后面所说的“工作现场活性化”状态，还要花很长的时间。

案例4：丰田系零部件企业

丰田系零部件制造商也进行了同样的改善活动。例如，丰田生产调查室的负责人会突然到访某家零部件制造商，一看到生产线就怒斥道：“到处都是问题！改善工序！改善物流！”

零部件制造商的人吓得愣住了，心里充满了诸如“这里为什么有问题？”“指导师想做什么？想怎么干？”之类的疑问。但是，指导师也不进行说明，总之就是强硬地让对方按照自己的指示去做。

在这种情况下开展改善，并不能让现场负责人接受和理解，效果自然十分有限，这种情况在旧有TPS的推行中很常见。

案例 5：丰田的海外工厂

笔者后来调离生产技术部，开始负责指导新建的丰田海外工厂。由于文化差异，外国员工对于 TPS 以及丰田式思维方式自然比较陌生。对此，丰田的想法是：即使是印度尼西亚、泰国的工厂，也希望能把它们改造成日本国内那样的丰田式工厂，从而提高产品质量和生产效率。抱着这样的想法，丰田开始了对当地企业的指导。

为此，丰田派遣了包括笔者在内的数名专家到当地进行指导。不可否认，确实有一部分工厂在短期内得到了改善。但是等到改善活动结束，专家们回国后，这些工厂很快又恢复原样，不管指导多少次都是一样的。

1.1.3 旧有 TPS 的问题

从上述五个案例中我们可以看出旧有 TPS 存在的问题和改善的极限：

①想实践 TPS，却难以取得效果；

②让丰田以外的人更易懂更易出效果的改善手法并没有确立下来；

③一般企业的反应就是“TPS 很难啊”“TPS 很难懂”；

④即使有一定的效果，但由于现场改善不积极，最终导致 TPS 无法固化下来，无法在整个工厂内推广。

为什么会出现这样的问题呢？其实大野耐一先生的书中和其他 TPS 的相关书籍中都没有提及，因为 TPS 的指导师自身也对此不甚了解。

这类问题的解决，要根据现场指导师的知识、性格和经历来随机应变。而且，不同的指导师实施改善的方法也大不相同，这也是一个问题。

笔者一直在考虑如何解决上述问题。因此，在对丰田内外各类企业进行现场指导的同时，笔者对 TPS 的手法本身也在进行不断改良。

1.2 从实例中考察

1.2.1 现场人员为什么缺乏工作积极性

在旧有 TPS 中,“现场缺乏干劲”是一个严重的问题。那么,这一问题出现的原因是什么呢?专家在进行 TPS 指导时,最重要的一点是要理解企业或工厂的反应。因此,想弄清楚问题出现的原因,就要分析工厂的组织架构,并观察生产现场的反应。

工厂的组织架构一般如**图 1-2-1a** 所示,工厂里不仅有各个部、科、系、组、班等现场和生产线,还有一些非企业的正式组织,他们也是一个团队,通常由几个人组成。

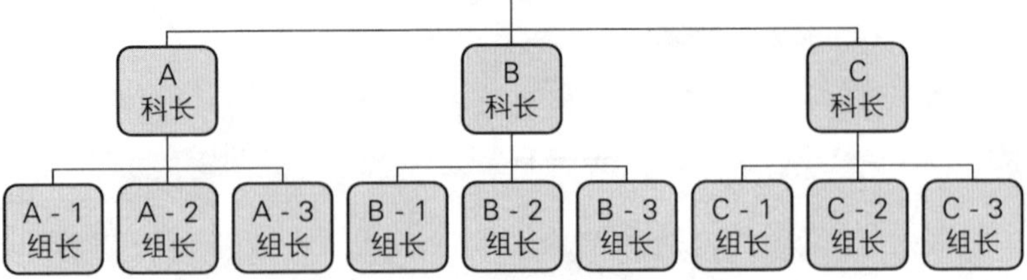

图 1-2-1a 企业或工厂的组织架构

一般的TPS改善大致有如下两个步骤：①为了集中实施改善，工厂首先会指定一条改善标杆生产线；②工厂的领导或负责改善的指导者、TPS的专家巡视现场，指出标杆生产线班组存在的问题并发出改善指令。

如果按照这种方法改善工序或物流的话，包括改善相关人员或接受指令的班组在内，所有人都会在不同程度上受到改善指令的影响，但也只是受到了影响而已，并不意味着他们完全接受。

大部分人是迫于领导的命令或者TPS专家的指示，没有办法只好照做，其中也有抗拒者或无视指令的人。更有甚者，有人计算着领导或TPS专家到达现场的时间，巧妙地避开领导检查或专家指导。

这么一来，只有标杆生产线能够在短期内有一定成效，比如减少库存、节省人力资源等。但即便是这种程度的成果，在TPS专家结束指导之后很快就又会回到指导前的状态。

TPS专家在完成指导的时候一般会这么说："按照标杆线的样子来进行横向扩展，工厂和企业整体就会变好。"

可是TPS专家离开几个月后，改善的成果根本无法扩展到全工厂。而且，非但没有扩展，连标杆线的改善成果也荡然无存，一切又回到老样子。

这样的例子在现实中有很多，笔者自身就有过不少类似的经验。面对这种情况，到底怎么办才好呢？

丰田在日本以外的国家新设工厂时会采取“母工厂制”，具体会按照下述方法来做：丰田总部会先确定指导该国新设工厂的国内工厂，即“母工厂”，并从母工厂派来负责人，把丰田的TPS和丰田的“基因”等各种各样的做法移植过来，设立一个海外工厂，最多的时候会有几百人来进行指导，包括负责人、组长、班长等。

丰田就是这样来构建丰田式的海外工厂和公司的。起初，丰田打算只用几名指导者或者几个常驻国外的丰田员工指导新工厂的运作和改善，但是就像前面所讲的那样，一点点改善都会恢复原状。所以丰田对海外工厂都采取“移植原貌”的办法，并为此投入了大量的人力、物力、财力。

作为被指导对象的海外工厂，规模大的话最初会有1000人，按照指导者和学徒“一对一”或“一对多”的比例展开指导和培训。即使到了今天，丰田依然采取这样的方式对海外工厂进行指导。

但是，用这种方法的话，对一般企业进行TPS的引进和指导时就需要众多指导者，投入高昂的成本，因此有必要想办法提高TPS的实施效率。例如，只需要几个人就能在1000人左右规模的工厂导入TPS。为此，笔者摸索出一套更加有效的TPS实施方法。

前面提到的标杆生产线案例是一个不错的方法，起码标杆线上的生产人员能在一定程度上理解并配合指导者。但在大多数情况下，工人们都是抵触改善的，他们无视指导者的意见，表面上服从领导，实际上根本不往心里去。即使遇到了指示以外的重要问题，半数以上的人会选择得过且过，什么都不做。不过，对于现场实施改善的人们而言，这也许是一种很正常的反应。

即便指导者们的指示和命令在理论上是正确的，现场的大多数人还是不能发自内心地接受；即便现场人员在理性上能认识到指导者说得对，但感性上还是拒绝接受。如果工人不能发自内心地接受指导意见，现场当然也就不会涌现出改善的热情，最后就会演变成指导者（包括工厂领导）只会对现场人员发火的局面，被训斥的现场人员就更没有工作动力了。这样一来，改善活动就会逐渐陷入恶性循环，生产现场也就无法涌现出“干劲”。

现在，我们终于明白生产现场的工作积极性是怎样消失的了，而让现场人员丧失干劲的，正是组织架构中的领导、管理层和改善指导者。

即使管理层和改善指导者的理论和指导意见是正确的，现场的反应也会经过以下几个阶段：

（Ⅰ）问题被指出，认识到问题所在；

（Ⅱ）正确地理解改善指示；

（Ⅲ）发自内心地接受指导意见，并和指导者产生共鸣，涌现出积极改善的意识；

（Ⅳ）实施改善。

这种现场反应并没有什么特别，的确是普通人的正常反应。但实际上，上述（Ⅰ）（Ⅱ）的理解状态和（Ⅲ）的接受状态之间有着很远的距离。

（Ⅰ）（Ⅱ）的理解状态是人通过大脑思考来实现的，是理性层面的理解，也可以说是大脑皮质的理解，但是如果想要达到（Ⅲ）的理解状态，就需要人们从内心深处产生共鸣并接受，这个过程是通过大脑皮质以外的部分，即更接近人类本能反应的脑部结构来实现的。

实际上，人是从（Ⅲ）状态才开始采取行动的，即变成（Ⅲ）状态后，人才会产生想做某事的意识，进而转化为（Ⅳ）的行动。也就是说，只有在产生了意识和欲望之后，人才会采取行动。所以，当现场人员被训斥时，即使他们知道指导者是对的，但出于本能还不想行动，就像小孩子一样，被父母责骂以后更要唱反调。相反地，只有当人们觉得“自己真心想做某件事”的时候，才会带着愉悦的心情用心去做。

因此，达到（Ⅲ）的接受、共鸣状态，提高人的积极性，这一点非常重要。为了提高人们的工作积极性，我们需要考虑人的内心世界是怎么运作的。

对于上述观点，旧有 TPS 存在这样的问题：

· 没有把员工的内心世界，即生存价值、工作价值等考虑在内；

·忽视了关于人和生产现场的重要课题。

旧有 TPS 把重心放在产品、零件和设备等可变现的事物上，这样一来，企业仅仅把人当作成本，把减少人时作为目标来考虑问题。而人的内心世界一直以来都被忽略了，更谈不上被重视。

可是对于 TPS 而言，人的内心是非常重要的。因此，我们在推进 TPS 时需要直面重点，对“人心”这一课题进行研究。当然，大部分人心是眼睛看不到的，所以分析、研究看不到的部分并找出合适方案很困难。但是在这一点上，丰田想过各种各样的对策。

三十五年前，丰田发觉旧有 TPS 已到达上限，于是决定转换方针（**图 1-2-1b**）。丰田开展了叫做“自主研究活动”（以下简称“自主研”）的改善活动，从旧有的“上面强加于下面”的改善，

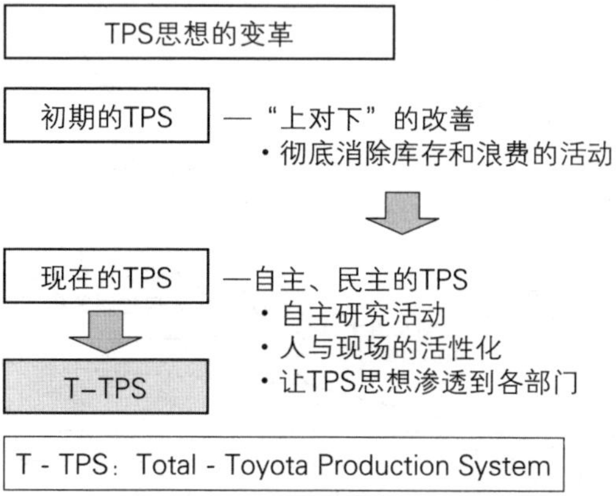

图 1-2-1b　从旧有 TPS 到全面 TPS 的发展

转换成为自己思考、自主改善的 TPS。要使人发自内心地接受，自主思考和自主改善是非常必要的。关于 TPS 的方针转换，笔者将在后面的“1.4　全面丰田生产方式的发展经过”进行详细说明。

总之，如果想让别人接受改善并积极推进，关键在于让对方达到一种发自内心想要改善的状态，人的热情和现场氛围，即“人与现场的活性化”尤为重要。“人与现场的活性化”指的是提高制造现场作业员工、班长、组长的层次、能力和热情，热情一旦提高了，提升质量、降低成本等各种改善活动自然就会活跃起来。

这样的自主性改善为丰田的 TPS 效果带来了飞跃式的提升。因此，现在的 TOTAL TPS 和 30 年前发布的 TPS 是很不一样的（**图 1-2-1c**）。

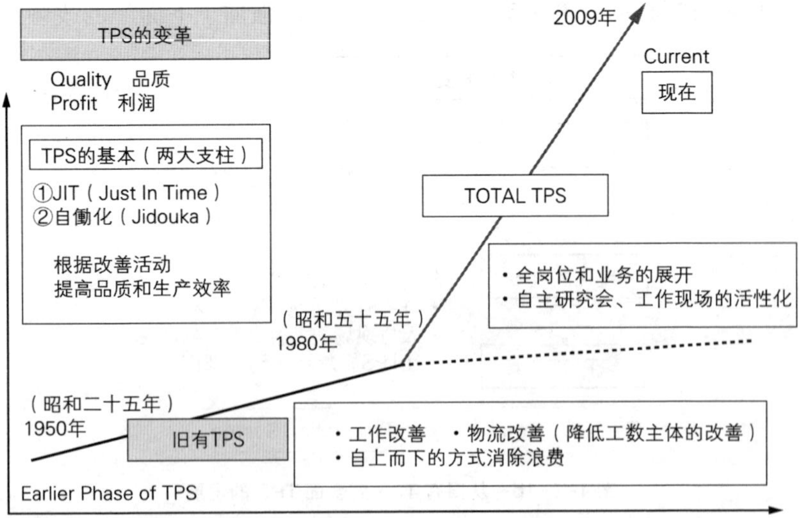

图 1-2-1c　TOTAL TPS 的效果

有意思的是，丰田自身虽然在人与现场的活性化方面经验丰富，但是并没有形成成熟的理论体系。

关于人和工作现场的活性化，到底要分析什么？这方面的问题要从脑科学的角度去探讨，这一点笔者将在第 4 章进行详述。

1.2.2　TPS 应按照怎样的顺序来开展

对于刚开始引进 TPS 的公司，无法顺利实施旧有 TPS 是在所难免的。那些介绍旧有 TPS 的书虽然涉及了不少理论知识，但并没有讲解 TPS 导入的顺序和过程。而那些最初想要引进 TPS 的人，常常不知道该如何开展。比如，实施 TPS 的具体步骤是什么？TPS 最先该从哪里开始？具体实施时究竟该做些什么？

编写 TPS 书籍的专家，特别是学者和大学教授，他们也许可以用文章来解释 TPS 理论和思路，却无法在现场进行实际指导，原因在哪里呢？

丰田过去一直在尝试各种各样的改善，大部分 TPS 的书里写的是丰田改善的结果，其实答案就在其中。例如："JIT（Just In Time）就是要实现零库存""引进'看板'降低库存""定位置停止的组装线"等等。

但是除了丰田以外，其他企业几乎没有谁能成功引进看板方式。读者在看完书以后想要实施TPS，却只看到了答案，比如“看板可以有效地降低库存”，然后就想移植到自己的公司。在盛行TPS的韩国企业也一样，几乎无法引进看板。许多专家往往没有任何铺垫，冷不丁地说出一个“答案”，员工、班长、组长、制造部科长、物流相关人员、工务部员工、供应商当然无法理解，更何谈接受。在这种情况下，就连看板的引进都很难进行，更不用说在企业和工厂里推广了。

如果让笔者发表意见的话，我认为上述问题就好比是眼前放着一个数学应用题的答案，但实际上推导的过程才更重要，只有理解了过程，才能把解题方法运用到其他问题中。TPS也是同样的，让与改善相关人员经历这一改善过程十分必要。

导出答案的过程是怎样的呢？通过怎样的过程才能接近答案呢？只有掌握了这些才能通往之前1.2.1中叙述的“人心”。

但是，在通向答案的过程中，人心是会变化的。人变了，工作现场也会变化，这一点至关重要。只有经历了心理变化的过程，人才可以获得各种各样的体验，学到新知识和新技能，从而导出TPS的答案。相比“使用看板”这一答案来说，使人经历这项活动的过程才是最重要的。

为何这项活动是必要的呢？因为通过活动人的心会产生变化，使人积极向前看，使人自主进行改善。只有这样，人与现场的活性化才能进行下去。

现在的丰田工厂，正在不断推进人与现场的活性化，任何一个角落里都是现场人员创意钻研的结果全体员工都能自主地实行很多改善。如果去工厂参观的话，你就会发现现场到处都有改善的实例，丰田工厂“人与现场的活性化”的程度，可以说达到了大学生水平。而另一方面，刚开始引进 TPS 的企业大部分只处在小学生的水平。旧有 TPS 的书中解释了中学和高中水准的 TPS，但是让小学生马上从中学或高中开始是不切实际的，只能从小学一年级开始，一步一步地成长。这个过程可以使相关的作业员工、班长、组长、制造部科长等一边学习一边提高，像丰田曾经经历的一样，逐步地成长起来。

从哪里开始推行 TPS？该做什么？改善的效果是什么？由谁来改善？作业人员？班长？组长？科长？还是工厂长？或者由改善小组来改善？现场的管理层应该如何去做？应该往哪个方向做？上述疑问都可以通过这个观点来解决。

企业应该创造出让现场的人一边积累经验一边成长的计划、机会和工作。这样在经历了工作现场活性化的过程以后，TPS 的答案和成果自然就会出现。

1.2.3 工厂实际状态的可视化

上一小节讲述了丰田工厂现在的状态是大学生水平，而刚开始引进 TPS 的工厂是小学生水平。实际上，这是一种非常抽象的表述，所以笔者想把工厂的人与现场活性化的程度进行量化并且进行可视化。

笔者暂且不说丰田系的零部件工厂，先说丰田和丰田以外的企业的差距到底在哪里，两者到底有什么不同。

现在在丰田内部的TPS实施得非常自然，但是其他企业却无法做到这一点。笔者把丰田和其他公司，特别是从工厂这个角度进行了比较和调查，得出了下述结论：

①以现场和现有的东西来考虑事情，而且有行动力；

②员工、班长、组长的水平非常高，工作热情比较高涨；

③现场以班长为中心开展着各种各样的活动，比如提高质量、降低成本的活动；

④丰田的科长、部长等管理层和其他企业相比不会给人见多识广的印象；

⑤企业或者管理层对于①②③的活动积极地给予支持和推荐。

笔者把上述不同定义为“人与现场的活性化”，其他企业有必要消除上述人与现场活性化的差距，而改善活动正是消除这种差距的途径。

这种人与现场活性化程度的差异会反映在工厂的实际状态中，只要对工厂的实际状态进行调查和测算的话，就会了解人与现场活性化的程度。为了开展测算，笔者制定了工厂实际状态水平的评价标准，这个评价标准的关键是在把握人与现场活性化程度时是定量而不是定性的。工人可以根据量化指标，对于自己的工厂是个什么水平、丰田是个什么样的水平等有个量化的把握。

这就是“工厂的实际状态评价标准：GBM（Global Bench Marking）”，这个指标分为以下几个标准：

· 1~2分：小学生水平

· 2~3分：中学生水平

· 3~4分：高中生水平

· 4~5分：大学生水平

笔者运用GBM对美国、日本、韩国、中国、俄罗斯等地的工厂进行了调查和比较，令人吃惊的是即使是一些非常有名的企业也仅仅处于小学生水平，特别是美国的工厂，得分非常低，想要一下子从小学生水平提高到中学生水平和高中生水平是不可能的，需要从小学一年级，经过各个阶段，一步一步地成长。通过对不同企业的工厂进行比较和指标化，我们就会清楚地明白它们和丰田的根本性区别，这个区别就在于人与现场的活性化程度不同。

笔者自身也曾经采用旧有的改善方法，但是很难提高效果，因此意识到首先要解决的是消除其他企业和丰田在人与现场活性化方面的不同。具体方法如下：

明确“人与现场活性化”的差距：

①丰田和一般企业的区别是什么；

②把①的区别指标化、可视化；

③消除差别的活动，即开展“人与现场的活性化”活动；

④人的现场心态发生变化，积极性提高；

⑤然后再推进自主改善活动。

笔者把旧有 TPS 进行了改良，加入了“明确‘人与现场活性化’的差距”，修改为“TOTAL TPS（T-TPS）”,即“全面丰田生产方式”。T-TPS 首先从提高人与现场活性化程度的活动展开。毋庸置疑的是，如果企业提升人与现场的活性化，就可以解决人的问题，并使改善活动进行下去。对旧有 TPS 进行全面的改进，在改善的过程中加入人与现场的活性化活动。“人与现场的活性化活动”就是提高作业员工、组长、班长的意识、工作热情、能力的活动，使各种各样的活动活跃起来，才是 T-TPS 改善者的任务。

通过量化现场活性化程度，改善活动的引入会变得更加简单。也就是说，提高人与现场活性化指标的 GBM 才是改善过程中优先级最高的事情。

1.2.4 前期改善、间接部门改善与“T-TPS”

旧有 TPS 的书籍说明的是近 40 年前的 TPS 状态，已经是“化石状态”了。在这期间，丰田也在逐渐进步。现在的 TPS 当中，除了 1.2 和 1.3 中说明的项目以外，还有其他非常重要的内容，那就是前期改善和间接部门改善。

过去，TPS 改善都是在汽车生产开始以后才开展的，而最近，在生产开始前，企业就开始了彻底消除浪费、提高质量的活动。以前是在生产开始后，专家在现场指出各种各样的问题，一边喊着诸如“人太多了，减少!”“库存太多了，减少!”“不知道的话画个圈，站在那儿!”之类的话，一边进行改善。这样的改善不会有什么效果，而且量产以后的改善还涉及其他费用，所以难以进行大刀阔斧的改善。而前期改善的思路则是——在量产前就完成改善。

投产前的前期改善不仅仅是试制批量生产（丰田称为“号口试制”），生产部上游的工序，即设计开发阶段、工艺计划和设备规划也是前期改善的一部分。

前期改善就是在设计开发阶段的改善活动和工艺设计、设备计划阶段的改善活动，主要指的是制造准备的改善活动，这样才能在批量生产前先进行改善。实际上，现在的丰田主要实施的是前期改善，即提前打造出量产后不需要改善就可以正常运行的工厂生产线。

这种前期改善的方法对于降低成本改善质量有着良好的效果，实际中，改善后的效果有八九成是在这里产生的。近些年，丰田生产部把前期改善作为重点，花费了不少时间和劳动力。

这样的生产部改善活动能促进间接部门工作方法和思维方式的改善。因此，融入了前期改善和间接部门改善等的 T-TPS，是很有必要导入企业和工厂里的。

1.3 全面丰田生产方式的定义

像前面提到过的，TPS 在发表后历经 40 多年，在这期间，丰田对其进行了很多改良。因此，旧有 TPS 无法对这 40 多年的进步和发展进行说明。引入现在丰田实行的 T-TPS，以一般企业容易理解，容易进行改善的为目标的，集大成的 TPS，就是“全面丰田生产方式（T-TPS）”。

T-TPS 由**图 1-3a** 中的 7 个项目组成：

①改善质量：自工序完结；

②缩短过程生产周期（Lead time）；

③成本降低与成本管理；

④人与现场的活性化；

⑤前期改善与间接部门改善；

⑥改善的顺序及过程；

⑦现场的可视化与 GBM（Global Bench Marking）。

上述 7 项中①～③是旧有 TPS 在过去的 40 年间发展的，④～⑦是新的，特别是为了让丰田以外的企业容易理解并容易实践而追加的项目。

尤其重要的是④人与现场的活性化活动。如果能够顺利进行改善活动，自然会活跃起来，效果也会展现出来，更容易扩展。这是 T-TPS 的基本原则。

虽然在丰田内部没有正式命名过“T-TPS”，但是丰田最近的 TPS 改善活动就是按照“T-TPS”的想法来实施的。丰田由于忙于自身的改善，对外部没有进行上述的说明和解释，丰田自身并没有充分地感知到这一点也是其中的原因之一。由于置身于丰田之中，这些内容就好像空气那样理所当然地存在着，如果不站在局外人的视角去看就无法认识到这一点。

可是笔者结合丰田的经验和其他企业的改善活动指导经验发现，对于一般的企业来说，旧有 TPS 是不够的，要实践 TPS，改良后的 T-TPS 是非常必要的。如果一般的企业按照 T-TPS 中提倡的过程来实践的话，TPS 的落地将变得很容易。

下面笔者将对**图 1-3a** 进行详细的说明。左侧的旧有 TPS 的①中“高质量”和“自働化”是连在一起的，高质量和自働化表面看并没有什么联系，但实际上自働化的含义在于高质量，指的是在工序中造就质量；②有“降低库存”，这种想法就是 Just In Time（JIT）；③是“消除浪费”和“省人化”。根据书中记述，TPS 的两大支柱是自働化和 JIT，但实际上这里的“消除浪费”和“省人化”是非常重要的第三个支柱。这就是旧有 TPS 的基本。

上述旧有 TPS 的三大支柱是 T-TPS 的基础，至关重要。下

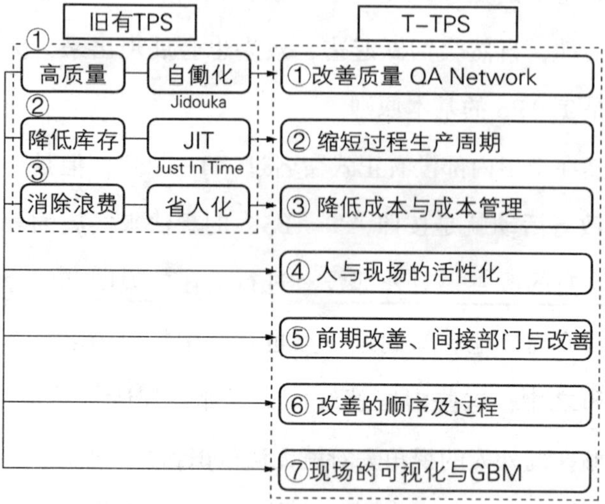

图 1-3a 旧有从 TPS 到 T-TPS

面笔者就从旧有 TPS 的三大支柱来说明一下发展后的 T-TPS 的三大支柱。

例如，旧有 TPS 的自働化经过各种各样的改良，变成了保证质量的 QA（Quality Assurance）Network（质量保证 Network），并且又发展成为自工序完结这一方式方法；②的 Just In Time 的思路不仅仅是各工序各仓库，也就是说除了降低部分库存之外，还要缩短从原料到生产工厂、销售全体的过程周期时间；关于③降低浪费，指的不仅仅是现场的工序改善，还要追溯到设计、开发、工艺设计的源流，深化为降低成本的改善。生产现场的组长、班长和员工能够按上述要求进行工作的话，对于实现现场活性化可以起到非常重要的作用。

把旧有 TPS 和 T-TPS 从不同角度进行比较的话，可列出以下项目，如**图 1-3b** 所示。作为 TPS 基础部分的自働化、Just In Time 和成本降低如今也进化了很多（进化后的状态将在第 2 章进行说明），更进一步还有现场的活性化和前期改善。这就是 T-TPS 的核心。

内容	旧有TPS	T-TPS
① 改善活动	特定的现场、示范工序	在所有部门实施
② 管理方式	自上而下	自主研究、全员参加
③ 推进方式	以生气、处罚为原则，上层和职工互不信任	上层对改善成果进行评价和奖励
④ 现场的对应	不合作	改善后获得工作价值
⑤ 改善的成果	人员、库存的降低	现场的标准化水平得到提高
⑥ 教育	现场教育不够	教育（引进技能认定制度等）
⑦ 活动的扩展	只限制造相关的活动	追溯到生产准备、设计流程

图 1-3b　旧有 TPS 和 T-TPS 的比较

⑧⑨要想提高生产现场的活性化，组长、班长和员工全员参加是基本原则。全员参加的重要性就是可以让全体了解并理解活动的重要性。

为了实现上述目标，“可视化”的管理和手法就非常重要了。如果不实行可视化管理，就不能对现场的全局、工厂的全局和企业的全局有所理解，从而开展活动。关于可视化，笔者将在后面详细说明。

1.4 全面丰田生产方式的发展经过

1.4.1 旧有 TPS：自上而下的改善手法

旧有 TPS 盛行时，推进 TPS 的领导大野耐一先生和 S 主查经常访问和指导各工厂。例如在元町工厂，还有堤工厂的各个课，课的下面有组。如果问到用什么方法的时候，上面的人来了说“这里现场的库存非常多”，然后工厂就开始降低库存。有的时候说“人太多了，减少人员”，工厂就开始减员工。特别是 S 主查是个非常严厉的人，如果不马上实施的话就会发怒，他经常会说“如果不明白的话，就画个圈站一天”之类的话。现场的人会有诸如“被批评了所以不得不做”“领导生气了所以不得不做”的想法，为了不被训斥只能勉强去改善。

这种做法持续了很长时间。但是这么做的后果就是，士气不足，动力低下，工厂逐渐荒废下去。改善指导的对象小组就会变成“这是上面的指示，只能这么做”的状态，和改善无关的小组就会表现得漠不关心，甚至会有领导来的时候避开见面的状况。笔者就经常见到一些人逃到了类似于隔层二楼的地方，偶尔被抓到了，就觉得“倒霉了”。工厂逐渐出现了这种倾向，甚至其中一些精明的管理人员也会逃避。

这样一来，改善活动就无法扩展，改善的内容也会仅仅停留在高层检查时看到的现象和问题。其实明明还有很多其他问题必须进行改善，但现场的人员只是去解决被高层指出的问题，工厂整体的士气就慢慢低落下来了。

旧有 TPS 如**图 1-4-1** 所示。抛开实践的方法，降低工厂的成本是一个正确的、理想化的体系。一是前面讲过的自働化，二是 Just In Time，三是消除浪费和工序改善。这就是 TPS 的基础。

如图所示，生产线的设备、零件、仓库等都是改善对象，企业并没有把工作的人、人心及工作意义作为对象。要在工厂全局范围内实施改善并提升效果，就要从人心的角度去考虑，必须提升人对工作的热情。旧有 TPS 在这方面有着较大的缺陷。

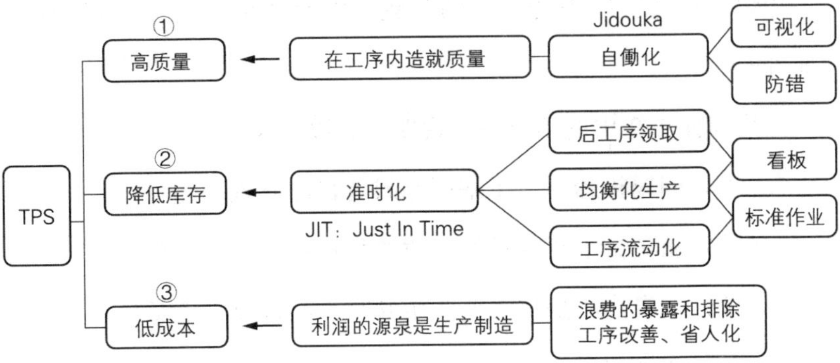

图 1-4-1　旧有 TPS

1.4.2 从旧有 TPS 到 T-TPS

“旧有 TPS 行不通了。”

就这样，想改变大野先生和 S 主查手法的想法产生了。敢于改变也是丰田的优点之一，丰田产生了反对当时指导 TPS 上层即“生产之神”的运动——自主研究活动，通常称为“自主研”。“自己发现问题，自主改善”的自主改善活动使员工最终在丰田里掌握了主导权，使 TPS 发生了变革，改善后的 TPS 就是“T-TPS”。

“自主研派”将以前自上而下的强制性改善变为自主的民主改善。由于民主改善活动是每个人自己发现问题进而推动改善，所以全员参与是基本原则。

以各个组长、班长为首的小组进行自主改善，进而扩大到工作现场甚至是整个工厂，不是因为被命令才行动，而是自己一边思考一边解决现场出现的问题，因此整个活动才能得到横向展开。

用前面 1.2 中的项目进行说明，有以下 4 项：

（Ⅰ）问题被指出、了解问题或者自己发现问题；

（Ⅱ）从理论上正确理解了改善指示；

（Ⅲ）发自内心地接受、产生共鸣、涌现改善的意识；

（Ⅳ）实施改善；

（Ⅴ）（Ⅱ）的理解状态和（Ⅲ）的接受状态是有很大不同

的，要弥补这个差距，自发性的活动就变得很有必要。

生产现场达到第三个状态就会采取行动。也就是说，只有到了（Ⅲ）的接受状态，员工才会产生“想做”的意识，进而采取行动。

在丰田，这种以现场为中心的改善活动不断发展，还扩展到了各个部门。在制造过程中出现的各种各样的问题，其源头是设计开发等间接部门。因此改善活动进一步横向开展到间接部门，提高质量和降低成本的效果得到了进一步提升。

这种以现场为中心的改善活动一直横向开展到事务、技术员的部门、采购、销售、售后，影响到了间接部门的各项业务。间接部门也开始了自主改善，改善的契机就是制造部的组长、班长提出的改善提案。就这样间接部门的业务也实现了改变。

像这样的将公司全员包括在内的改善活动就是 T-TPS。**图 1-4-1** 中①~③的项目对象是设备、东西、金钱等。与之相对，**图 1-4-2a** 和**图 1-4-2b** 的 T-TPS 中④~⑦还包括人与现场，而且是以人与现场为中心的。

如果人与现场的活性得不到提高，员工的工作能力、意识水平也就无法提高，就无法展开工作，因此以人与现场为中心提高活性化、能力、意识是十分重要的。这就是旧有 TPS 和 T-TPS 最大的区别。

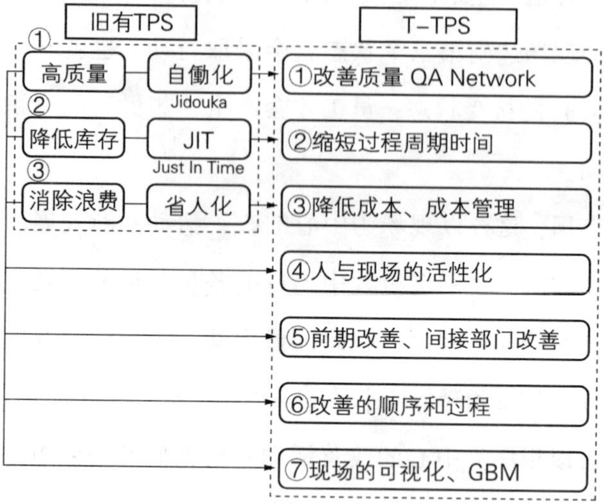

图 1-4-2a T-TPS①

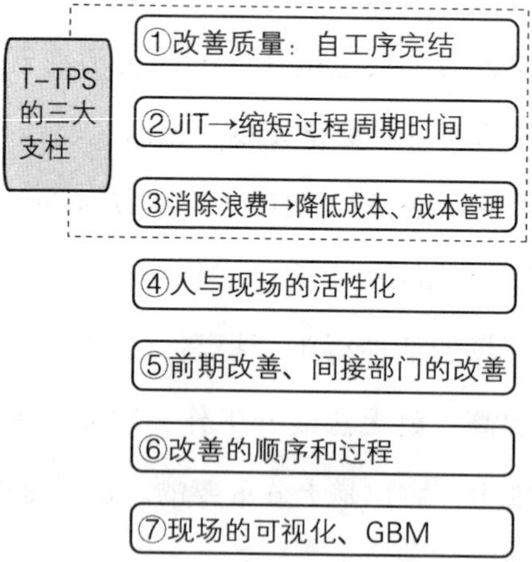

图 1-4-2b T-TPS②

1.5 全面丰田生产方式的效果

1.5.1 制造部业务能力提升

目前丰田生产部的实际工作如**图 1-5-1a** 所示，各工厂的制造部由管理、监督、操作和技术员组成。工厂里还有工务部（即生产管理部），主要是从事事务工作的员工，一个工厂有 4000~5000 人，但多半是作业人员、管理及监督人员，其中作业人员压倒性地占了多数。

对于工厂而言，生产活动是最重要的活动，这在任何国家都是一样的。旧有 TPS 把全部业务作为对象，也就是在生产活动中进行“物流改善”“工序改善”“作业改善”等生产改善活动。

图中的生产部业务里，最重要的工作就是“现场活性化活动”，之前笔者提过的自主研究，从广义上来讲也是现场活性化活动的意思，但更为高级的工作是量产前的准备，即前期改善。

首先在“制造准备活动”阶段进行试量产，确认试制品的质量，如果质量不好的话要采取对策。在量产前对作业进行改善，制定作业标准书。通过作业改善使生产前的制造状态达到最好，这才是制造准备活动应达到的效果。

虽说工序计划、设备计划等生产准备活动是由生产技术部门来完成的，但是制造部的作业人员和班组长们也要对这些计划进行反馈。此外还有质量保证计划、设计计划等，都对工作的开展起着重要的推动作用。

而且 SE 活动也和全员有关系，包含生产部在内的全部门都要参与设计，推动新产品完成度提升的活动。

这种整体活动就是“T-TPS”。和旧有的生产部工作范围相比，现在已经涉及生产活动以外的多项工作。工厂最重要的基本工作就是生产活动，根据旧有 TPS 的改善活动，逐渐延伸到工序改善、物流改善、确保质量等业务。支持这种发展的原动力，就是现场的活性化活动，即“掌握主动权”的“自主研究会”。

T-TPS 的基础就是现场活性化活动。通过活动，制造部的管理人员、监督人员和作业人员的能力得到提升，通过获得各种各样的经历、经验，确保制造准备活动顺利进行。

这样一来，工作人员就能对生产准备提出各种各样的建议和反馈。对于汽车及其零部件的设计开发人员，现场的作业人员、组长和班长可以就提高质量和降低成本提出很多建议，**图 1-5-1a** 就是现在丰田制造部的组长和班长的工作。

另外，一般的海外工厂只进行图示中的生产活动，与其说

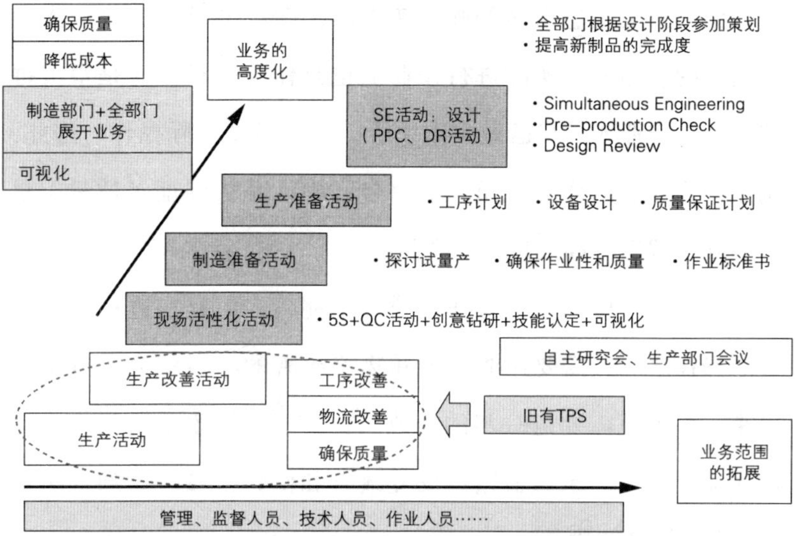

图 1-5-1a　T-TPS 中的生产部业务

“只进行这些活动”，倒不如说这是由其管理方式决定的。特别是非丰田系的美国工厂，和丰田形成了鲜明的对比。

与日本工厂不同，美国工厂则是要求作业人员根据手册进行操作，如不按照手册进行操作就会被罚款。手册一般都是 IE 部门的工程师制定的，作业人员按照手册进行操作就可以。

作业人员不会去做手册以外的工作，经过一两年也只是在做同样的工作。但在笔者看来，由技术人员制作的手册是不完善的，并不能保证作业效率和产品质量。虽然技术人员根据手册也能勉强进行操作，但技术人员并不擅长操作，而且不能很好地掌握操作要领，因此他们做的操作手册是不完善的，根据这样的手册是不可能制造出好产品的。

而丰田又是怎么做的呢？在丰田，操作手册是由作业人员来制定的。当然，实际进行作业的也是作业人员，这是很关键的一点。作业人员自己做操作手册，然后尝试实际操作。因此，制作操作手册的作业人员，能够自己确认是否保证了质量，是否消除了浪费并高效地制造产品。

尽管最初做出来的操作手册并不完善，但是在进行过几次实际操作之后，需要作业改善和物流改善的项目就会大量暴露出来，手册就需要进一步的修改。在丰田，修改手册工作也是由作业人员自己来做，通过反复改善和修订，最终达到可称为“标准”的最佳状态。

但是，即使是“最佳状态”，在一两个月的实际应用中也会出现很多问题。这时就要继续对手册进行改善和修订，这样才会切实地形成能够成熟有效的修订机制。

在这个过程中，效率会逐渐提升，实际操作状况也会好转，产品质量、工序改善、生产效率等也会提高。改善的关键是作业人员。除了操作，丰田的作业人员还要做到：改善、思考、自己制定操作手册。通过这样的活动，作业人员自身也会得到提高。

而在美国工厂，工厂把操作手册发放给操作人员以后就置之不理了。对手册的修改只能由生产技术部的技术人员来进行，作业人员无法修改，而且生产部对其他部门提交修改申请也存在一定的困难。因此，无论是过了一年还是两年，作业人员都在进行同样的作业。

作业人员毕竟是人，如果不赋予其新的或是更高层次的工作，他们就不会自发地进行思考，只能逐渐退化。这样一来，人类特有的潜在能力无法发挥，而内在的热情和欲望也会逐渐消退。这就是和丰田最大的差别。

工艺设计通常是生产技术部技术员的工作，但在丰田的组装工序中，工艺设计是由作业人员来做的。由于组装工序没有那么多的设备，因此都由作业人员来进行，包括生产线的布局、各种零部件以及设备的配置等，而美国的工厂还是由生产技术部来设计这些内容。

当然，关于设备的焊接工序和冲压工序是由生产技术部的人来制定工序计划，但组装是由现场的作业人员来进行的。以前组装方面的工序也是由生产技术部来制定的，但由于无法建立起好的工序，因此现在是由作业人员负责的业务。在丰田的工厂里，特别是组长、班长和领导级别的干部能力都很强，工作范围也很广泛。

图 1-5-1b 就是以上说明的内容。每个作业人员的改善活动是基础，而促进改善活动的，则是现场的活性化活动。现场活性化活动的盛行，会使改善活动达到一个更高的境界，并追溯到改善业务流程的源头，将改善展开到设计开发部门、生产技术部门、采购部门等其他职能部门。正是工厂全体员工特别是各班组长的工作，拓展到企业整体后才带来显著的效果。

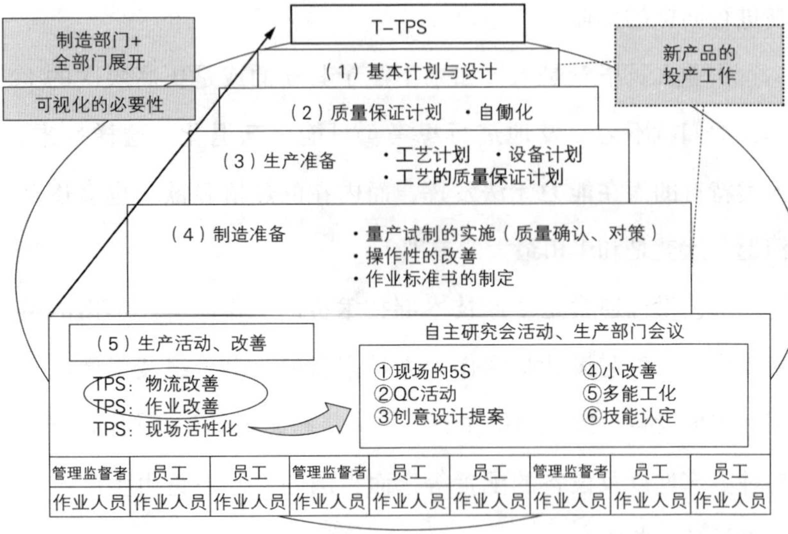

图 1-5-1b 从旧有 TPS 发展为 T-TPS

1.5.2 T-TPS 的效果

从旧有 TPS 转换到 T-TPS，无论是对于产品质量还是降低成本都有很大的成果。如**图 1-5-2a** 表示出了大概的轮廓，纵轴是质量和企业的利益，即库存的降低及降低成本活动的结果，横轴是时间（年），图中的“1980 年”是自主研究会掌握主导权的时候。

当然，旧有强制性的 TPS 在一定程度上也有效果。但是如前文所述，这种自上而下的改善会造成现场士气低下，工厂全体员工热情消失。正是为了克服这个制约，丰田才兴起了自主研究活动，使 TPS 的做法取得了划时代的改变。而且正是由于这项活动的开展，才产生了各种各样的改善，并进而引发了职能部门的改善。

这样一来，改善效果就会在企业整体呈现出来。如果按照旧有TPS的做法，如**图1-5-2a**所示的虚线，改善效果会呈现下降的趋势，而且也会因为工厂整体的热情减退出现实际效果反而下降的可能性。在20世纪80年代发生的这种改变，是现在丰田提高质量、降低成本，即提高利润的原动力。

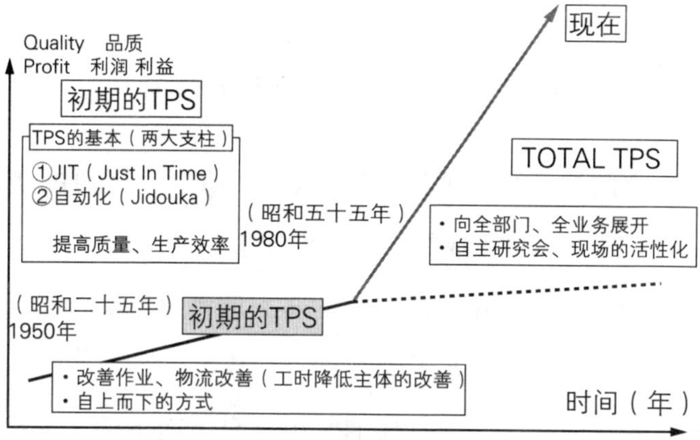

图1-5-2a　T-TPS的效果

设计开发部门、生产技术部门、采购部门等生产部的上游部门进行前期改善后，工厂的改善活动才产生了巨大效果。同时，前期改善还对间接部门产生了影响，使间接部门的工作得到了改善。关于这种前期改善，笔者将在以后的章节里详细叙述。

笔者针对旧有 TPS 和 T-TPS 的区别进行了整理，如**图 1-5-2b** 所示。

内容	旧有TPS	T-TPS
①改善活动	特定的现场示范工序	工厂全体→全公司全部门
②改善的成果	人员和库存的降低	提高现场的活性化
③改善小组	TPS负责人+制造部门	内部全部门参与计划
④管理方式	自上而下	自主研究方式、全员参加
⑤推进方式	原则是发怒和惩罚 领导和职员互不信任	领导对成果评价表扬的原则
⑥教育	现场教育不够	引进职能认定制度
⑦现场的对应	不配合改善活动	通过改善得到劳动价值
⑧活动的扩展	只限制造关系	扩展到生产准备、设计的上游

图 1-5-2b　旧有 TPS 和 T-TPS 的比较

两者之间最大的区别之一是“改善活动”。旧有 TPS 是选取特定的标杆工序来获得成果，即做出样板，进而推动横向展开，但是展开的效果并不好。T-TPS 的基本原则是全员参加，是工厂整体一起，广泛地开展活动。

TPS 的管理方式，在旧有 TPS 中是自上而下的，推进方式是“发火”“上司命令强加于人”，如果不做的话就要接受惩罚，比如降职、减薪、调到其他部门。然而，一开始就以这样的状态作为主要目的的话，士气就会开始减弱，现场的应对也会变得很消极。

与之相对，T-TPS 是自主的、民主的，而且是全员参与型的。T-TPS 的推进方式是：即使员工提出的改善措施收效甚微，仍然能得到认可，受到表扬。人与现场的活性化、员工的培训活动成为核心，其重要性笔者将在后面的章节里叙述。

我们可以看一看**图 1-5-2b** 所示的⑧“活动的扩展”，在旧有的 TPS 中，改善对象只是某个工序，但是 T-TPS 中，改善对象是工厂整体，是企业内所有相关部门的改善，即包括设计、生产技术、生产管理及采购部门在内的改善。

1.6 人与工作现场的活性化

1.6.1 人与工作现场的活性化

在前文中，笔者反复提到旧有 TPS 的推进方式是“自上而下”的，而 T-TPS 则是自主的、民主的、全员参与的。旧有 TPS 中充满了“发火”“上级命令”“强制要求”，如果不做，就会被惩罚，会被降职、减薪、调到其他的部门等。而在 T-TPS 中，即便成果很少，也会得到认可和赞扬。赞扬是很重要的，至于为什么重要，笔者会在人与工作现场的活性化这一章中加以叙述。

我们看一下**图 1-6-1**，T-TPS 的“工作现场活性化”（广义上的“工作现场”指的是工厂全体）是日常改善活动，目的在于创造一个有工作价值的现场，由以下几个部分组成：

工作现场的活性化（广义：工厂全体）

①工作现场的活性化（狭义）；

②工作现场的可视化；

③改善作业；

④改善物流；

⑤改善质量；

⑥新产品投产；

⑦改善的推进方法；

⑧制造工序的评价。

其中，①现场活性化（狭义）中，包含了员工培训。以前只要员工不改善都会被责骂，而 T-TPS 特别重视培训和技能，实行各种培训和技能训练。除了有关 TPS 的培训以外，丰田还认为“技能是非常重要的”，所以也会对员工现场的必要专业技术和技能进行培训。

对于旧有 TPS，班长、组长等相关人员并没有发自内心地接受，而 T-TPS 是通过让人感受到工作的意义而让每个人认为改善也是自己的工作，因此大家更易于接受。

改善活动扩展到上游部门，并促进其他部门的改善。这一点就是决定性的差别，这才是工作现场的活性化活动，其目的就是创造一个有工作价值和意义的工作现场。

1.6.2 人的活性化公式

T-TPS 中人的活性化，可以直接用公式表示。人的心理状态原本是无法简单用公式说明白的，但笔者还是希望大家能对 T-TPS 的概貌有一个了解。

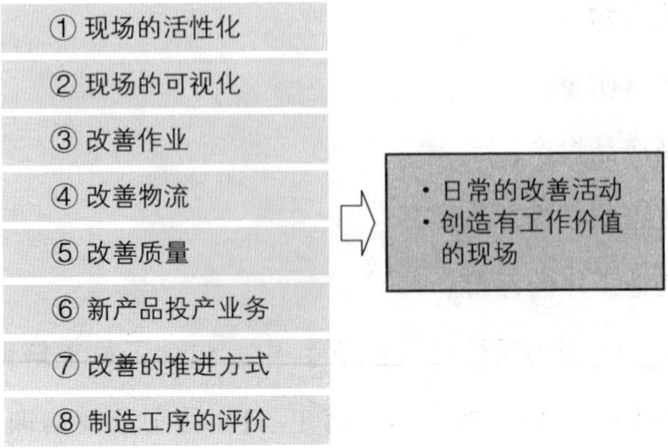

图 1-6-1　T-TPS 的工作现场活性化

一个人的工作成果=个性（Personality）×能力（Ability）×动力（Motivation）

人的个性和能力、知识、工作动力三项相乘的结果才是每个员工的工作成果。

比如说，改善是一个作业人员创造的质量，每个人创造出的质量就是这样的。公司、工厂又是每个人的总和。由于每个人个性不一样，能力不一样，干劲也不一样，因此提高个人的个性、能力、知识、工作动力才是最重要的。

1.6.3　人与现场的活性化公式

用公式可以来表示现场活性化活动，如图 **1-6-3a** 所示。虽然这不是数学公式，就像笔者之前叙述的一样，个人的个性×能力×工作动力=个人的成果。举例来说，改善是一个作业人员创造的质量，企业、工厂是个人的总和。由于每个人个性不一样，能力不一样，工作动力也不一样，因此提高个人的个性、能力、知识、干劲才是最重要的。

企业的输出

$$\begin{pmatrix}\text{Quality：质量}\\ \text{Profit：利益}\end{pmatrix}=\sum_{i=1}^{n}(\text{Personality：个性}_i)\times(\text{Ability：能力}_i)\times(\text{Motivation：工作动力}_i)$$

员工人数n = Workers + Staff

图 1-6-3a　T-TPS 的输出模式

仔细观察这个公式的话，我们会觉得提升企业利润时，产品质量、员工个性或许很难改变，但是可以通过改变能力、知识和干劲来实现。这种改变就是活性化活动。

刚才说到个性很难改变，实际上也没有那么难改变。遗传的个性虽然很难改变，但是根据能力、知识及工作动力的改变，个性就会很自然地发生变化。

企业的财富是什么？如果看看“企业信息”和“企业季度报表”，我们会发现里边写的都是设备和工厂的财产、零部件、库存金额。但是，最关键的没有写，那就是人的部分。非常遗憾的是，人是无法用金钱换算的。而企业真正的财富，正是人（**图 1-6-3b**）。

$$
\begin{aligned}
&\text{公司财产} \\
&(\text{Property}) = \sum_{i=1}^{n} (\text{Personality: 个性}_i) \\
&\qquad\qquad \times (\text{Ability: 能力}_i) \\
&\qquad\qquad \times (\text{Motivation: 工作动力}_i) \\
&\qquad\qquad + \text{Asset} + \text{Money} \\
&\text{员工人数 } n = \text{Workers} + \text{Staff}
\end{aligned}
$$

图 1-6-3b　企业和工厂的组织架构

企业的任务就是找到每一个员工的问题，特别是要培养员工发现自己的问题，因为人们只有在清楚自己的问题以后才会自发改善，随着改善，工作动力和上进心才会涌现出来。这就是“人”这一资源的重要性所在。

改善是永远没有止境的，重复地实施是非常重要的。其必要性在以后的章节里会叙述。

1.6.4　T-TPS 的英文表述

作为参考，笔者列出向美国企业说明的日英对照表（**图 1-6-4**）。关于对“现场活性化”的翻译，经过了包括美国人在内的很多讨论，这里翻译成“Quickening Factory”。“Quick”有速度、快的意思，“Quicken”则是“加快”“赶紧”的意思。这个单词的另外一个意思是“使之活性化”。

	项目	内容
1	TPS 现场活性化 = Quickening Factory	职员的培训、现场的活性化 Q・F = QC活动 + 5S + 创意设计（Suggestions）+ 小改善（Small Kaizen）+ 多技能化
*2	TPS 工序改善 = Kaizen（Line）	提高生产效率、质量、降低成本等改善活动
*3	TPS 物流改善 = Kaizen（Logistics）	物流的改善活动
4	TPS 成本降低 = Cost Control & Down	从TDS商品・产品开发的降低成本活动
5	TPS　Production Design	追求低成本、高品质的生产工序规划
6	SE活动 = SE Activities	TDS商品产品开发阶段的SE→参与TOYOTA Development System
7	TPS质量保证・质量管理 = TQC・TCC	TOYOTA QA・QC：不合格品为0的活动（Zero Defect）・QM MATRIX（QA Network）

图 1-6-4　T-TPS 用语的英文表述

“可视化”翻译成“Quickening Visualization”。只译成“Visualization”也可以，但是需要强调的是根据“可视化”，让看到资料的人和相关人员进行活性化的改善。

第 6 项的“SE 活动”指的是 SE Activities。有的汽车制造商也译成 CE Activities。通过 SE 的工作，原来需要 6~48 个月的设计开发流程缩短到原来的 1/3~1/2。当然，其效果不仅仅是 SE，信息技术（IT）、电脑相关技术的发展也起到了很大的作用。充分利用现代技术，通过 SE 活动使开发时间缩短为原来的 1/3~1/2，这是一个效果显著的活动。

第 7 项的“质量保证”可以译成如 QC（Quality Control）、TQC（Total Quality Control）、TQM（Total Quality Management）、SQC（Statistical Quality Control，其中最重要的是把不合格品降为 0 的“Control”）等词。

“QA Network”一词是丰田的内部用词，用英语表示应该是 QM“（Quality Management）”Matrix。

第 2 章

全面丰田生产方式的基础

2.1 丰田生产方式的基本形态

2008年开始的经济危机使多数日本企业陷入了赤字危机，丰田也是60年以来首次出现了赤字。其实1950年时比2008年的情况更严峻，那时由于战后的经济萧条，汽车卖不出去，周转资金枯竭，不仅员工的工资不能按时发放，公司还经常无法支付费用给零部件、原材料的供应商。这样一来，生产渐渐无法进行，出现了停滞，甚至陷入濒临倒闭的状态。丰田只能向各个银行请求融资。但由于融资金额巨大，一个银行无法承担，丰田只能向几家银行同时申请融资。有的银行拒绝了，而有意向融资的银行也向丰田提出了如下条件：

①经营高层下台；

②削减几千名员工。当时丰田的员工有1万多人，几千人是相当大的比例；

③生产用资金和销售用资金要明确地分开，即分成丰田汽车工业和丰田汽车销售，将公司一分为二。

丰田的销售团队和银行方面进行了艰难的交涉，为了融资，决定接受银行方面提出的条件，银行最终批准了融资。在那之后，销售领导下台，几千名员工被辞退，丰田被分割为两个部分，劳资关系也变得非常不融洽，这种不融洽持续了很长时间，直到丰田汽车工业和丰田汽车销售合并为止。从当时这段痛苦的教训中，丰田终于明白：企业不赢利就无法存活，为了赢利必须努力降低成本。而这样的方针逐渐在丰田内扎根。这种努力的积累就是 TPS 的起点。

近年来，世界经济陷入了严峻的态势，美国、中国、日本、欧洲都出现了不同程度的经济萧条。但是也可以说目前的情况是一个教训，对于各国的企业管理者而言是一个踏实致力于降低成本、强健企业体质的好机会。从这个角度来考虑的话，经济萧条对于日本企业有着积极的意义。

经济本来就是时而增长、时而衰退的，不可能永远都在衰退，当经济持续增长时，企业就容易松懈大意。所以在目前这样一个经济消退的状态下，更有必要实施各种各样的改善，强化自身体质。

丰田就是在有过这样一次痛苦的教训之后，才开始从整体上彻底实施降低成本活动的，这就是 TPS 的起点。

如**图 2-1** 所示，为了赢利，有“提高商品定价”和“赋予商品更高附加价值”两种方案。但是，现在是全球经济一体化的时代，在众多的竞争对手中，其中一家公司造价高，在性能和质量一样的情况下是没有人买的。售价往往是一个公司控制不了的。

另外，还可以通过公司的努力降低成本。成本包括原材料和零件费用、加工费用、物流费用、制造经费。其中有很大一

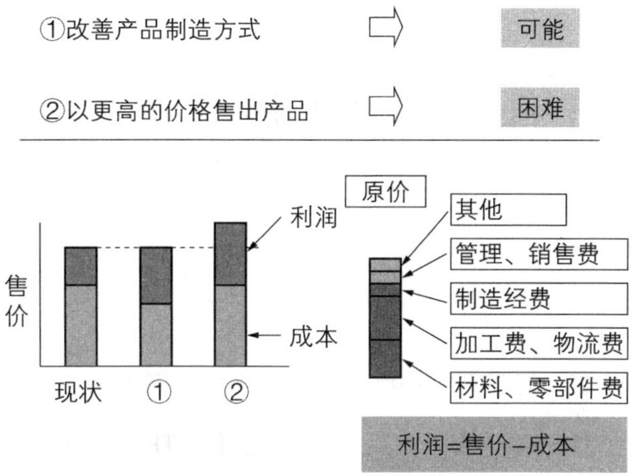

图 2-1　丰田生产方式的特征

部分是和制造部门相关的费用。原材料和零部件的成本虽然很大程度上是在设计开发阶段决定的，但是实际投产后，原材料和零件是在工厂进行加工的，和制造部门有着密切的关系，例如原材料的加工不合格和有效利用率等等。所以制造部是原材料、零件费用等相关降低成本的对象。换句话说，成本的大部分都是和制造部门相关的费用，因此企业要以制造部为主，开展成本改善。

最初的 TPS 是：为了降低成本，现场做出改善，以此为目标踏实地进行各种活动，并对其结果经过复盘的生产方式。TPS 其实就是使丰田摆脱困境、重整旗鼓的成本降低措施和为了降低成本而开展的活动，将这些活动总结起来，就是旧有 TPS 的三大支柱，即“自働化”“JIT”“消除浪费”。

2.2 T-TPS 的基本形态

旧有 TPS 的三大支柱已经进化，下面笔者就来说明一下。

旧有 TPS 有下述三大支柱，在现行的 TPS（T-TPS）中得到了发展。下面介绍一下发展的部分：

（1）自働化（改善质量）→自工序完结（T-TPS）

· 出现异常时停止设备，在工序内造就质量。

（2）JIT（Just In Time）→缩短过程周期时间（T-TPS）

· 必要的东西、必要的时间、只生产必要的量。

①提高生产效率；

②降低库存。

考虑整体过程周期时间，缩短所有过程周期时间。

（3）消除浪费→降低成本、成本管理（T-TPS）

· 消除浪费、不均衡、超负荷等工序改善等，降低各种成本。

2.2.1 从“自働化”到“自工序完结”

“自働化”从字面上很容易理解成自动化生产，但实际上指的是在工序内造就质量（**图 2-2-1**）。“自働化”最初是从机器设备开始，自动化机器的生产效率非常高，但是当出现不合格品时很短时间内就会生产出很多不合格品。原本是为了自动化生产才投入高额资金购买的设备。实际上购入自动化机器其目的是降低成本，可是反而使成本提高的案例却很多。

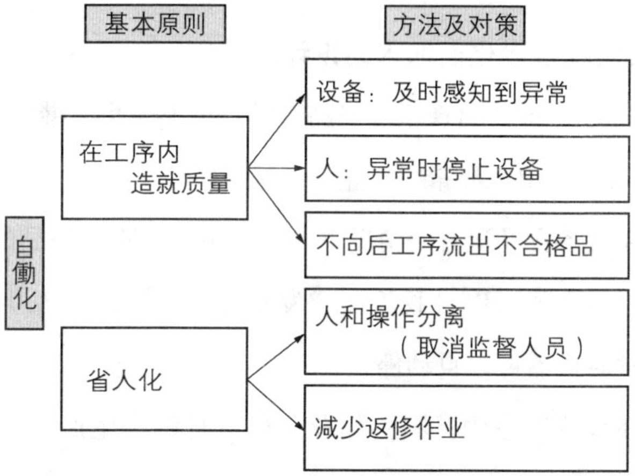

图 2-2-1 自働化（Jidouka）

<由自动化引发的问题>

1. 即使出现不合格品，设备也无法停止，继续制造不合格品。

·产生不合格品后需要进行返修作业，返修时如果出现问题，又会造成不合格品。

·其中，如果出现无法返修的不合格品，只好丢弃。

2. 向机器供应原材料和零部件无法顺利进行，需要为机器配备监督人员，因此需要在自动设备旁配备人员，辅助作业。

·本来是为了削减人工才实行的自动化，现在却仍然需要人。

为了解决上述问题，利用人类智慧进行创意设计的“自働化”应运而生。因此，丰田在原有的“自动化”中加入了下述设计。

<为实现自働化而加入的设计>

1. 问题：即使出现不合格品，设备也不停止，继续生产。

对策：出现异常时停止设备运行。

①在设备自动运行的情况下，保证不生产不合格品的对策。

给机器安装可以自我检测或发现异常的装置，发生不合格品或异常时机器可以自动停止。

②在作业工序中，则由作业人员自身停止生产线，要赋予作业人员可以停止生产线的权力。

在发生不合格品或者即将产生不合格品时，如果自我检测装置能够检测到，并使自动机器自动停止，就不会产生不合格品。又或者通过作业人员在发生不合格品的时候停止生产线，这样就能保证只生产合格品。对于保证质量来说这是非常优秀的手法，即在工序内保证质量。

2. 问题：自动设备需要巡查人员或者辅助人员。

对策：彻底地改良改善，提高设备的可靠性。

用人的智慧进行创意设计，把上述改善方法定义为“自働化”。

特别是在提高设备信赖性方面，不需要巡查人员就可以集中对不合格品进行改善。为此，丰田采取了下述措施：

①不产生不合格品，就是追究不合格品发生的原因，防止不合格品的发生；

②不让不合格品流到后工序。

采取第一个对策虽然可以防止不合格品的产生，但是偶尔还是会发生质量不合格。一旦发生质量不合格的情况，重要的是不要让不合格品流到后面的工序中。

这种在每个工序都保证质量的质量改善活动，就是丰田常说的“在工序内造就质量”。与包含①和②意思的自働化和“在工序内造就质量”是同义词，并进一步发展为第 3 章要说明的“QA Network”和“自工序完结”。

但是作为第一支柱的“自働化”，在国外尤其会被误解为“自动化”。“自働化”这个词本身并不是很好，因为没有表达出质量保证的意思，所以 T-TPS 用“自工序完结”替代了“自働化”。

2.2.2 从“Just In Time（JIT）”到“缩短过程周期”

作为改善结果之一，也是三大支柱之一的“Just In Time（JIT）”（**图 2-2-2a**），其关键是后工序只在必要的时间领取必要的东西和必要的量，前工序只生产被领取的量，目的在于提高产品质量和生产效率，降低库存。为什么 JIT 和提高质量与生产效率有关呢？所谓的“改善品质”“提高效率”到底有什么含义？通常各工序、各工厂都会产生库存，我们可以理解为工厂所有地方都有库存。

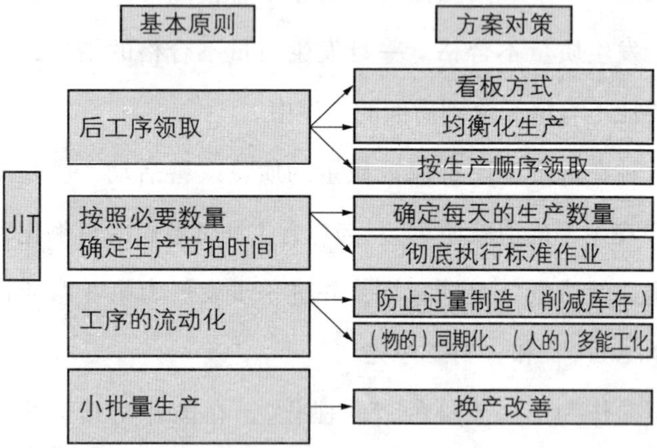

图 2-2-2a　Just In Time（JIT）

首先，我们假设生产流程中有“工序 1”“工序 2”“工序 3”，或者“工厂 1”“工厂 2”“工厂 3”，如**图 2-2-2b** 所示。其中的“降低库存”和“改善品质”有什么关系呢？首先各工序和工厂必须各自确保质量过关，如果出现一个不合格品，由于没有库存，即使送到下一个工序也无法进行后续生产，整条生产线就会停止。为了不出现全线停止的情况，各工序和各工厂就必须保证质量，因此各环节都面临提升质量的必要性。

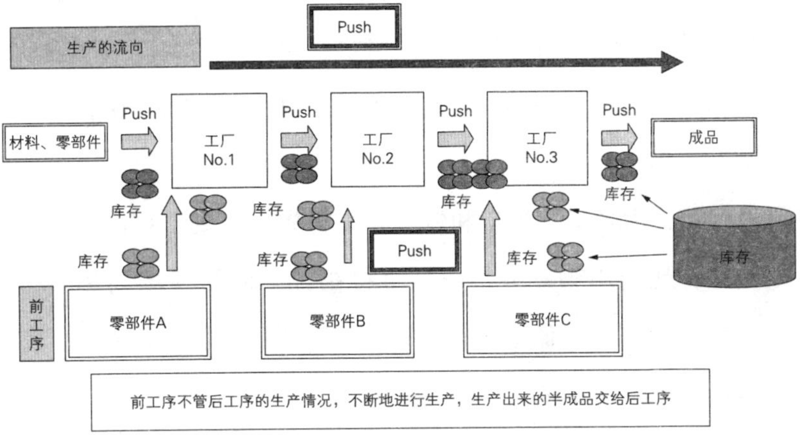

图 2-2-2b　企业和工厂的组织架构

如果工序间或工厂里有库存的话，出现不合格品的时候，下一个工序或工厂就会使用库存，生产线就不会停止。这样就会有一种不痛不痒的感觉——反正有库存，没有提高质量的必要。

换言之，如果有库存的话，工厂就没有提高质量的动力。

在提高生产效率方面，工序间、工厂间如果没有库存，就会由于设备故障等原因造成生产线停线，停线太频繁的话就会给生产线乃至整个工厂带来麻烦，同时带来必须提高生产效率的压力。因此，没有库存反而可以提高各工序和各工厂的生产水平。

但是，在海外工厂实践上述内容的时候，就会出现“没有库存生产效率就会降低，想储备库存”“由于不合格品太多，所以想准备库存”的情况。但是一旦持有库存，工厂就会放弃为了提高质量已经做出的努力，同时也会丧失提高生产效率的动力。为了防止上述消极现象的发生，工厂要不断追求“零库存”。

以前，大野耐一先生和铃村喜久男先生来到工厂时，只要看到库存就会用脚踢开，或是直接扔掉。但是现场仍然十分“保守”，总有人想储备库存。只有这两位反而要扔掉库存，甚至强制性地减少库存。

要实现库存最小化，必须努力提高生产效率和产品质量。如果不改良工序本身，是无法在库存很少的状态下进行生产的。

所以，担心库存太少会导致生产线停止是没有必要的，倒不如采取 Just In Time 的方法来减少库存，暴露问题，促进现场改善质量和生产效率。

在这里，笔者需要补充的一点是：库存带来的成本。关于这一点，原丰田汽车的田中正知先生提倡过一套“J 成本理论”。J 成本理论是把“库存量×时间”作为一个单位来考虑，只要把乘积变小，成本就会下降。这个理论把库存造成的成本作为利息来考虑，以一年为期，库存存放一年，就会产生一年的利息，用下面的公式表示为：

库存带来的成本=库存金额×库存放置时间×利率

把“库存量×时间”作为一个整体，考虑其利息，降低库存的重要性就显现出来了。最近银行的利率（利息）是2%~8%，相对比较低，但是工厂的库存不仅仅是银行的利息，一年中包括利息在内产生的损失约达库存金额的20%~30%。用下面的公式表示为：

年库存的成本（损失）=全部库存和全工序的在制品（整体过程周期时间）的总金额×损失系数（0.2~0.3）

这里提到的“各工序的库存总计”指的是从原材料的库存开始，到各个工序库存、成品库存在内，过程周期时间整体的“总库存”。为何会有0.2~0.3的损失？这个浪费并不是会计上库存带来的损失，因为有一半已经作为经费实际支出了，会计是无法正确把握由于库存而产生的损失的。然而事实上，持有大量库存会产生如下损失：

①搬运、保管库存所用器具的费用；

②搬运、保管库存所用包装材料的费用；

③用于移动库存的升降机和卡车等搬运器具费用；

④保管场所的费用；

⑤自动仓库、厂房的费用；

⑥成品陈旧产生的损失；

⑦保存中由于生锈和丢失而产生的浪费；

⑧由于设计变更而产生的浪费。

上述损失系数为0.2~0.3，产品寿命短的电脑、手机等产品的损失系数更大，在0.3~0.6之间。

经过上述分析，降低库存和降低成本之间的关系就很清楚了。从会计的角度来分析，库存是企业的财产和利润来源，所以企业很难发现库存带来的浪费。然而库存会产生很多经费和浪费，不仅仅是利息，还有保管费用、不必要的搬运、不必要的搬运器具的费用、产品陈旧和设计变更产生的浪费。这些损失是庞大的，所以全企业都有必要认识到降低库存的效果会十分显著。

<一般计划生产（推动式生产）>

一般的生产计划，都是将月度生产计划分解为日度生产计划，并计算一个小时的生产必要量，然后把计划通知到各工序、各工厂、各物流部门。

如**图2-2-2c**所示，图中只显示了生产状态，这就是一般生产方式，即“推动式（PUSH）生产”，这种生产方式必然会使各工序产生库存。例如，若No.2工序生产延迟，那么No.2和No.1工序之间就会产生库存，No.3工序由于前面的No.2工序经常发生延迟，于是随时准备一定的库存，提供原材料和零部件的物流部门就会一次性地把东西搬运到生产线上。

因此，按照生产计划，工厂中自然就会产生很多库存。日积月累，库存越积越多，企业就会建造库房或者自动仓库，进而产生不必要的费用。

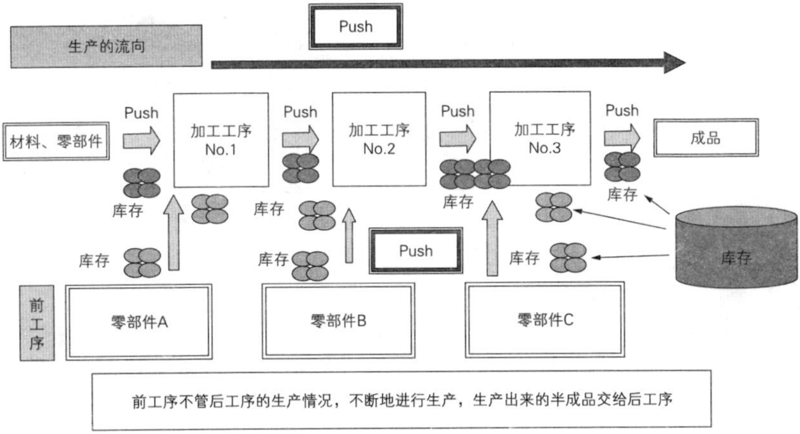

图 2-2-2c　一般的生产方式：推动式（工序间）

<JIT 生产（拉动式生产）>

与一般的计划生产不同，Just In Time 有以下 3 个原则：

· 必要的产品；

· 在必要的时间；

· 只生产必要的数量。

这个原则有两层含义：首先，由后工序到前工序去领取必要的产品，前工序只生产要被取走的量，也就是“后工序领取”，前工序根据后工序的订单来生产，然后交给后工序；其次，改变生产线的生产计划时需要工厂根据必要数量（或销售量）确定生产节拍（**图 2-2-2d**）。

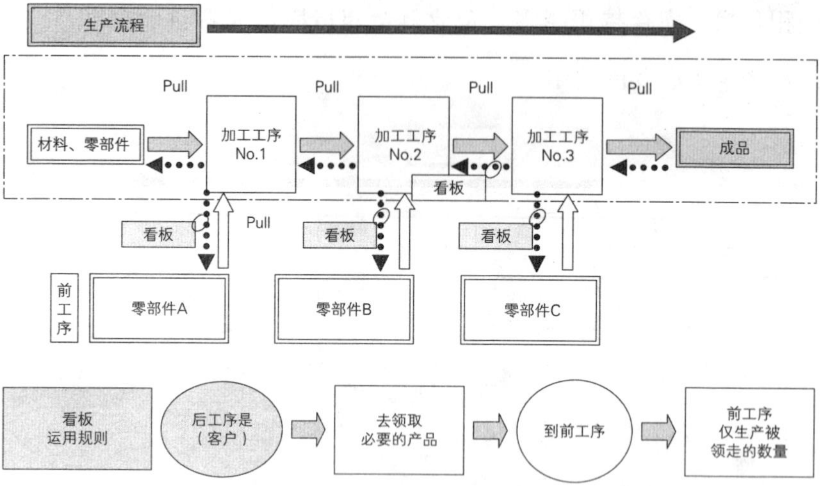

图 2-2-2d　TPS：后工序领取

为了更容易理解“后工序领取”，可以参照下述例子：

某产品从前工序流动到后工序，生产计划是每小时生产 100 个，每个生产工序和物流工序都按照这个计划来生产并提供零部件。这里的 JIT 只把生产计划作为一个目标，但是由于各个工序有着各自的情况，后工序领取量会发生变化。例如变成“一个小时领取 90 个”的时候，前工序就按照后工序的订单数“90 个/时”来生产，前工序最终是按照后工序的指示来生产，而不是按照计划进行生产，这是基本思路。后工序是“客户”，按照客户的指示来生产就是后工序领取的原则。

工厂之间一般都会有一定的距离，“工厂 1”和“工厂 2”

之间无法用口头传递“一个小时以后去取100个”的信息，因此这种订单是通过“看板”来传递的。我们可以把“看板”理解为能多次使用的可循环订单书。

看板一般放在存放零部件的箱子旁边，例如一个箱子里面有100个，100个就用一张看板。后工序如果在一小时之内用完100个的话，就会向前工序发出一个“100个/时”的订单，即一张看板。接受看板的前工序就会向后工序连同看板一起交付100个。实现后工序领取原则的道具正是这里所说的看板。

前面提到的“根据必要数量决定生产节拍”，对于减少库存也是非常有效的。决定一天的生产量就相当于决定每小时的生产台数。例如生产一台汽车需要60秒（1分钟），节拍时间是1分钟。根据生产的销售情况，这1分钟有时需调整为68秒，有时要缩短为50秒，工厂通过改变节拍时间满足需求。销售情况好的话需要缩短节拍时间，反之则延长。

然而，国外很多企业使用的都是固定节拍时间，比如企业一旦确定节拍时间是60秒，通常就会根据这60秒确定作业内容的分配和工序，且一年都是按照这个节拍时间来生产。当生产出现变动时怎么做呢？如果需求减少，就工作6小时，而剩下的两个小时就无所事事，销售情况超过预计时，就采取加班、节假日出勤的方式来处理。

在TPS中，变更节拍时间是基本做法，变更节拍就意味着要改变工作内容，所以必须具备可以灵活改变工作内容的条件。

例如，标准作业本身也会根据节拍时间的变化而变化。通过这些方式控制生产，从而实现准时化。

此外，冲压零部件和树脂产品等的生产采用的是用一台设备生产出很多工件的形式，需要更换模具进行生产，因此叫做批量生产。为了减少库存，批量生产的工序需要进行“小批量生产”。“小批量生产”指的是减少单次的集中生产量来进行生产，以此控制库存。

丰田的工序内、工厂内、各零部件企业间的物流都是以上述内容为基本原则，开展了各种各样降低成本的活动，并取得了迅速发展。

2.2.3 消除浪费：从“工序改善”到“成本管理”

由于制造工序中有搬运、加工、检查等产品停滞的现象，这样就会产生各种操作和动作的浪费，因此彻底消除浪费对提高作业整体附加价值是很重要的。

发现浪费并对其进行改善，最重要的一点是在现场开展“目视化管理”，把现场的管理状态和问题公开化，创造一个无论是谁都能一目了然的现场。如果把管理资料放到桌子上或者电脑里，只有一部分的管理人员可以看到的话，一般的作业人员就会对日常的改善失去关注，渐渐变得墨守成规。

2.3 交付期和数量的保证

2.3.1 均衡化生产

在生产不同种类物品的时候，工厂为了保证每天的生产量和工时是一定的，通常将种类、数量进行平均，开展生产，这就是“均衡化生产”。

①每天的生产量一旦发生变化，就要结合最大生产量配备设备和人，或者长时间加班。同时，工厂还常常因担心前工序缺件而预备大量库存，这样就会产生浪费，包括生产过剩的浪费、库存的浪费、搬运的浪费等。

②整车的组装流水线中，在进行混流生产时，如果连续安排组装工时长的车型流入流水线的话，会发生作业延迟，进而会导致作业混乱和慌乱。此外，一旦生产线停止，由于工人不能遵守标准作业，就会出现质量不合格的情况。

③TPS 中不进行批量生产，而是要努力实现“一个流”。均衡化生产的大前提是消除浪费。

“均衡化生产”指的是：先制订生产计划（**图 2-3-1a**），

再确定节拍时间（**图 2-3-1b**）。节拍时间的决定方法如下：

①年度计划
- 人员招聘计划
- 设备投资计划

②月度计划
- 预告信息（3个月前）
  - 资材（包含外协零部件）、人员、设备负荷、准备
- 锁定信息（1个月前）
  - 资材订单、各工序的人员、设备负荷、计划

③日程计划
- 均衡化计划
  - 确定每天的生产数量
- 生产指令
  - 每天的生产数量、生产品种、生产顺序

图 2-3-1a　生产计划

- 每天的必要数量 = $\dfrac{\text{1个月的必要数量}}{\text{月度稼动天数}}$
- 节拍时间 = $\dfrac{\text{每天的稼动时间} \times \text{可动率}}{\text{每天的必要数量}}$

节拍时间：确定用几分钟、几秒钟，生产一个零部件或者一台车的时间值

图 2-3-1b　每天的必要数量与节拍时间

- 每个月的必要生产台数：9120 台
- 每个月运转天数：20 天
- 平均每天的运转时间：8 小时×2 班=16 小时
- 平均每天的必要数：9120÷20=465 台

· 节拍时间 = 16/456 × 95%（可动率）≈ 0.033 时/台 ≈ 2分/台

上述的可动率（95%）由现场的生产能力决定，指的是设备正常运转状态的比例。

· 可动率100%：由于停线而未完成必要生产台数的话就必须加班。这样一来，为了避免停线，就必须留出富余的操作时间，改善就无法顺利进行。

· 可动率90%以下：操作难度大，生产线停线多发，作业节奏混乱，可能会出现大量的不合格品。而且为了能够从容工作就要进行大量生产，超过必要的数量。

· 可动率93%～98%：工厂一般在此范围内设定节拍时间，进行改善，提高可动率，削减工时，提高生产效率。

<均衡化生产>（图2-3-1c）

（例）组装工序

种类	月产量	日产量	生产比例（%）	节拍时间（分/台）
A	4560	228	50	4
B	1820	91	20	10
C	1820	91	20	10
D	920	46	10	10
合计	9120	456	100	2

1条生产线生产4种产品

将生产产品的种类进行平均化，开展生产

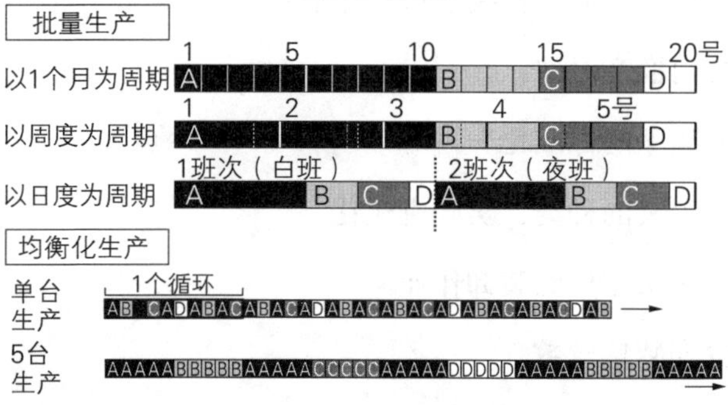

图2-3-1c 均衡化生产

· 把各产品的种类、数量按照均衡化生产。

· 特别是最后一道工序——组装，不将同样的产品集中生产。加工的每一台汽车都不同，在此前提下来进行均衡化生产。

· 如果最后一道工序把相同产品进行大批量生产，就会出现影响前工序的批量生产，导致库存量上升，产生浪费。

2.3.2 小批量生产

批量生产的冲压、锻造、成形工序等为了在必要的时间内制造必要的产品，就要缩短设备的换产时间进行小批量生产，贯彻 Just In Time。

换产时间过长的话，就只能采用大批量生产，或者由于换产时间过长造成无法生产，稼动率低下。

换产作业分为三类：外换产作业、内换产作业、调整作业（**图 2-3-2a**）。为了缩短换产时间按照下述顺序进行改善。

①明确区分“内换产作业”和“外换产作业”，确定作业分工，把内换产作业转移到外换产作业；

②改善内换产时间：

· 作业顺序的标准化

· 减少工具的种类，实施机械化

· 废除多余零件的装卸作业

· 减少安装螺丝数

换产作业
①外换产作业
・在设备不停止运转的情况下也能进行的作业
（模具、道具、工装的准备、收拾清理等）
②内换产作业
・设备、生产线不停止的话就无法进行的作业
（模具、道具、工装等的更换作业等）
③调整作业
・精度确认、辅助设备的调整、故障处理等
停下设备进行的操作

换产时间=内换产作业+调整作业=设备停止时间

图 2-3-2a　小批量生产（换产时间的缩短）

・单个零部件更换→总成更换

③废除调整作业：

・通过检具化、垫片化实现改善

・减少尝试次数

・进行缩短精度确认、测试时间等改善

换产的名称如**图 2-3-2b** 所示。

①快速换模法
・换产时间在10分钟以内
②单触式换产
・换产时间在1分钟以内
③空气流换产
・多工序的设备时：留出1～2个空位（没有产品），
不停止生产线，按顺序进行换产

图 2-3-2b　换产方式

2.3.3 看板方式

看板的功能如**图 2-3-3a** 所示。看板的作用有以下 3 点：

①现品表：表示有什么产品；

②作业指令书：到什么时间为止、要做多少个、什么产品；

③移动表：表示从哪里搬运到哪里。

通过看板方式的运营，推进工序改善和作业改善。特别是现场运营，管理状态，能够从中看出问题，进行改善。而前工序与后工序的关系为：

前工序	**后工序**
· 只生产和补充	· 将必要的“物品”
· 后工序需要的量	· 在必要的“时间”
· 只向后工序提供合格品	· 只领取必要的“量”

看板的种类及方法如下（**图 2-3-3a**）：

①领取看板：发出搬运的指令

· 工序间领取看板：用于企业内工序间的搬运指令；

· 外购零部件交货看板：用于外购零部件的订货、交货指令。

②生产指令看板：用于生产指示

· 工序内看板：用于下达到工序的生产指令；

· 信号看板（也称三角看板）：用于对批量生产工序下达生产指令或准备指令。

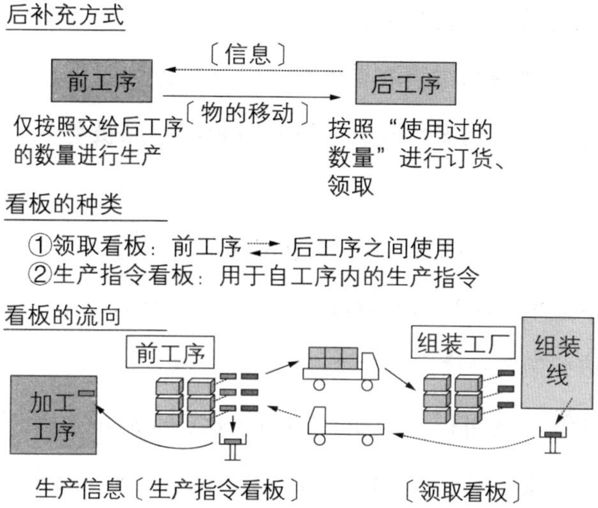

图 2-3-3a　看板方式

看板运转的前提条件为以下 6 点：

①不向后工序流出不合格品

· 后工序只领取必要的量，如果从前工序领取的物品中有不合格品，后工序就会因为缺件而产生混乱，可以做到问题的可视化；

· 在工序内造就质量，彻底防止不合格品的产生和流出。

②后工序到前工序领取

· 后工序只在必要的时间领取必要的量；

· 前工序不生产后工序不需要的物品；

· 如果按照前工序的情况来生产就会产生不必要的库存、缺件等情况，因此就会长时间进行加班，增加不必要的设备。

a. 没有看板就无法领取；

b. 不能领取超过领取看板数量以上的物品；

c. 必须给实物安装看板：没有看板的物品被称为“迷路的零部件”。

③前工序只生产后工序领取的物品

· 不能生产超过领取数量的物品；

· 按照领取顺序进行生产。

遵守②和③可以实现生产的同期化，前后的生产工序如同由一条生产线串联起来一样，因此生产能够达到同步状态。

④均衡化生产

在生产不同种类的产品时，后工序生产不是采取批量生产，而是进行均衡化生产。如果不进行均衡化生产，前工序就会产生多余的库存。

⑤生产变动时使用看板进行调整

看板的数量是根据生产量而变化的。因此当生产量发生变化时，必须调整看板的数量，如不调整就会出现缺件或库存过多的现象。

⑥工序的稳定化

如果不切实做到作业的标准化并遵守，作业方法和作业时间就会不均衡，导致作业延迟和质量问题的产生，被领取的物品就无法及时生产。要引进看板生产方式，就要时刻遵守作业的标准化，开展设备保全等工序稳定化的持续改善。

看板的实际运行

运行看板生产方式时，要遵循以下 4 点基本规则：

①在取出零件的时候，必须把零件容器（可回收器具、托盘等）上的看板取下，放入指定的回收箱；

②看板的回收：取下的看板必须在规定时间内回收；

③零部件领取：在规定时间内只领取与看板数量对应的零部件；

④从前工序领取零部件的时候，取下前工序的“生产指令看板”，替换为后工序使用的“领取看板”，进行领取。

关于看板实施计划，笔者将围绕“外购零部件交货看板”进行说明（**图 2-3-3b**）。

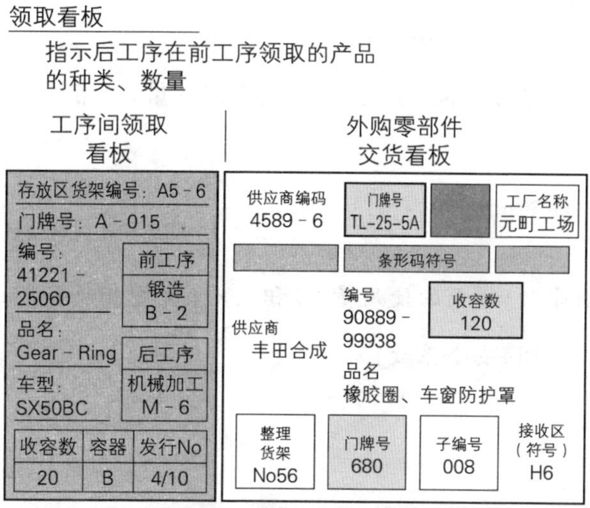

图 2-3-3b　看板的实际运行

①确定零部件的交货[1]循环

A. 零部件交货的相隔天数

B. 交货日的交货次数：交货日当天要交几次货

C. 延迟次数：看板带回来后，延迟多少次才进行送货

上述信息，用 A-B-C 的形式来表示。

例：A-B-C

1-4-3

A. 交货日的相隔天数：每天交货

B. 交货日的交货次数：每天送 4 次货

C. 延迟次数："看板"返回，延迟 3 次后再交付

②确定看板的发行张数

·"看板"的发行张数是由一天的使用量、交货循环（A-B-C）以及安全库存决定的；

·看板张数=本次交货量+本次带回的量+已带回的量+安全库存。

看板张数的计算公式：

看板张数=1 天的使用量/容积数×（交货相隔天数+交货的过程周期时间+安全系数）

---

① 零部件的领取是由后工序拿着看板去领取。外购件的话，搬运是由外协企业来进行。因此，在解释中不说"领取"，而说"交货"。

关于“信号看板”（**图 2-3-3c**）的说明如下：

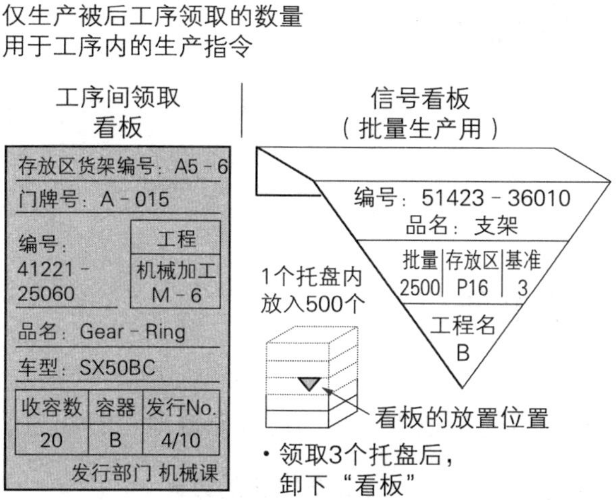

图 2-3-3c　生产指令看板

信号看板也可以说是三角看板，同一工序在生产多种类产品的时候，需要换模、换产时作为“生产指令看板”使用。

例如：信号看板多在批量生产的冲压、锻造、压铸、树脂成型等工序中使用，也可以作为生产开始的信号来使用。

2.4 简化工序

2.4.1 标准作业

标准作业指的是把人、物、设备有效地进行组合，按照毫无浪费的作业顺序，进行高效率作业的方式。

确定标准作业时，必须先明确以下 3 个要素（**图 2-4-1a**）：

①节拍时间

$$实际节拍时间=\frac{稼动时间（H/日）}{每天的必要数量}\times 可动率$$

②作业顺序

操作工在制造产品的时候，搬运零部件、在设备上装卸工件、质量确认等，人员的操作顺序

③标准在制品数量

为了能够重复循环地进行同样的操作顺序，工序内所需要的最少量在制品（包括在设备上的工件）

图 2-4-1a　标准作业的三要素

①节拍时间

· 明确生产一个零件或一台车所需要的时间。考虑生产台数、稼动时间、现场的实力、设备故障等因素，确定可动率，

一般为 93%~98%。

②作业顺序

·如果不确定作业顺序，即便是同一个人，每次进行操作的顺序也会有所不同，容易发生作业遗漏、作业失败、质量不合格等，甚至会发生灾害事故。

·同一个作业，无论是谁，反复遵循一个作业顺序来进行，就会明确问题，从而进行改善。

·作业顺序有时会和产品的加工顺序混淆。正确的说法应该是“工序顺序”。

③标准在制品数量（即为了完成作业而持有的工序间在制品最小库存）

·如果不确定工序内的标准在制品数量，每个工序的库存就会堆积，因此要只生产标准在制品数量要求的量。

·标准在制品设定的数量，要尽可能地少。

关于标准类文件请参考**图 2-4-1b**。其中的④和⑤，是用于发现问题点、进行改善的工具。

①分工序能力表

表示零部件在各个工序进行加工时，各工序（设备）生产能力的表格（**图 2-4-1c**）。记录手工作业时间、设备的自动传送时间、刀具交换时间、计算加工能力。通过分工序能力表明确问题，找到改善的切入点。

②标准作业指导书（步骤书）

① 分工序能力表…表示各工序的生产能力

② 标准作业指导（步骤）书…确定标准作业步骤的表单

③ 标准作业要领书…记录操作时“需要特别注意的事项”

*④ 标准作业组合票
…明确各工序的手动操作、步行时间等，表示节拍时间内作业内容的表单

*⑤ 标准作业票…用图示表示操作工操作范围的表单

制作：负责现场的管理人员（监督人员）
审核：负责科长、技术员

图 2-4-1b　标准化文件

新·改　2006年09月25日制作　　共1页 第1页

批准		分零部件分工序能力表	代码	13612 - 88210	型号	RT - 75M	所　属	制作者
			名称	驱动轴	个数	1		

顺序	工序名称	设备编号	基本时间						刀具				加工能力（250）	备注
			手工作业时间		自动加工时间		完成时间		更换个数	更换时间		平均一个		
			分	秒	分	秒	分	秒	个	分	秒	秒		
1	外径粗加工	LA 125		8		87		95	10	1	30	9.00	260	
2	外径初步精加工	LA 126		8		84		92	10	1	30	9.00	270	
3	外径精加工	LA 233		9		92		102	40	3	0	2.25	250	
4	加工径槽	MI 176		5		23		28	150	1	40	0.66	960	
5	钻孔	DR 235		5		7		12	150	2	0	0.80	2100	
6	钻螺纹	TP 118		17		10		27	150	1	40	0.66	990	
7	质量确认			3				3				40	9200	

注1）一天两班，每班次工作7小时40分钟
注2）假设每一台设备只加工一个工件

图 2-4-1c　分工序能力表

确定作业人员标准作业的顺序、步骤（**图 2-4-1d**）。标准作业指导书，就是明确一个人的作业顺序、时间、标准在制品

新·改　2006年09月25日制作　共1页 第1页

批准		标准作业指导书	代码	41331-62010	需要数量	500个/班	所属	制作者
			名称	8英寸小齿轮	分解编号	1/1		

No.	作业内容	质量		关键点（正确性、安全性、可操作性）	有效时间		节拍时间	45秒
		检验	检具		分	秒	标准在制品	4个
1	取出原材料					2		·●标准在制品
2	齿切粗加工			·●　·＋带上安全防护镜		5		·＋安全事项
3	齿切部分大小端倒角			·●		6		·◇质量确认
4	齿切部前进面精加工	全检		·●　·◇　参照限度样件		6		
5	齿切部后退面精加工	全检		·●　·◇　参照限度样件		6		
6	测量定位销径	全检	P1	·◇　环规检查		5		
7	将成品放入托盘			·交错放置		2		
8	回到1							
								变更 年 月 日
				时间计		32		

图 2-4-1d　标准作业指导书（步骤书）

数量以及质量确认方法。作业人员如能依照标准作业指导书进行操作，就可以准确、快速、安全地完成操作，质量也能得到保证。因此，彻底遵守标准作业十分重要。

③作业要领书

明确作业人员在操作时需要特别注意的事项、进行复杂的操作时使用的表单（**图 2-4-1e**）。其中记录了关于机械、设备的操作、刀具更换、换产、零部件的加工、组装、检查、搬运等操作要点，确认质量的方法及安全的作业方法。

④标准作业组合票

明确各工序的手动操作时间、步行时间，调查在节拍时间内进行什么样的操作（**图 2-4-1f**）。对比节拍时间，明确是否

新·改　2006年10月5日制作　共1页 第1页

批准		作业要领书	工序名称	8"环形齿轮加工线			制作者	
			工序No.	3	设备编号	LA－253		
			作业名称	内径第一道精加工				

No.	作业步骤	作业的关键点	安全	作业时间 1分30秒
1	松开刀具，紧固螺栓	使用5毫米的L形扳手	不滑落	图片、照片
2	卸下刀具			
3	清扫刀具手柄部分			
4	安装新刀具	刀具插入最底部	不滑落	
5	确认安装状态	不晃动		
				变更 年 月 日

图 2-4-1e　作业要领书

有提早完成操作后的空手等待或超出节拍时间的情况。标准作业组合票包含：(1）现行标准，为了实施改善而表示的实际作业情况；(2）正式标准，改善后的正式作业标准。此外，对标准作业指导书实施修订也是很重要的工作。

⑤标准作业票

表示每个作业人员的作业范围，即人的动作（**图 2-4-1g**，**图 2-4-1h**），记录人的动作、设备布局、零部件的存放位置、确认质量、安全事项等，特别是关注人的动作、进行改善，消除多余的步行浪费。

新·改 2006年09月25日制作 共1页 第1页

批准		代码	73761－61234	每班需要的数量	455个/班	所属	制作者
	标准作业组合票	名称	传动轴No.2	节拍时间	62秒		
		工序	传动轴加工No.2				

顺序	作业名称	时间 手工作业 分	秒	步行 分	秒	自动加工 分	秒
1	取出零部件、安装		3		2		
2	LA外径切削		10		2		12
3	MI键槽切割		5		2		25
4	BR钻孔		5		2		7
5	PT打螺纹孔		18		2		10
6	去毛刺质量确认		11		1		
7	放置成品，回到1		3		2		
	合计		55		13		54

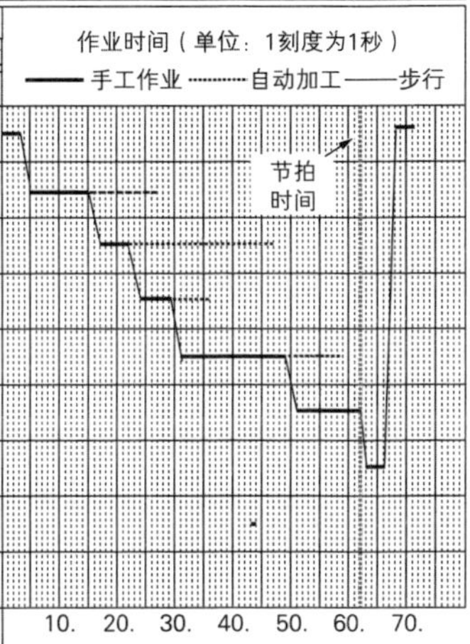

· 循环时间超出：68秒
· 需要进行改善，缩短6秒

图 2-4-1f 标准作业组合票

新·改 2005年10月25日制作 共1页第1页

批准		标准作业票	作业内容	取原材料	开始	所属	制作者
				放置成品	终止		

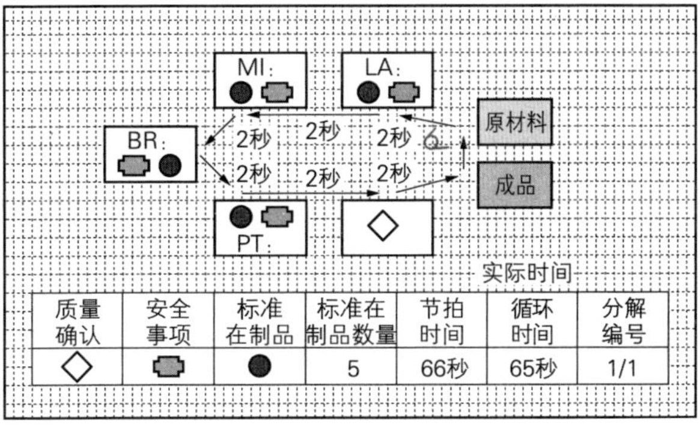

质量确认	安全事项	标准在制品	标准在制品数量	节拍时间	循环时间	分解编号
◇	（图形）	●	5	66秒	65秒	1/1

图 2-4-1g 标准作业票

①-1　标准作业票（组装工序）

审核		标准作业票	作业内容	确认指令单	开始	工序No.
						制定日期
				质量确认	终止	制作人

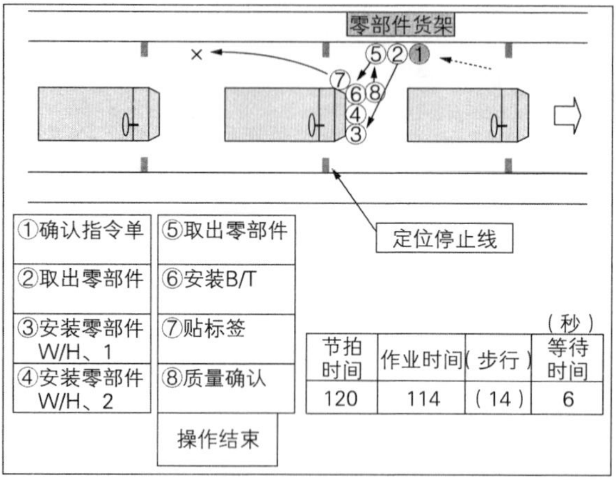

图 2-4-1h

2.4.2　减少浪费

浪费一共分为七种（**图 2-4-2**），包括过量制造、空手等待、搬运、加工、库存、动作、不合格品返修导致的浪费。

如果在一个作业现场看不出浪费的话，即便想消除浪费也无从下手。所以改善的第一步是发现浪费，让每一个人都能一目了然地看出浪费。

为了更容易理解作业的浪费，我们可以把所有的浪费都看

· 七大浪费　　浪费=动作-有效作业

①过量制造——通过预测，进行提前生产

②空手等待——工作中有多余的时间，等待指令，等待材料，干涉等

③搬运——滞留、迂回搬运、倒箱

④加工——不产生附加价值的加工

⑤库存——增加空间，增加搬运器具，长时间存放导致变化（质量变差）

⑥动作——不产生附加价值的动作（步行、拿取、放置）

⑦不合格品返修——原材料、工时、能源的损失

图 2-4-2　浪费的削减、消除

作“空手等待的浪费”。要点可参照以下内容：

①完善标准作业指导书，使员工遵守标准作业，不进行标准作业以外的作业；

②明确传送带、流水线的作业区域，在固定区域内实行标准作业；

③明确标准在制品数量，明确作业进度；

④鼓励现场的 4S，特别是整理整顿。

2. 4. 3　改善活动的开展方式

开展改善活动的时候，重要的是观察现场并找出问题，要点如**图 2-4-3a** 所示。

不要说“做不到，没法改善”，而是要考虑如何去改善。花尽量少的钱，运用智慧进行改善。这就需要员工打破一贯以来

• 观察现场，熟悉现状

①调查现状作业的内容

②消除各种浪费

③重新分配作业

④作业改善→设备改善

⑤用于改善的工具

⑥改善的开展方式

“工时降低活动”

消除浪费→对作业进行再分配→削减人员

图 2-4-3a

的做法，以及固有模式。

调查现场作业的实际内容

为了调查，就要制作标准作业组合票、标准作业票来分析现场的作业(**图 2-4-3b**）。要点如下：

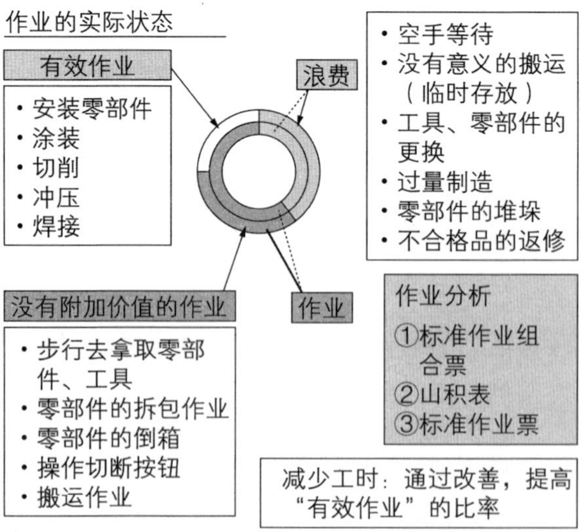

图 2-4-3b　调查现场作业的内容

①浪费：是在作业中不需要的内容，是改善的对象。

②没有附加价值的作业：指现有作业中的必须附带的作业。

③有效作业：为了提高附加价值的作业，零部件的直接加工或组装作业。改善即削减和排除浪费，提高“有效作业”的比率，和降低工时相联系。

作业的重新分配

①制作山积表，明确作业人员每个人的工时。

②随着改善的开展，各工序作业时间缩短之后，重新分配作业，减少工序。

如**图 2-4-3c** 所示，将 7 个工序简化为 6 个工序，即消除第六工序。

③重新分配作业时把余力集中在一个工序（即第五工序）。

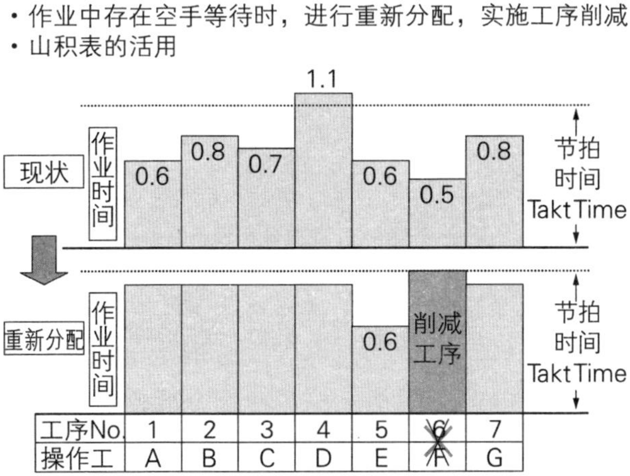

图 2-4-3c　作业的再分配

④重新分配作业时，由于人员减少，再次分配到每个人的工作量会增加，每个人的劳动强度会提高，作业人员就会产生抵触心理。因此，分配作业时必须考虑到要比节拍时间花费稍微少一点的时间就能完成，即节拍时间内完成操作后仍有一点余裕的时间。

⑤继续进行改善，挑战消除第五工序。

作业改善和设备改善

设备改善的要点如下（**图 2-4-3d**）：

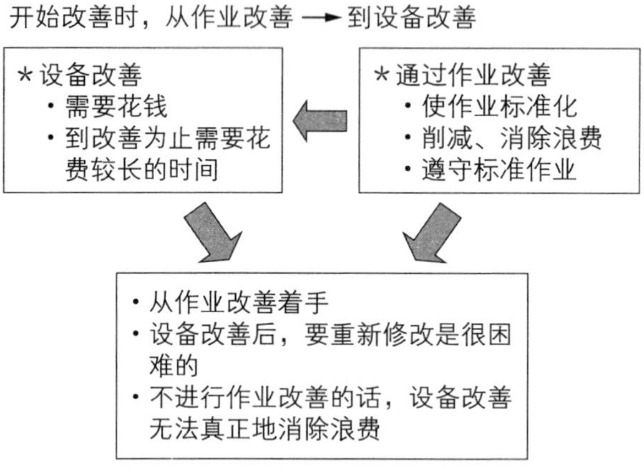

图 2-4-3d　作业改善和设备改善

①花费资金：由于改善的主要目的是降低工时，这一点仅仅通过改善作业就可以实现，却花费资金改良设备或者购入新设备，造成了投资的浪费。

②设备改善以后，要返工是很困难的。即使在计划阶段做得很完美，具体实行的时候还是会失败。作业改善的话，要重新修改是比较容易的，但如果是设备改善的话，为了返工就需要追加投入资金。

③在没有完成作业改善的现场就开展设备改善而失败的例子很多，其结果往往是改善后的设备无法使用。

④在遵守作业改善和标准作业的前提下实施设备改善。

改善用道具（可视化）

作为用于改善的道具，可视化是很重要的（**图2-4-3e**）。可视化改善了制造工序，使所有人都能对生产状况一目了然。生产管理板挂在生产工序的末端（**图2-4-3f**），工厂可以通过生产管理板调查异常发生的原因，防止再次发生。

- 彻底实施可视化管理
- 让任何人都能看出现场的情况

1）区域线（白线）标识
- 设备的位置、零部件、小车存放区、作业区域的范围、通道等，画出区域线
- 彻底实施4S，能够看出异常状态

2）生产管理板
3）安灯（生产管理标识板）
4）质量管理板

图2-4-3e　用于改善的工具——可视化

・表示制造工序的生产情况
・记录生产实绩、异常情况

例

生产管理板　　记录人：

时间	生产计划		实绩		差异±		备注
08:10	——		——		——		
09:00	50,	50	45,	45	−5,	−5	・设备故障
10:00	60,	110	60,	105	0,	−5	
11:00	60,	170	60,	165	0,	−5	
12:00	60,	230	55,	220	−5,	−10	・出现内径不合格产品
14:00	60,	290	62,	282	+2,	−8	
15:00	60,	350	61,	343	+1,	−7	

以下省略　　累计数量

图 2-4-3f　生产管理板

安灯与质量管理板

“安灯”是在制造过程中可以快速向管理监督人员发出报告的一种工具（**图 2-4-3g**）。另外还有质量管理板，展示在质量角中的质量管理板，使任何人都能看出现场的质量情况。质量管理板的内容有以下 5 点：

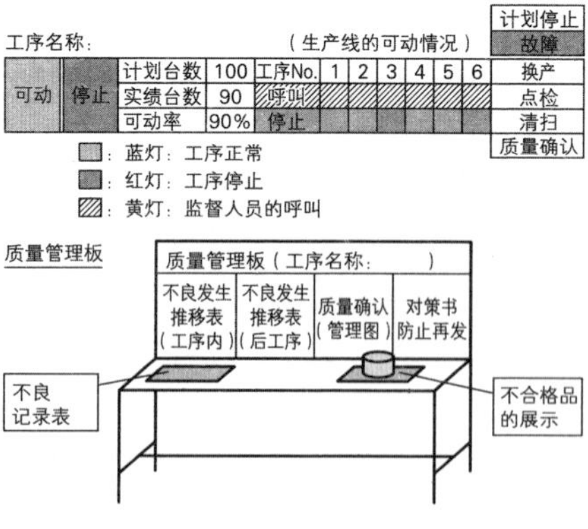

图 2-4-3g　安灯（Andon）

①异常发生推移表；

②异常发生和防止再发报告；

③质量确认表；

④展示不合格品；

⑤后工序异常状况。

改善的着眼点

改善的着眼点如**图 2-4-3h** 所示，重点是“减少人员的方法”和“不要害怕停线”。

<减少人员的方法>

不管多么好的改善活动，没有现场作业人员的帮助是无法实现的。作业人员的帮助与理解，以及上级部门积极的配合是非常必要的。要点如下：

①即使实施改善，也要向作业人员说明时间上存在改善空间。

例如：节拍时间是 120 秒，但是自己用 100 秒就能完成，每次都有 20 秒的等待时间，这 20 秒的时间每次都不用进行任何操作。只要不让作业人员提前操作，他们就会明白这 20 秒是余裕的时间。

②通过削减工序削减人员，要从削减优秀员工开始。许多企业通常会先减少非熟练工或新人，但是这样一来，被削减的员工就很难成为熟练工，而且调走熟练度差的员工会严重影响

现场的气氛；相反，把熟练工调走就是承认其工作能力，往往能得到作业人员的积极配合。

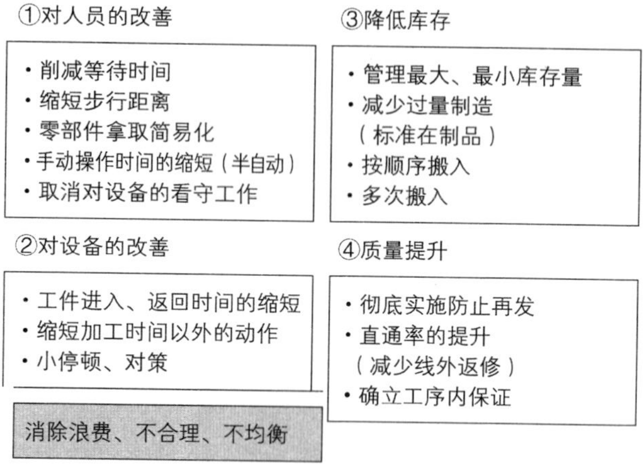

图 2-4-3h　改善的着眼点（不要害怕停线）

<不要害怕停线>

不会停线的工序有两种，即“很差的生产线”和“优秀的生产线”。

①很差的生产线

这种情况下，一般是线上人员过多，工作太从容，无法使问题暴露。

②优秀的生产线

为了改善不怕停线，必要的时候毫不犹豫地将生产线停下来进行改善。

2.5 质量改善

2.5.1 质量是在工序内造就的

质量改善的原则有三点：①后工序就是客户；②不让不合格品流到后工序；③保证质量的所有责任由制造部门承担（每个工序都要确认质量，将合格品流入下一环节）。

每个作业人员都遵守作业标准，确认产品在每个工序的质量，只向后工序流出合格品。

不制造、不流出不合格品

改善的最终目标是不制造不合格品，但是在现实中很难实现。因此一旦出现不合格品，重要的是要确保能及时检出并不向后工序流出(**图 2–5–1a**)。

在工序内确保质量的原则有以下 4 点：

①遵守作业顺序

· 作业必须按照标准作业指导书来执行；

· 不制造、不流出不合格品

意图		方式	工具、手段
· 不流出不合格品 · 仅制造合格品	能看出异常	· 异常时通过亮灯和声音表示 · 通过自动检验装置进行判定 · 设置质量确认的工序	· 防错 · 安灯 · 定位停止操作 · 自动检查装置 · 质量检验标准书
	因为异常而停止	· 设备、机器自动停止 · 出现异常时，由人停下设备、生产线	

· 工序内的质量保证：四原则

①遵守作业步骤
②实施自我确认
③质量相互确认
④改善困难操作

· 检验部门的职责

①成品车检验
②制造工序的监查工作
③防止再发活动
（工序内没有检验人员）

图 2-5-1a　不制造、不流出不合格品

· 违反作业顺序的时候要进行指导及标准作业书的修订。

②实施自我检查

· 操作经常失败；

· 经常出现质量问题；

· 很难遵守作业顺序。

如果出现上述情况，作业结束后一定要进行质量检测。

③互相确认质量

· 经常出现不合格品的作业环节，要在后一环节设置确认质量工作，防止把不合格品流入后工序。

④困难作业的改善

· 很难遵守作业顺序的环节；

· 作业姿势不好；

· 易失败的作业；

· 常发生质量问题的作业；

· 能遵守定位停止的作业。

由于经常出现质量问题，有必要实施改善。

工序内造就质量（图 2-5-1b）

生产状况发生变化的时候，员工一定要实施首件检验，并确认其质量。如果按照之前的标准来判断，就会生产出很多不合格品。此外，被选为首件检验的产品，尽量保留到下次质量确认之前为止。

· 质量管理板：任何人都能看出质量的情况
· 首件检验：生产条件发生变化时
①开始操作时
②操作工轮换
③换产
④设备维修之后

生产开始时，对最初生产出来的产品进行质量确认

· 检验人员的真正目的
①找出不合格品
②自身主动开展防止不合格品再次发生的活动（这一点很重要）
③实施制造工序的工序监查

图 2-5-1b　质量是在工序内造就的

2.5.2　定位停止方式

定位停止方式的要点有以下 4 点（**图2-5-2a**、**图2-5-2b**）：

①在流水线上定位的位置开始作业，在下一个定位的位置结束作业；

②当发生异常和延迟的时候，作业人员呼叫负责人；同时工序管理板上（安灯）表示出呼叫的工序；

③如果到达下一个定位线之前，问题还没有解决，那么生产线就要自动停止；

④遵守标准作业，不向后工序流出不合格品。

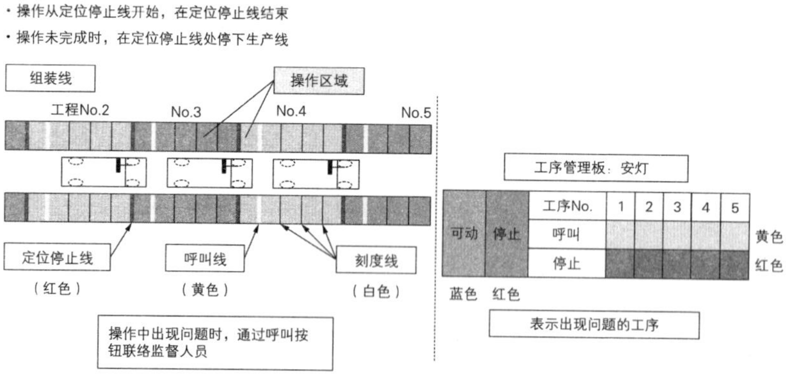

图 2-5-2a　定位停止作业方式①

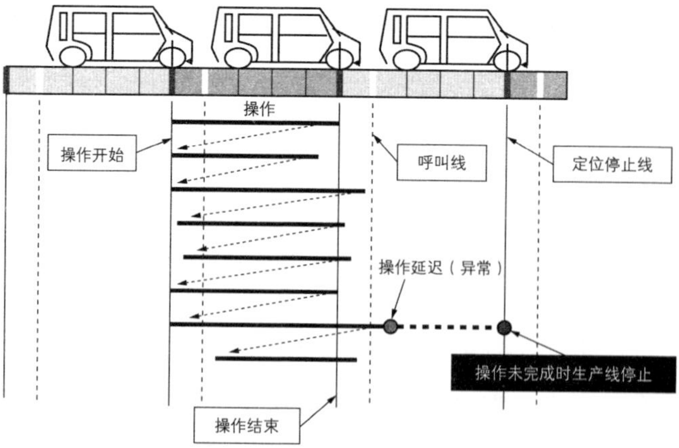

图 2-5-2b　定位停止作业方式②

2.5.3 工序能力

工序能力有以下3个要点（**图2-5-3**）：

判定	工序能力指数	对应方法
○	CP≥1.33	・稳定状态、良好
△	1.33≥CP≥1	・CP≈1 不合格品流出 ・抽检 ・关键质量需要全数检验
×	1≥CP	・全数检验 ・设备机器的整备、更新

图2-5-3 工序能力的确保

①一定要调查机械设备加工、组装精度的偏差，进而掌握工序能力；

②根据工序能力决定机械设备的管理方法；

③工序能力的公式如下：

$$CP = T/6\sigma p$$（两侧规格的情况下）

（T=公差、σp=标准偏差）

2.5.4 防错机制

这是针对质量不合格、设备故障等，不需要作业人员刻意去注意，就能发现并自动解决的机制（**图2-5-4**）。

- **防止不合格品流出**

向人的五感发出信号

例 ①颜色表示，做标识
②相似零部件、材料的存放区内安装区分隔板，隔开一定的工件
③实现通过手部的接触就能够识别
④注意事项的标识（字体要大、醒目）

通过设置机械装置的方法

①错件的情况下，无法装到工装上
②出现不合格品时，设备停止
③如果出现操作失误，设备无法运转
④如果遗漏操作，则下一个工序设备就会停止

防错装置启动时：设备停止、亮灯、发出警告的声音

图 2-5-4　防错（Pokayoke，Failsage）

防错机制包括两种：①防止作业人员疏忽导致错误的机制；②一旦设备和产品出现问题，就能自动检验出来并不进行加工。

2.5.5　建立质量保证工序

这是一种为避免不合格品流向后工序和市场，而在制造工序内明确质量保证方法的机制（**图 2-5-5a~2-5-5e**）。

- 不让不合格品流到市场
- 制造和检验部门分工，明确质量保证方法

质量保证的对象项目（重点项目）

①重要质量特性*
②返修困难，需要花费较长工时的项目
③质量监查中发生不合格的项目
④出现市场投诉的项目

*重要质量特性

▽S1：紧固、安全	㊊：漏水
▽S2：液体渗漏	FH：整车起火
■××：功能不良	OR：Over Run
□××：外观不良	

图 2-5-5a　质量保证工序的建立（组装工序）

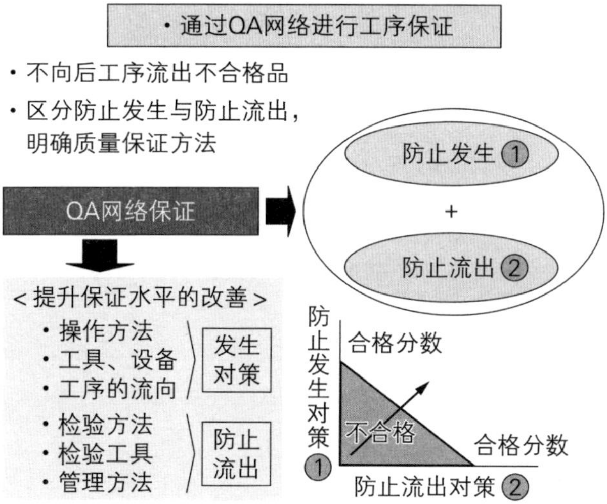

图 2-5-5b

保证度	制造工序的保证内容
◎	・设置了防呆防错装置 ・在加工、组装工序中一定能够发现
○	・自主+相互检验：有全数质量确认工序
⊚	・自主检验或者相互检验，仅在工序中实施
△	・抽检进行质量确认 ・实施条件管理
×	・基本没有

*条件管理：实施操作步骤的系列化，首项操作等

图 2-5-5c　防止制造出不合格品：保证方法

・在制造中流出质量不合格品时，检验工序是否能发现？

保证度	制造工序的保证内容
◎	利用检验设备进行全数确认
○	检验工具或者“目视、手感”+盖确认印章 （出现不合格品时能100%发现）
△	仅依靠目视、仅依靠手感、仅依靠体感的检验
×	没有检验工序

图 2-5-5d　防止不合格品流出：保证方法

· 为满足下述基准而进行改善

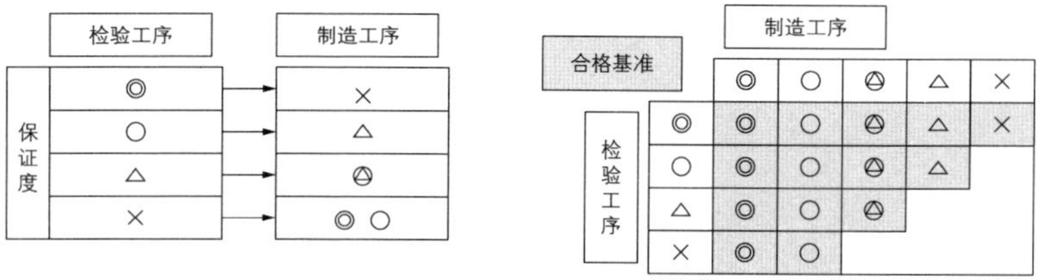

质量保证度一览表

No.	检验工序						制造工序								判定
	检验项目	重要度	◎	○	△	×	操作名称	要领书	工序No.	◎	○	○△	△	×	

图 2-5-5e　质量的合格工序：判定

明确操作方法的质量保证程度，对于保证程度低的作业就要进行提高保证度的改善，或者在一览表中把问题明确出来，改善保证度低的项目。

当质量确认方法保证度低时，要提高作业方法的保证度。还可以制作一览表明确出问题，改善保证度的项目。

2.6 安全保全

2.6.1 安全第一

确保现场安全的活动的基本内容如**图 2-6-1** 所示。机械设备坏了可以花钱修好，但是人的身体如果受到伤害，有时则是无法挽回的，特别是出现死亡事故的时候，仅仅用金钱并不能解决，因此需要优先考虑如何确保现场的安全。

- **确保现场安全的活动**
  - ①现场的4S（整理、整顿、清洁、清扫）
  - ②危险预知活动（KY）——培训、训练
  - ③吓一跳险情的经验、提案制度
  - ④安全优良现场的认定制度
  - ⑤设置与安全相关的“防错”

图 2-6-1　安全优先于一切

降低工时和保证安全，乍一看好像相违背，其实二者是一致的。不需要做的工作、困难作业、勉强的操作等最容易造成事故。因此通过作业改善，不仅可以保证安全，还可以降低工时。

现场内保证安全的活动要点，有以下 5 点：

①现场的 4S

· 现场的 4S 是保证生产现场安全的基本原则。

②预知危险活动

· 为了建立一个安全的现场，作业人员应该全员参加，事前发现危险系数高的操作并制定对策。

③提案制度

· 为了在灾害发生前防患于未然，需要建立起当操作中感觉到危险时，就要进行提案的制度。

④安全优良现场的认定制度

· 制造部长审查现场，在判断员工是否遵守标准作业、是否实施安全作业、是否维持和改善安全相关的事项时，要做出安全优良现场的认定。认定期间可以为 6 个月，即每 6 个月实施一次确认审查。

⑤设置与安全相关的“防错机制”

无论如何小心谨慎，操作中还是会出现失败、判断错误或者遗漏。因此对于存在危险的设备，加装“防错装置”，例如：安全插头、安全按钮、两手启动装置、启动门按钮、安全方案等。

2.6.2 设备保全

设备保全重要的是设备的使用部门和保全专门部门互相协

助并实施（**图 2-6-2a**），分为自主保全和专业保全两种。

- **严格实施社保保全，以可动率100%为目标**

1）自主保全：在制造部门实施

第1阶段	→	第2阶段	
①清扫 ②日常点检 ③定期点检 ④小整顿、调整 ⑤小停顿恢复操作		①小改善 ②定期换油 ③定期更换 ④小维修（零部件更换）	• **了解设备的功能、性能** • **能看出正常和异常** • **掌握保全知识、技能**

2）专业保全：保全专业部门实施

- 预防保全：有计划地实施
- 事后保全：维修时间的缩短（KY训练、备件的准备）

图 2-6-2a　设备保全

自主保全

①即“自己用的设备自己来保护”，现场使用的设备由使用部门来实施保全活动。

②实行设备的清扫、日常检查、加油、增固、设备故障的恢复、简单的预防保全、零件的提前更换等小改善。

专业保全

①预防保全：有计划地实施设备保全，防患于未然。

②事后保全：修理不能使用的设备，使其恢复原来的状态。为了缩短维修时间而有必要进行改善。

设备保全的项目虽然由使用部门和保全部门协商决定，但很重要的一点是，由使用部门实施的项目要尽可能地增多（**图**

2-6-2b）。

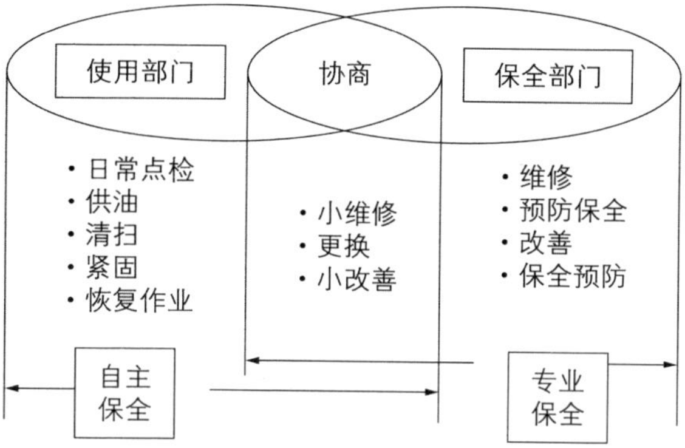

图 2-6-2b　使用部门和保全部门的关系

2.7 创造有工作价值的生产现场

2.7.1 管理监督人员的职责

在创造有工作价值的生产现场时，监督人员的作用是非常重要的。(**图 2-7-1**)。

· 基本的职责

1）工作的管理

①生产量、质量、安全的确保

②实现工时削减、成本降低的改善活动

2）人（下属）的管理

①多能工化训练

②下属的培养

③安全管理

④QC小团队活动的支援

⑤创意钻研提案的支援

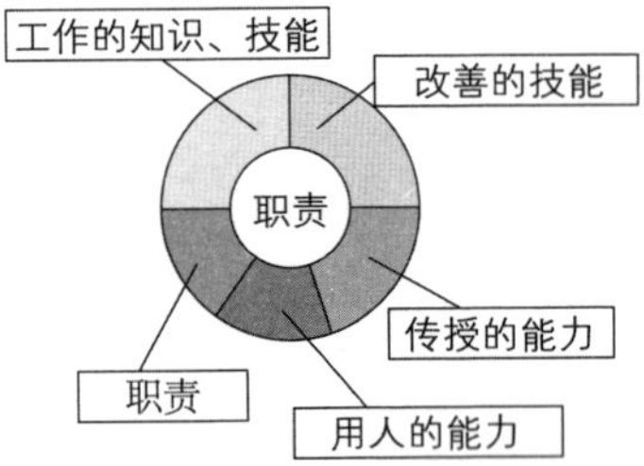

图 2-7-1 管理监督人员的职责

作为管理、监督人员要注意以下 6 点：

①经常巡视现场（现场观察）

· 掌握职责范围内现场的情况。

· 把握现场每天的生产状况，同时推进问题的解决和改善。

②时常指导和培养下属

·仔细观察下属的工作手法和操作方法，有计划地进行必要的指导和培训，特别是操作的注意事项、窍门以及处理异常的方法。当下属不按照标准作业来操作的时候，监督人员应该立即提醒其注意。

③要站在更开阔的视角去看现场，下达各种指令时要依据整体判断

·对于现场中发生的各种问题，不能只从自己负责的现场出发去判断。要在很好地掌握前工序、后工序以及外协厂对自工序有何影响的前提下解决问题。

④管理人员要上线进行现场操作

·管理人员的上线：(1) 在作业人员缺勤，加班时间内人手不足的时候进行；(2) 为了改善问题，通过实际操作来确认作业顺序、作业标准，体验操作中的瓶颈；(3) 当作业人员发生作业延迟或发生异常的时候，要对其进行支援。

·绝不允许管理人员只是因为无事可做才进入现场帮忙这种情况发生。

·管理人员在进入现场的时候要有积极发现问题、改善作业的态度。

⑤新知识、新技术的吸收

·由于产品、设备、加工方法等是不断进化和变化的，所以管理者要不断吸收新知识，学习新技术。

⑥创造有工作价值的现场

· 作业人员要相互交流。

· 要经常进行作业人员的多能工化培养。

· 在削减瓶颈作业、消除浪费的时候，全员都要参加，而且在改善的时候要听取作业人员的意见，与作业人员一起改善困难作业、消除浪费。吸取作业人员的意见并进行改善，还能提高作业人员的参与热情。

2.7.2 多能工化

定期轮换作业人员的岗位，使得各个作业人员有机会熟悉不同作业的轮岗制度（**图 2-7-2**），这样可以提高作业人员的综合技能。另外，各作业人员掌握其他人员的作业，还能有助于发现困难作业和质量不良发生的原因，推进改善。

作业人员之间的合作和防止操作墨守成规也很重要。生产量发生变化的时候，节拍时间要改变，操作内容也会改变。要应对这些变化，多能工化的实施尤为重要。

2.7.3 创意提案制度

创意提案建议的内容如果是已经实施过的改善内容，或者是单纯的想法，那么得到的评价会很低，原因是无法评价效果。

目标：3工序以上/人

No.	工序名称、作业内容	姓　名				
1	安装发动机					
2	安装后桥					
3	安装排气管					
4	安装轮胎					

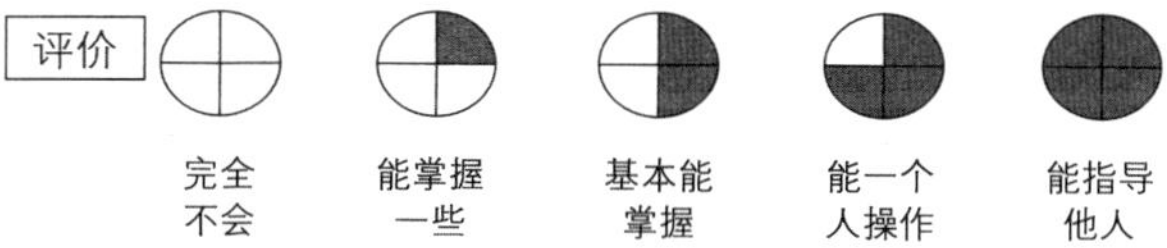

图 2-7-2　多能工化：轮岗的实施

所以，需要在现场相互合作进行改善后再提出建议方案（**图 2-7-3**）。

操作工在日常工作中，针对生产效率、质量、安全性提升，成本降低等改善结果进行建议的制度

- 提案的评价内容
  - ①效果A（有形）——削减人员、降低成本、削减设备投资
  - ②效果B（无形）——降低工时、削减空间、安全性、质量、环境改善
  - ③运用度——是否能横向展开
  - ④独创性
  - ⑤创意性
  - ⑥努力程度

- 奖金额度：500日元～20万日元
- 年度表彰：现场表彰、个人表彰

图 2-7-3　创意提案制度

第 3 章

质量保证

3.1 质量保证的基本原则

T-TPS 十分重视质量保证。前面的内容提到旧有 TPS 中工序内质量保证的关键在于“自働化”。包含笔者在内的众多致力于 T-TPS 的实践者，都将自働化的思路作为出发点，在 20 年的时间里，努力开展提升质量的相关工作。与此同时，质量提升的思路也有了进一步的发展。

需要再次强调的是，质量的基本原则应该是“顾客第一”。我们开发、制造产品，交付给顾客之后，顾客才能够评判质量。这里所说的质量还包含性能，顾客会做出基本的判断：“什么样的质量就有什么样的价钱。”

质量决定了产品的价值。特别是汽车产品，关系到人的性命，所以质量尤为重要。哪怕是一个不起眼的质量问题，都可能造成很严重的后果，给顾客带来很大的麻烦。质量问题给顾客带来影响的时候，制造厂商需要支付高额的损失赔偿，而且会降低该企业的产品信誉，给企业带来名誉损失。汽车产品是高价商品，使用寿命长达 10 年，所以我们把耐久性方面的质量作为重点，进行了很多改良，最终获得了顾客对我们的信任。相应地，顾客的信任程度越高，出现质量问题时，造成的形象损害越大。在这里，笔者要说明的是如何看待质量。顾客对质量的要求包括，“最基本的质量”和“吸引人的质量”。但对企业而言，企业内部制定的质量规格就是所有保证质量的基础，必须根据每项规格，逐项地确认判断。

以**图 3-1** 为例说明，“负质量”表示规格以下部分，这就是一般的“质量不良”。企业内部确定的质量合格范围，就是从规格的下限到上限，只要在规格范围之内，就可以判断为合格。这样的质量保证确实很重要，但是消费者往往要求比目前更好的质量。有时候会出现企业的质量规格和消费者的要求不一致的情况。所以有一种观点认为：要经常把握消费者的需求，使得企业内部的质量规格能满足消费者的需求，这也是非常有效的质量保证活动。

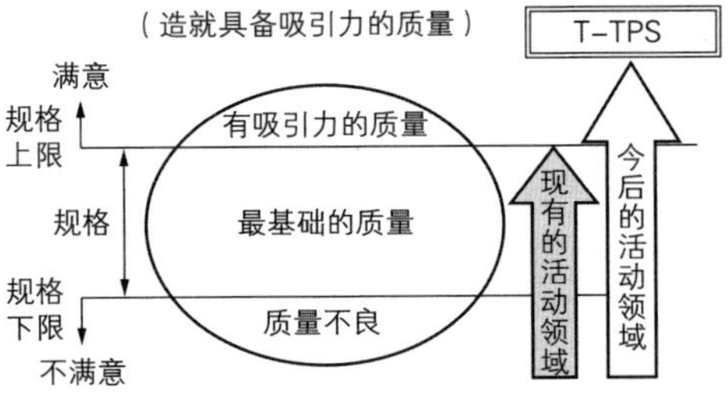

图 3-1　顾客的评价基准

现在有不少企业制定了内部的质量规格后，就不再变更，所谓的质量保证活动其实就只是遵守规格。但是，我们不仅要确认质量规格是否得到满足，还要追求更高的质量目标，同时，需要经常从顾客的视角出发看待质量。

3.2 丰田的质量保证体系

丰田质量提升的活动目标是“不合格率为零”，然而现实中很难做到这一点，但如果不确立这样的目标，是无法不断减少不合格品的。在丰田，为了实现不合格品为零的目标，开展了很多活动、改善。丰田的质量提升活动，从前面提到的旧有TPS自働化开始，一直持续到现在（**图3-2a**）。

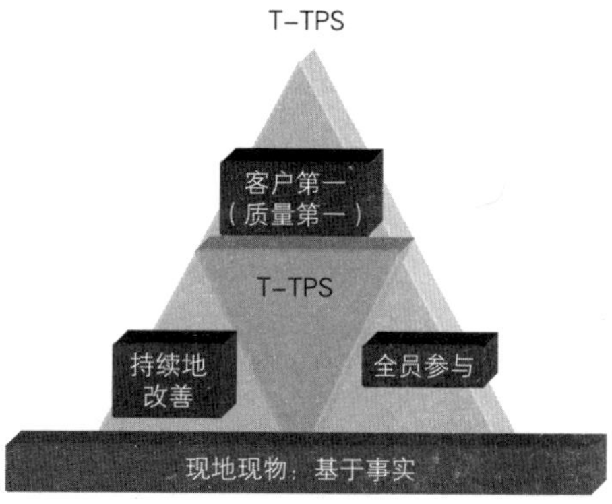

图3-2a

丰田的质量保证是通过下述①~⑤的自工序完结这一机制来体现的：

①工序内的质量保证——自働化（Jidouka）

②质量保证网络（QM Matrix、QA Network）

③自工序完结（JKK、Quality Moduled、Quality Built In Process）

④前期质量保证（QA in Adavance）

⑤通过实现人与现场活性化［Quickening Factory（QF）］来提高质量

旧有 TPS 的三大支柱之一的自働化是把省人化作为主体的，而 T-TPS 里的“自働化”意思稍显薄弱，是逐步地将重点转向质量。丰田基本上是通过自主研究（自主研）活动，开展真正的、自主的、民主的改善活动，从而使质量保证活动也逐渐活跃起来。

确保质量，重要的是要持续地进行质量改善，并必须保证全员参加。最重要的是基于现地现物原则和事实，来进行原因追溯与分析（**图 3-2b**）。

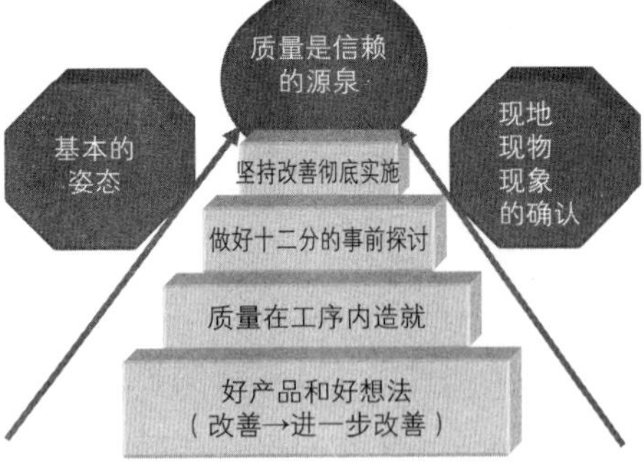

图 3-2b　顾客第一、质量第一

一般的质量保证理论往往把重点放在数字数据的统计和分析上，但是这样获取的数据往往不能准确地表示出实际生产当中现地现物的真实情况，或者说只表示了其中一部分，因此如果只看数据的话就会有脱离实际的危险，甚至会有作假的情况发生。因此，要始终做到以现地现物为原则来调查和分析问题，追求问题发生的真正原因。

离现地现物最近的是作业人员，他们掌握了质量提升的关键，因此让全体作业人员参与到质量提升活动中是至关重要的。关于这一点，后面的章节中会有详细说明。

T-TPS 质量保证的基本思路是“在工序内造就质量”，而不是单纯由质量保证部或质量管理部来保证质量，产品质量应该由全体工作人员共同保证。

3.3 通过自工序完结（JKK）保证质量

3.3.1 工序内的质量保证

T-TPS 的质量保证思路是“在工序内造就质量”。这个思路和 QM Matrix（在丰田，称为 QA 网络）、自工序完结的体系一脉相承。

基本原则是，首先要构建不生产不合格品的机制；要建立一旦制造出不合格品，不让其流入后工序的机制；还要建立自工序不接受不合格品的机制。也就是建立“不生产、不接受、不流出不合格品”的机制（**图 3-3-1a**）。通过这种方式来保证质量，减少不合格率，这就是质量保证的基本原则。

丰田用下述标语来表述质量保证的思想：

“好产品，好想法”

这样的标语从很早之前就一直张贴在工厂，工厂的所有人

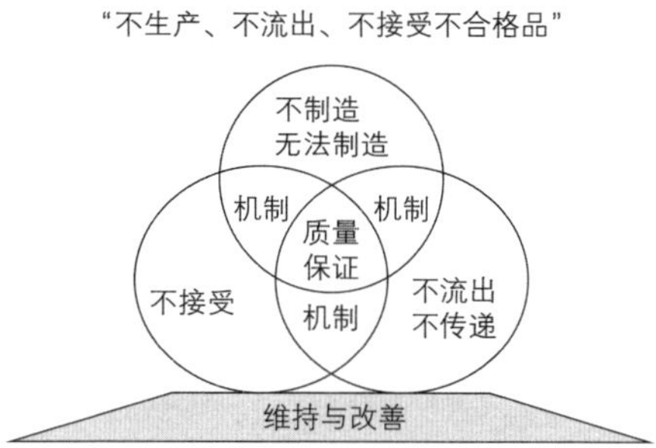

图 3-3-1a “质量保证”指的是什么

都能看见这样的标语。虽然这是基于“可视化”的一种做法，但丰田也能通过这些标语，提高全员意识，让大家共同参与到质量的提高中来。

在丰田，就是以这些内容为基础，在制造工序内，开展工序内造就质量活动的。当然其中也对制造部和检验部（包括作业人员）进行了质量管理培训。为了质量改善，丰田是经过各种各样的研究与实践失败，才达到今天的水准的。

此外还有一条质量改善的标语如下：

“现地、现物”

这个标语同样成为丰田质量改善的基础，如**图 3-3-1b** 所示，大部分工厂都是按照图中的流程来进行的。工序的顺序就是原材料供应，工序 1、工序 2 这些部分都是制造部来负责。而接下来，生产出来的成品要接受检验（Inspection），这是由质量保证部或者检验部来负责的。

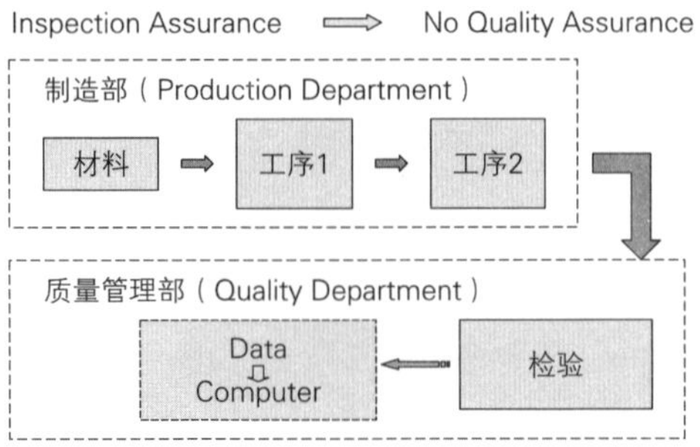

图 3-3-1b　过去的质量保证（Old Type）

总的来说，也就是由制造部以外的部门来负责质量检验，即质量管理部。检验人员是检验部门派出的，制造部的员工只负责生产。大部分企业的质量管理部分析检验结果，并把结果保存到电脑里。但是一般的质量保证体系并不能降低不合格率，就连丰田都在很长一段时间由制造部和质量管理部分工，并不能有效降低不合格率。

其原因就是制造部和质量管理部经常发生冲突（**图 3-3-1c**）。无论生产线生产多少，总是很难避免出现不合格品。当出

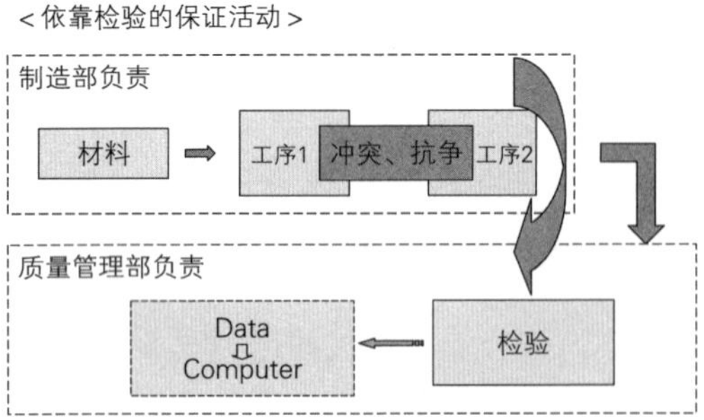

图 3-3-1c　过去的质量保证体系（Old Type）存在的问题

现不合格品的时候，质量管理部经常会对制造部发出例如“停止发货！”“停线！”等威胁。制造部的人就会如此回应“停止出货太夸张了”“就这么点不合格有什么关系啊”等。而接下来，制造部门就会说“质量管理部完全不懂生产”“不是制造的问题，是设备的问题，有问题的话去找做设备的生产技术部”“外协零部件有问题，和制造有什么关系”……制造部和质量管理部冲突的结果就是双方互不信任。即便在丰田，这样的情况也持续了很长时间。

上述情况一直持续到20多年前才有所改善。旧有TPS“自働化就是质量”的观点，后来逐渐发展为：为了实现工序内保证质量，保证产品质量都要由制造部来负责，从生产到质量保证都成为制造部的工作。

之前在各个生产线上，中线或下线的地方都有质量部的人员负责检查。为了区分制造部和质量部的人员，负责检验的员工都会戴着黄色的帽子，负责生产的员工戴着蓝色的帽子。而实施“工序内造就质量”这一方针后，戴着黄色帽子的检验人员转到制造部，并且所有人的帽子都换成了蓝色。

“在工序内造就质量”，实际上就是要求制造部要负起质量相关的全部责任，因此生产线的各个工序必须保证自工序的质量，争取实现不需要检验，就能达到直通率100%的目标。因为取消了专门的检验人员，如果在工序内做不到质量保证，就无法制造出好的产品。

就这样，质量管理部不再负责自制工序内的检验，而转为负责外协零部件的来料检验和质量确认，同时帮助供应商提高其质量保证能力，争取使供应商的质量保证能力达到不需要检验就能直接入库的水平。

如今，丰田各供应商的质量保证能力都得到了显著提升，丰田一般不对来料进行检验，质量管理部就能更专注于质量保证活动的开展。

制造部和质量管理部改变了工作思路，其组织和人员配置如图 **3-3-1d** 所示。

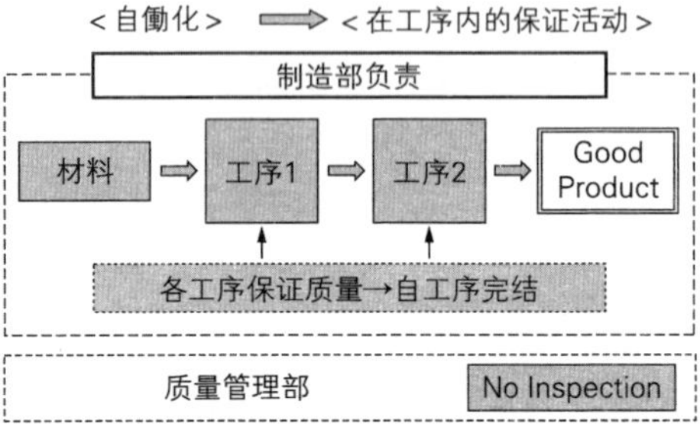

图 3-3-1d 通过完结工序实现质量保证（New Type）

正如前文所说，制造部承担起质量相关的所有责任，不能把责任转到其他部门。因此，为了保证质量、实现工序内造就质量，制造部门就制定以下标语：

①不制造不合格品；

②不向后工序流出不合格品；

③不接收不合格品。

为了贯彻上述①和②两个目标，做到质量保证，就要确立如**图 3-3-1e** 所示的质量保证体系。各工序保证质量是指：

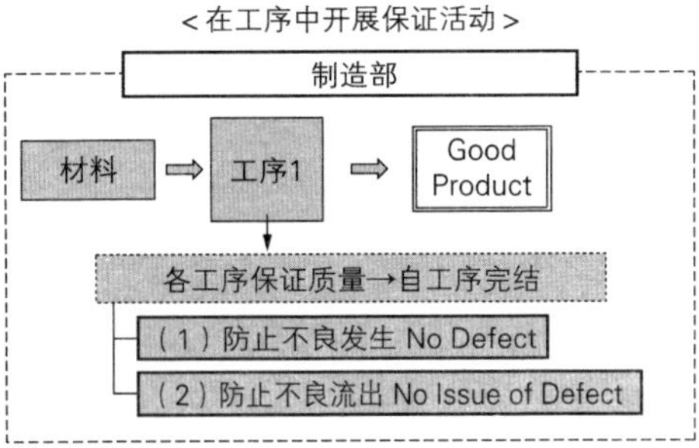

图 3-3-1e　通过完结工序实现质量保证

为了防止各工序内出现不合格品，企业需要采取各种防止不合格品发生的对策。万一有工序出现了不合格品，要防止该不合格品流到后工序。

换句话说，各工序要在自工序内确认产品质量，同时也要防止不合格品流出，因此各工序要实行自我检验——“检验合格的话就可以流到后工序”“如果是不合格的话就要停线”。

工序停止，就表示该工序“出现了不合格品”。不合格品是通过自检发现的，不是像以前由其他部门来发出停止指令。制造部门自己发现不合格品，一旦在某个工序出现不合格品，就马上把生产线停下来，迅速采取对策。由于产生不合格品的工序就是原因工序，制造部门不仅能够迅速找到不合格的原因，还能明确问题的根源，带来的结果就是能够尽快地进行质量改善，采取对策。

过去的质量保证方法是在所有工序结束后才对产品进行检验，这种方法的弊端就是只能在流水线的最后一道工序才能发现不合格。例如，不合格品的真正原因是“工序 1”，但在检验工序发现出不合格品时，已经过了从工序 1 到检验为止那么长的时间。工序 1 的作业人员也完全忘了是什么时候操作的产品、如何进行操作。这种情况下，要分析不合格发生的原因是很难的。

另外，如果将检验设置在生产线的最后一道，很少有企业能马上对产生不良的原因进行解析。因为这些企业在检验工序提取质量数据后，就直接把数据输入电脑了，并把这些数据留给质量管理部的工程师来分析，因此从工序 1 出现不合格品开始，到分析原因为止需要一天，有的时候甚至需要一个星期。

经过了这么长时间，无论花多大的力气对不合格品进行分析，还是无法找出造成不合格品的真正原因，而且时间过去越长，原因就越难分析，解决方案的针对性就越有可能出现偏差，同一个问题就会反复出现。所以当不合格品出现的时候，如果不马上现地现物地进行分析和解决，是无法从根本上进行改善的。

总的来说，①防止不合格品发生，②防止不合格品流出——这样的工序内保证质量体系，在 T-TPS 中称为“自工序完结”。

3.3.2 QM Matrix（QA Network）

将质量保证的状态进行可视化的成果，就是“QM Matrix”(丰田称为“QA 网络”)。在对应不合格问题时，分为防止发生对策、防止流出对策两部分，并且为了明确质量保证方法，丰田使用“Quality Management Matrix”（丰田称为 QA 网络）的图表来表示。基本的思路是：通过融合不合格的防止发生和防止流出，来保证质量（**图 3-3-2a**）。

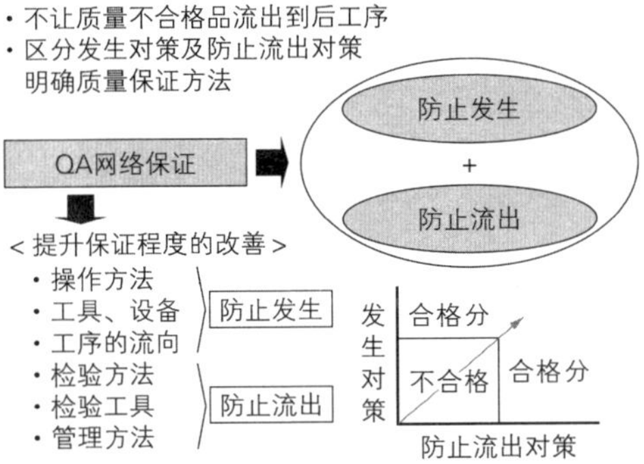

图 3-3-2a　QM Matrix（QA Network）①

下面笔者用**图 3-3-2b** 来对 QM Matrix 进行详细的说明。用 QM Matrix 来命名，是源于通过制作纵向、横向的矩阵图，来保证质量而得之。横轴表示的是从防止发生的角度实现质量保证，纵轴是通过防止流出保证质量。丰田从这两点出发，来综合保障质量。

为了防止工序内发生不合格，就要设计出避免不合格产生的操作方法、器具、设备、工序、结构等。为了防止不合格品流出，就要保证在工序内可以发现问题，即要通过对检验方法、检验工具、质量管理等方法来确保不合格品不流出。

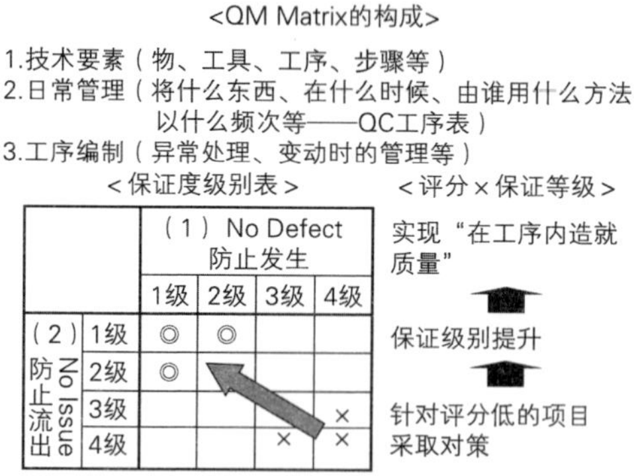

图 3-3-2b　QM Matrix（QA Network）②

观察一下工厂的生产线，和过去在生产线最后进行检验的做法相比，新的做法是在各个工序做检验，作业人员一边避免不合格的产生，一边进行正常操作，正常操作结束后，作业人员开始做自我检验。换句话说，一个工序，其实就是操作和检验的组合。

而由设备进行操作的工序中，设备在自动加工作业完成后，要确认加工精度。加工中防止不合格发生和质量确认便成为员工们要共同完成的工作。这种在生产工序内的质量保证的做法就是 QM Martrix（QA Network）。

如图 **3-3-2c** 所示，横轴防止发生的质量保证度分为 1～4 级，纵轴的防止流出的质量保证度也分为 4 个级别。

		（1）No Defect 防止发生			
		1级	2级	3级	4级
（2）No Issue 防止流出	1级	◎	◎		
	2级	◎	◎ ←	△	
	3级				×
	4级			×	×

图 3-3-2c　QM Matrix（QA Network）

例如，横轴“防止发生”的得分是 3，纵轴“防止流出”的得分是 2，那么在 3 级的地方就用一个“△”表示，如图中所示。接下来就要针对防止发生制定对策，提高到 2 级水平，即需要通过纵横轴两个方面，来对质量保证进行评价。

将这样的评价方法尽可能地运用到工厂的所有工序，并通过评价，努力提升质量保证度水平，这一点是很重要的。有的工序需要提高防止发生的保证度，而有的工序则需要提高防止流出的保证度，当然还有一些工序两方面都需要提高。

通过活用 QM Matrix（QA Network），从防止发生和防止流出的观点对各个工序彻底地实施评价后，公司会采取提高质量保证度的对策，而这项活动也直接关系到工序内质量保证度的提高。

在**图 3-3-2c** 中，防止发生和防止流出的保证度分为 4 级进行评价，但根据工厂、工序的情况，也可以分为 5 级。丰田的一个发动机厂中，是用 100 分为满分来评价的。比如，“100 分满分，取得了 65 分”，通过这样的评分制来做评价。虽然工厂、工序的的评价方式不同，但是从防止不合格品产生及流出这两个角度开展评价并采取对策以保证质量的基本思路是一致的。

图 3-3-2d 对防止不合格发生的保证度进行了更为细致的分类。例如“扭矩检测”“工具点检”“标准作业”“异常处理”等保证度，各项目的分值为 0~3 分，评价等级分为 4 个阶段。比如说防止发生项目中的扭矩检测保证度评价，因为螺栓的拧紧扭矩至关重要，因此如果使用能一直保持固定扭矩的工具，就能被评为满分，也就是 3 分。而气扳机类的拧紧工具，如果带有检测扭矩的上限与下限，无论是关于工具点检还是标准作业都是从防止发

评价项目	(1) No Defect 防止发生															(2)No Issue of Defect 防止流出			
	扭矩检测				工具点检				标准作业			异常处理				检验要领			
	EC扳手（检测上下限力矩）	气扳机+QL扳手	定值气扳机或者QL	气扳机力矩	1/3实施，有记录	1/3M实施，有记录	1/6M实施，有记录	未实施	有作业标准书，遵守确认规则并记录	虽然有作业标准书，但没有遵守确认的规则	无	有规则，并能明确处理的责任人，有记录	有规则，并明确处理责任人	无		有要领书，明确步骤	只有口头指令	没有指令	
点	3	2	1	0	3	2	1	0	3	2	0	3	2	0		3	1	0	

图 3-3-2d　QM Matrix（QA Network）

生的角度，分 4 个级别来进行评价的，还有对于异常处理的评价。得分越高，就意味着采取的预防对策越有效。

关于防止流出的各个项目，如图 3-3-2d 所示，要从“检验要领”等方面来进行考虑，如果检验方法方面的内容什么都没写，则为“0 分”，有口头指导的话是“1 分”，有要领书并按照规定顺序来操作的话为“3 分”。除此之外，关于检验用的工具的保证度，要按照检验工具的评价标准来评价，要从防止发生和防止流出两个角度来对质量保证度进行评价。

以**图 3-3-2e** 的拧紧工序为例，现阶段的防止发生为 3 级，防止流出为 2 级，因此可以改用更容易实现紧固扭矩的工具，更好地保证质量。当然也有其他方法来提高保证度，但无论是哪种方法，思路都是将现在的分值提高，以此提高防止发生的保证度，因此有必要考虑防止发生及防止流出的方法并实施对策。

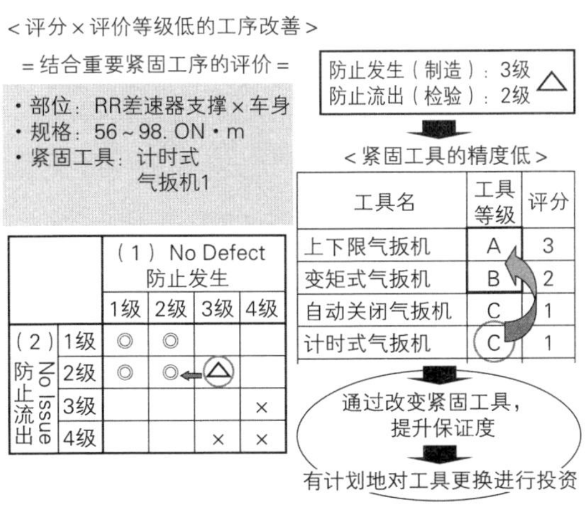

图 3-3-2e QM Matrix（QA Network）

图 3-3-2f 中所举的例子是"给签字笔盖上笔帽，用设备进行印刷"工序的 QM Matrix 评价。如图所示，在一个工序内有 8 个要素作业，包括人的操作和设备的自动操作。图中所表示的是按要素类别、操作顺序，从防止发生和防止流出的角度来分析质量保证度的。

<AA工序>"给签字笔盖上笔帽，用设备进行印刷"

	分类 人、设备	要素作业 要素加工	防止发生质量不合格	防止流出质量不合格	综合的质量保证度	质量改善
1	人	从容器中取出零部件	○	○	○	
2	人	取出笔帽	△	○	△	防错
3	人	盖上笔帽	○	○	○	
4	人～设备	安装在设备上	×	△	×	定位改善
5	设备	设备进行印刷加工	◎	○	○	
6	设备～人	取出	○	◎	○	
7	质量确认	进行印刷质量的确认	○	○	○	
8	人	交给后工序	○	○	○	

图 3-3-2f

第 1 要素：从容器中取出签字笔。

第 2 要素：拿出签字笔的笔帽。

第 3 要素：给签字笔盖上笔帽。

第 4 要素：盖上以后放到设备上。

第 5 要素：设备进行自动操作。

第 6 要素：从设备中拿出签字笔。

第 7 要素：进行印刷质量的确认。

第 8 要素：交给后工序。

可见，即便是一个工序，里面也包含了很多要素。整个工序中既有人操作的要素也有设备作业的要素，无论哪一种要素，企业都要将其作为一个要素单位，从防止发生和防止流出两个角度来评价质量保证度。

下面我们来看第 1 要素——从容器中取出签字笔。签字笔分为很多种类，颜色可能就有 5、6 种。那么作业人员在拿取时能否保证不出错？为了防止拿错颜色，作业人员是否采取了防错的措施？当取出指定颜色的签字笔时，是否有清楚的指令，如“请拿蓝色”？这些都属于评价的内容。

一方面，为了防止不合格发生，工序中只要制定了“防错措施”就算合格，用“○”表示；另一方面，防止流出的手段较为严格，需要确认从箱子里拿出的笔的颜色是不是指令需要的颜色，可以通过机器自动确认，也可以通过目视来确认。如果需要人来确认，就要在作业人员的旁边放置关于颜色的示例，使作业人员可以很快地进行确认，需要对“确实拿到蓝色的笔”的确认方法的可靠度进行评价。

第 2 要素的“取出笔帽”这一动作，同样会遇到搞混颜色的问题。如果这个动作的防止发生评价为“△”，而防止流出评价为“○”，那么此处的综合评价就是“△”。

第 4 要素——把取出的零部件装到印刷设备上时，安装的位置很重要。这种情况下，防止发生的标准就要按照“定位是否正确”，防止流出的标准就要按照“如何确认定位是否正确”来评价。

上述的例子就是讲述如何从“防止发生”和“防止流出”两个方面来进行质量保证度的判断的。

如**图 3-3-2f** 所示，综合评价第 2 要素为“△”，第 4 要素为“×”，那么就有必要改善第 2 要素。实际上，在取出笔帽时，可通过防错装置来提高防止发生的评分。而第 4 要素，则需要通过采取紧急对策来进行改善。

通过运用 QM Matrix，企业就会很清晰地了解各个工序质量保证的优缺点及质量改善的要点，这也是各个工序质量保证的可视化管理的方法之一。通过对各个要素进行调查、评价、采取对策来提高质量是很重要的，但其前提是工人必须对各个工序有详细的了解。

在现在的丰田，虽然运用 QM Matrix 的主要是作业人员，但制造部的技术人员和质量管理部的人员也经常参与到评价系统中来。尽管质量保证的责任是制造部的，但质量保证部也有义务进行支援。丰田就是通过这样的体制来实施改善对策、提高质量的。QM Matrix 的导入需要耗费时间和精力，但是可以促进各个工序的作业人员和保全人员等相关人员对产品的质量要求值、设备等进行学习，并做到充分理解。

3.3.3 “自完结工序”与“自工序完结”

在前面，笔者偶尔会提到类似“自完结工序”（JKK、Quality Moduled、Quality Built In Process）之类的词语，在这里笔者想重新进行说明。

首先，笔者来介绍一下“自完结工序”这一词诞生的经过。

比如说，我们想通过前面叙述的 QM Matrix（QA Network）的使用对质量保证度进行评价，但是经常会发生以下 3 种情况：

①工序分割以后的每个单独工序，无法确认质量；

②不经过几个工序后无法进行检验；

③由于“组”不同，只能在旁边组别的工序进行质量确认。

也就是说，设计人员在设计工序时没有考虑到质量保证这一方面，也没有从质量方面来构建制造的组织方式。

以刹车管安装工序（**图 3-3-3**）为例，“安装”这个动作是在第 4 工序进行的。因此，即使在第 1 工序想确认软管的质量，但是如果组装不进行到第 4 个工序时是无法进行综合确认的（例如漏气等）。但是，在调查这 4 个工序中到底是哪个工序造成质量不良并向前工序反馈时往往存在时间差异、不好联系、反馈迟缓等问题，甚至会牵扯到因为组别不同所以不好意思开口的问题。由于上述情况的出现，常常无法保证质量优良。

如果存在这些问题，企业就要通过改变工序来实现质量保证。例如在安装刹车管的时候，把第 1 工序和第 2 工序的作业

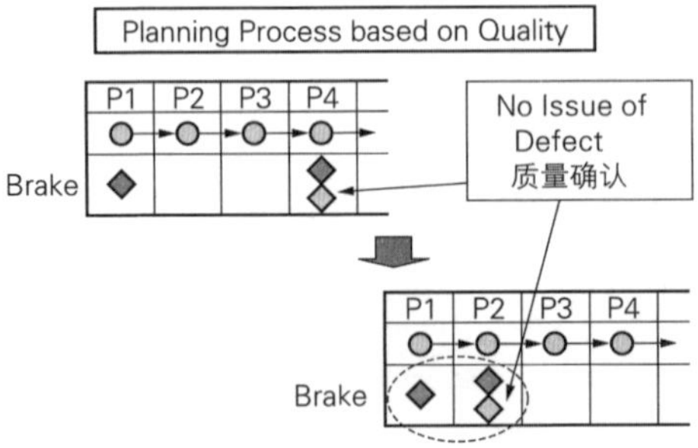

图 3-3-3 完结工序“Kanketsu Process”(Quality Moduled)

人员放在一个组，第 1 工序检查以后马上传递给第 2 工序，第 2 工序完成安装后也进行检查。像这样，为了保证质量而重新安排工序，其实正是自完结工序最初的意义。

但是，自完结工序的含义是不断变化的，现如今已经演变成“在工序中保证质量”的意思了，即在一个工序中同时完成加工和质量检验。

自完结工序，是丰田制造部开展加强质量保证活动时开始采用的。此后，丰田设计部、销售部、采购部等职能部门，也开始采用这种思路，因此“自完结工序”已成为职能部门提高工作质量和完成度的一个重要手法。防止不合格品的发生和流出，这种想法不仅存在于制造部，在职能部门等白领工作中也在广泛使用。

例如，设计人员在作图的时候就要考虑到他所画的设计图有没有考虑到质量，有没有考虑产品性能，即在设计阶段就要进行质量确认，检查图纸的完成度也可以视为自完结工序。这一点和工作内容无关，每个人在做本职工作的同时，都要保证质量。从企业经营管理的角度讲，自完结工序可以说是企业的重要支柱。

在其他方面，例如软件制作工序中也可以运用这一思路。按照过去的做法，如果某个程序大到一定程度的话就要打包，这样一来就无法确认质量。如果用自完结工序的思路来考虑问题，那么在整个程序中应该分区测试，程序的可靠性就会大大提高。

如今，自完结工序已被丰田应用到许多领域，今后这方面的应用将会越来越广泛。

3.3.4 QCMS 机制

QCMS（Quality Chain Management System）指的是重要质量问题防止发生与防止流出机制（**图 3-3-4**）。

对于汽车来讲，特别是诸如“行走”“转弯”“停止”等和人的生命安全有关的质量问题，如果只靠各个工序的 QM Matrix，或各自的自工序完结，是无法充分看到整体质量保证度的。QCMS 就是补足这一问题的补充系统。

在整个企业里，要完全防止发生和流出严重不合格品。要做到这一点，就要从设计到制造进行全方位的考虑，防患于未然，QCMS 这一系统正是起到这样的作用。

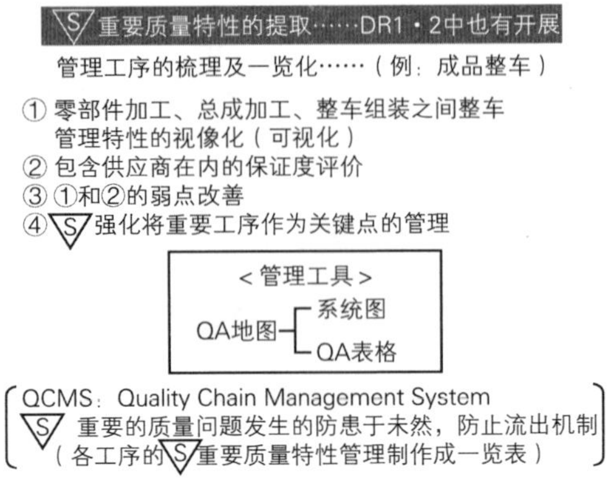

图 3-3-4　QCMS

例如，发动机是由缸体、缸盖、吸排气阀等很多零件组成，这就需要作业人员把握各个工序、流程并将其进行图表化。制作各个零部件的 QM Matrix，对于各个工序和流程的重要质量点，要明确 QM Matrix 中的“关键点”，做到防止不合格品的流出。

QCMS 的存在，就是为了帮作业人员更容易地找出弱点和问题，是把从设计到生产全流程都实现可视化的质量保证系统。除了自己的工厂，对于零部件厂家而言，QCMS 也是非常必要的工具。

3.3.5　前期质量保证

前期质量保证是从 TPS 的改善活动中发展而来的产物。虽然制造部开展了各种各样的活动，但在这个过程中作业人员也逐渐明白，如果在批量生产之前就进行改善的话，效果也许会更好。现场的诸多改善，使制造部的作业人员、技术员、保全人员等的水平得到了提升，同时也使他们意识到了这重要的一点。

为了降低不合格率、提升质量，制造部追溯了不合格产生的原因。其中有一些是图纸造成的量产不合格，这些应该在设计开发阶段就采取对策。因此，人们逐渐开始在开发阶段就追求设计出可制造性强、容易保证质量的设计（**图 3-3-5a**）。

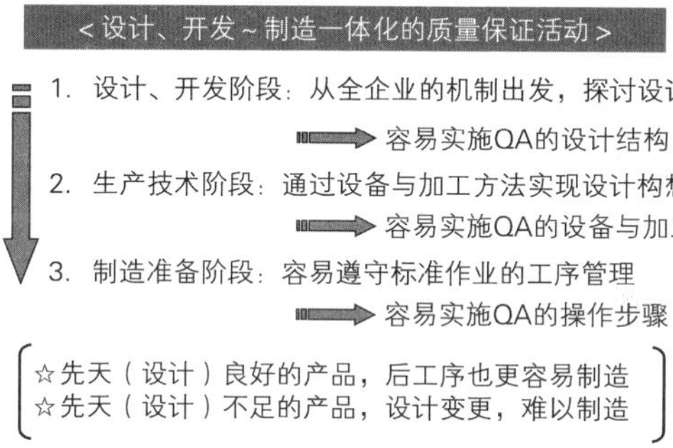

图 3-3-5a　T-TPS 前期质量保证（in Advance）

①设计、开发阶段：从全企业的角度出发，探讨设计构想，设计构造要使质量保证（QA）容易实现。

②生产技术阶段：通过设备和加工方法来实现设计构想，设备、加工方法要使质量保证（QA）容易实现。

第二点是由生产制造部负责的，所以制造部要利用从生产中得到的质量改善经验，向生产技术部提出方案。

③制造准备阶段：通过容易遵守的作业标准来进行工序管理，即制定容易保证质量（QA）的作业顺序。

在第三阶段中要进行生产线和零部件的布局、设备布局等改善，并开展作业的标准化、员工培训等生产前的各项准备工作。为保证质量，在量产开始前就完成这些工作，因此生产准备工作对于制造部来讲是非常重要的。

之后要对工序管理和各项标准进行全面讨论，从设计开发到制造，这一连串的质量保证活动就是前期质量保证的思路。

正如前文所提到的，要做到生产前的质量保证，各工序的作业人员就要对设计部门提出各种各样的要求。

由于过去的三维 CAD 并不十分先进，当时是用被称为“原图”的三维图纸来表现汽车的三维曲面，但是，除了熟练的技术人员以外，别人是看不懂这类图纸的，因此就算把图纸给作业人员看，他们也难以理解，只能参照试制样车或试制零部件来研究，并把意见反馈给设计人员。

而现在，要让设计图本身能够三维化，可以用 CAD 描绘到显示器上。丰田现在使用“V-Comm”系统，可以按照 1∶1 的比例来表现三维立体画面。这样一来，作业人员就十分容易看懂设计图。

这样就可以在试制车制造前进行各种各样的讨论，使得在设计开发阶段就能保证质量，设计人员也可以确认自己绘制的图纸是否有不合格产生或不合格流出。

之前叙述的 QA Network 和自工序完结，在前期质量保证方面也很重要。如**图 3-3-5b** 所示，DR（设计审查、设计评审）1 的产品设计和 DR2 的生产准备阶段虽然很重要，但是对于制造部来讲，最重要的是 DR3 的制造准备阶段。DR3 是制造部主管的领域，在这个阶段要完善能彻底保证质量的生产工序。

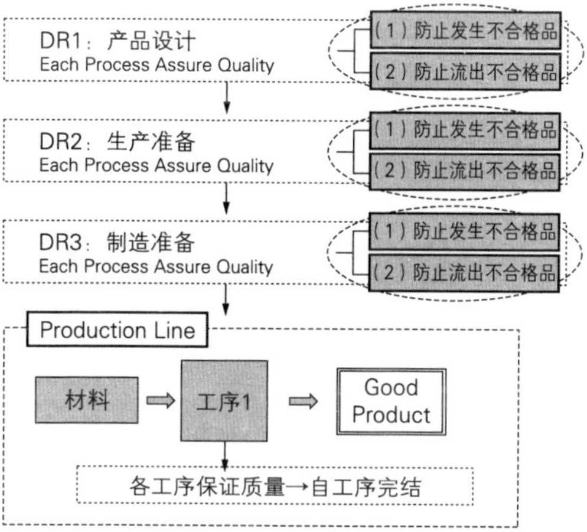

图 3-3-5b 前期质量保证（New Product）

工序包括 4M，即人（Man）、机械（Machine）、材料（Material）、方法（Method）。要从这四个方面入手，在制造准备阶段实行提高质量保证度的活动，运用之前讲述的 QM Matrix，基于现地现物的原则来确认质量。在这个过程中会出现很多问题，所以为了保证质量，就要实施改善。在这个阶段还要研究作业标准，确立能保证质量的工序和作业方法。确立标准作业后，量产时需要大量的作业人员，就要在对应的流水线上对作业人员进行培训。

上述活动在 DR1（产品设计）、DR2（生产准备）、DR3（制造准备）的各阶段开展，经过上述过程，就开始投入量产。量产开始前的这些准备被称为“前期质量保证”（**图 3-3-5c**）。

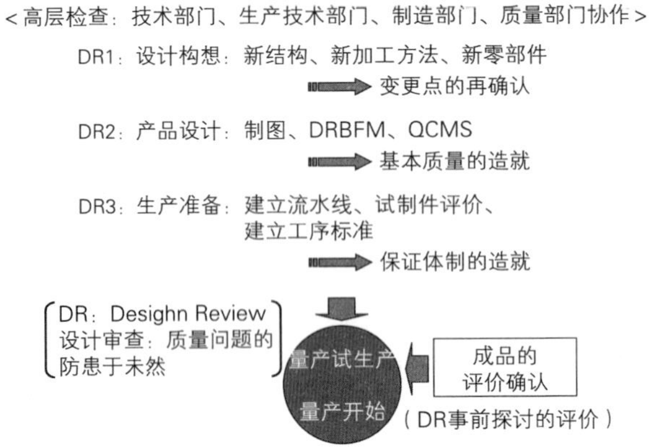

图 3-3-5c　DR：设计评审

3.3.6　通过人与现场的活性化实现质量提升

本节将对 Quickening Factory（Q. F）进行说明。整个工厂要保证质量，绝对离不开人与现场的活性化（**图 3-3-6a**）。

质量改善，只有基于现地现物的原则才能有效果，所以活动的主角是现场的作业人员。

因此，人与现场的活性化、以作业人员为主的质量改善活动才是工厂整体质量提升的基础，如果没有这个基础就无法进

要激发全体员工的能力和工作能力，并持续开展该站活动，需要实现现场的活性化

（1）QC小团队活动
（2）多能工化（轮岗操作）
（3）创意钻研提案制度
（4）安全卫生
（5）自主设备保全
（6）步合会议（生产部门会议）
（7）人才培养（培训）
（8）管理监督人员的职责
（9）福利设施的充实

· 现场的规范
· 创造工作价值
· 提升每个人的能力

图 3-3-6a　Q. F（Quickening Factory）：现场的活性化

行改善，也不可能提升质量。即使是一个工序，也能决定质量的好坏。有时一个作业人员同时负责三四个工序，所以建立一个作业人员在生产过程中能够切实保证质量的机制是非常有必要的，而做到这一点的原动力就是人与现场的活性化。

因此，如**图 3-3-6b** 所示，对于质量保证，人的活性化也非常重要。如果做不到这一点，就无法在各自的工序中保证质量。关于人与现场的活性化，笔者将在下一章详细叙述。

$$\boxed{\text{Quality：质量}} = \sum_{i=1}^{n}(\text{Personality：个性})_i \times (\text{Ability：能力})_i \times (\text{Motivation：动力})_i$$

员工数量n = Workers + Staff

图 3-3-6b　产品质量的计算公式

在这里，笔者先要给各位读者介绍的是 QC 小团队活动（**图 3-3-6c**）。过去的 QC 小团队活动就如同字面所示，仅限于质量

提升；而现在，除了提高质量之外，降低成本、提高生产力、提高生产效率等各类课题，都变成了 QC 小团队活动的内容。由于 QC 小组活动的内容已经发生了天翻地覆的变化，所以我个人认为甚至可以给 QC 小团队活动改个名称，QC 小组活动的本质其实就是人与现场的活性化活动，换言之，QC 小团队活动的目标是提高个人能力，其原则是全员参与的自主性的活动。

（1）活动意图

· 现场的体质强化
· 通过活动的开展，提升每个人的能力
· 自主活动、全员参与是原则

（2）活动内容　活动时间：2小时/月　支付加班费

· 提出现场所有的问题点，进行改善
（质量提升、降低生产成本、对应生产量的增减
安全卫生、现场的士气提升等）

（3）发表、褒奖

· 课→部→工厂→全企业大会
· 表彰：金奖、银奖、铜奖（奖状+奖牌+奖金）

图 3-3-6c　QC 小团队活动

接下来，笔者将介绍一些有关质量改善的活性化活动实例。

事例 1：以时间为单位的放置品可视化

图 3-3-6d 是某个供应商将零部件存放地进行可视化后的照片，照片上方记录着如“1:00”“3:10”等时间。零部件的种类虽然很多，但是图片上按照时间把焊接的质量要求、产品外观的质量要求等都记录得十分清楚，作业人员在操作时就能清楚地确认作业要求。但焊接工序往往是机器人或者大型机械设备

等无人操作，即使出现不合格人们也很难察觉。因此，为了防止不合格品的流出，必须做到切实确认质量。

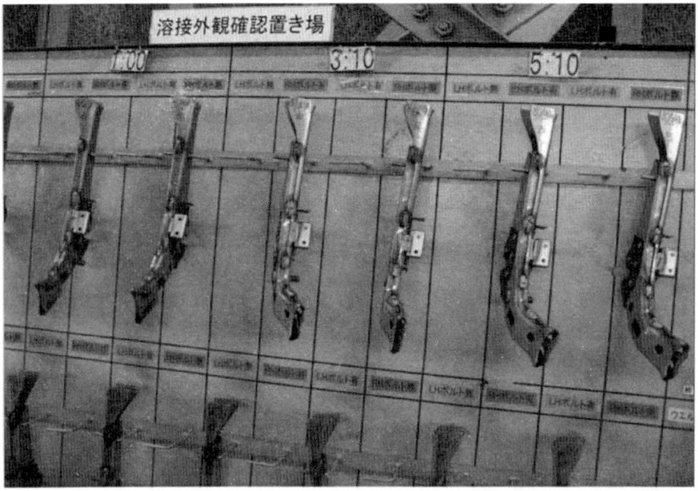

图 3-3-6d 事例：以时间为单位的放置品可视化

事例 2：焊接电极更换的可视化

图 3-3-6e 是焊接电极更换工序的可视化。交换前的电极是铜色的。以图中所示的“电极管理板”为例，周一时作业人员就可以明白正在使用的是新电极，到了周一下午的时候，管理板上记载的就是更换后的电极。作业人员从管理板中得到的信息就是：上午更换了新电极，那么这里就放上了旧电极，这就是电极更换的证明，工作人员通过查询就可以了解到正在使用的电极处于什么状态。管理板中所示的是周一到周四每天更换两次，周五没有更换，这是因为照片是周四下班时拍摄的，周

五的中午就会装上新的电极，而把使用过的电极放回到电极管理板。

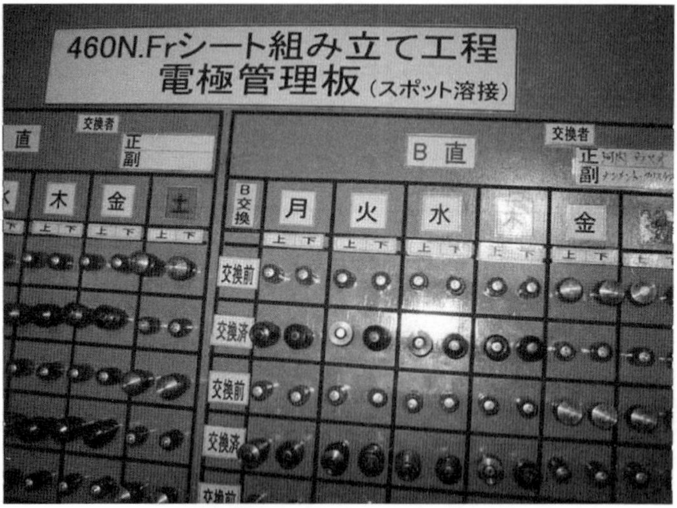

图 3-3-6e　事例：焊接电极更换的可视化

通过上述方式落实电极的更换，从而保证焊接的质量，这种基于现地现物原则的质量保证方法，是立足于现场发明出来的，是以制造部的班组长为核心探讨出来的点子。如果换成质量管理部的人来负责的话，恐怕不会有这么好的想法。归根结底，只有制造部的人承担质量责任时，上述的好想法、好创意才会不断涌现，改善才会持续下去。

第 4 章

人与现场的活性化

4.1 总论

4.1.1 丰田制造部的业务构成

图 4-1-1 是丰田汽车制造部的工作内容示意图。制造部虽然有少数的技术员和管理人员，但工作的主角是制造部的作业人员。图中左下所表示的生产活动，无论在哪个国家、哪个企

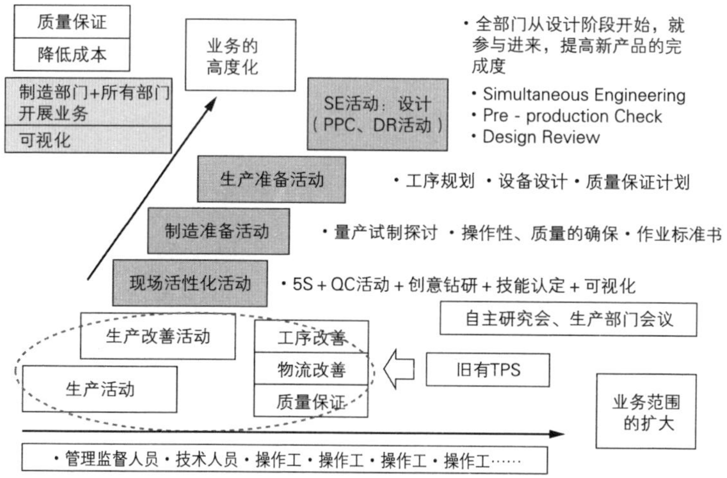

图 4-1-1　T-TPS 中生产部的工作

业的制造部都是必须要做的。虚线中的工作，是旧有 TPS 中的改善活动，包括工序改善、物流改善、质量保证等。

相对地，包含全体的实线椭圆中所指的工作是广义上的活性化活动。在汽车的设计开发阶段，员工要进行 Simultaneous Engineering（SE 活动）。制造领域的作业人员未来还要承担设计阶段的工作，恐怕世界上除了丰田以外没有别的企业会这样做。

在美国的工厂，制造部的作业人员都是按照专业技术人员制作的手册来进行操作的，作业人员不能对操作手册进行改善。因此不管经过多少年，工作内容都是一成不变的，即使是有能力的作业人员，也会由于重复的工作而热情消退，其能力水平也逐渐降低。

4.1.2 人与现场活性化的目的是什么

人与现场的活性化活动是出于什么目的而开展的呢？每天进行活性化活动和改善活动的作用是：创造使员工感到有工作价值的工作现场。通过制造生产的员工可以推动其前工序（源流、设计）等工作的进行，但最主要的还是把自己的工作现场变得富有活力。上述的各种活动，会带来各种效果显著的改善。

人与现场的活性化活动，其目的是创造有工作意义的现场，使员工可以实际感受到自身工作的价值，最终目的是降低成本和质量保证，如**图 4-1-2a** 所示。人与现场活性化的活动如**图**

4-1-2b 所示，实际上是提高员工能力，鼓舞员工工作热情的活动。

活性化活动包括 5S 活动、QC 小组活动、创意钻研提案制度等各种各样的活动，即使按照上述狭义的活动来开展活性化活动，人与现场也会充满工作热情，脚踏实地地进行工序改善和物流改善。

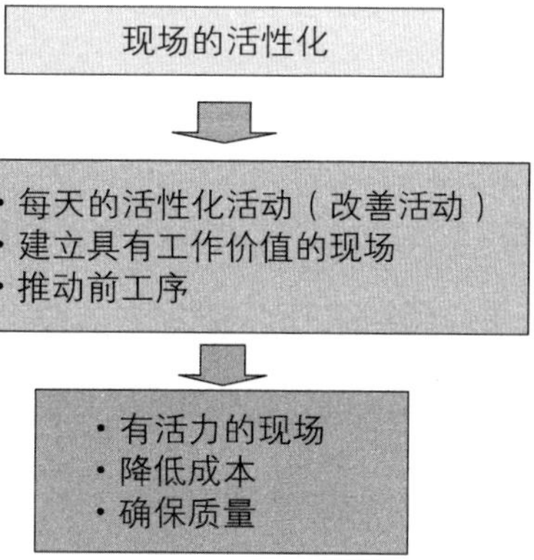

图 4-1-2a　人与现场的活性化指的是什么

$$\boxed{\text{Quality：质量}} = \sum_{i=1}^{n} (\text{Personality：个性})_i \times (\text{Ability：能力})_i \times (\text{Motivation：动力})_i$$

员工数量n = Workers + Staff

图 4-1-2b　产品质量的计算公式

旧有 TPS 并没有考虑到活性化活动，一下子就在现场进行工序改善、物流改善。企业高层或者 TPS 指导人员经常采取命令式的强制改善，如果现场无法按照要求做出改善，就会招致高层及指导人员的怒骂。这种做法往往会招致现场员工的反感，即使大家想改善，也无法顺利实施；或者是现场的员工无法理解改善的目的而带着情绪去改善，没有干劲，效果很差。为了防止上述情况的发生，首先要开展好人与现场的活性化活动。

4.1.3 人与现场的活性化活动

“人与现场的活性化活动”狭义上的定义如下述八项内容所述，这些内容都是制造业的基础。制造业的精神是基于现地现物的创意钻研，培养改善的人和团队。

（1）人与现场的活性化活动（狭义）

①QC 小组活动

②多能工化

③创意钻研提案

④安全卫生

⑤自主保全

⑥生产步合会议

⑦人才培养制度（工厂层面）

⑧现场的整顿，包括以下三点：

a. 现场的 5S 改善

b. 制造工序的可视化

c. 遵守标准作业流程

如果这些人与现场的活性化活动（狭义）可以顺利展开，人员会改善，现场也会改善。人与现场发生了变化，那么“改善活动——①量产流水线的改善”自然而然就会实现和开展。量产线的改善如下：

（2）改善活动——①量产流水线的改善

⑨设备改善

⑩作业改善

⑪质量改善

⑫成本改善

如果上述活动都能很好地实现，活性化、提升员工能力、更难的前期改善就会成为可能。前期改善指的是 SE 活动、生产准备活动、制造准备活动等追溯到源头的活动。总结起来如下：

（3）改善活动——②前期改善（Advanced Kaizen）

⑬SE 活动

⑭生产准备活动

⑮制造准备活动

前期改善是制造部对于前工序的反馈。制造部通过各种改善积累的经验，可以针对产品设计提出涉及生产技术的建议，例如质量改善或降低成本方面的提案等。特别是设计阶段，在决定成本方面起到了八成左右的作用，投入生产后的改善效果已经受到了局限。因此，员工需要体会到在设计阶段就应降低成本，并开展相应的活动。质量改善也是相同的道理，由于在投产后无法解决的质量问题很多，所以生产人员在确定设计图之前就应该对质量改善提出相应的建议，这也可以说是广义上的现场活性化。

4.1.4 活性化活动为何能取得成效

上述的活性化活动为什么有效？为什么通过活性化活动可以提高人的积极性？虽然实践证明活性化活动的确有效，但是即使笔者自身也在相当长的时间里想不明白有效的原因，丰田自己也无法分析活性化活动有效的理由。

下面笔者来分享一下分析结果，最具说服力的应该是人脑科学最新的研究成果。最近，很多关于脑运行机制的书面世，笔者通过对上述书籍的大量阅读，并通过不断研究和实践，发现了更好地提高人员活性化的方法。

例如，活性化活动中的5S（**图4-1-4**）。首先5S的状态是通过打分制来评价的，5分是满分，即最好，最差的是1分。选取A组（包括组长和组员，共10名左右）为例，假设A组的现状分数是1.5分，针对这一现状，最终的目标虽然是5分，但是最开始的时候不是以5分为目标的，而是根据这个组的综合能力，组长的能力，小组的状态来设定目标，一般是设定 3~6 个月可以达成的目标。

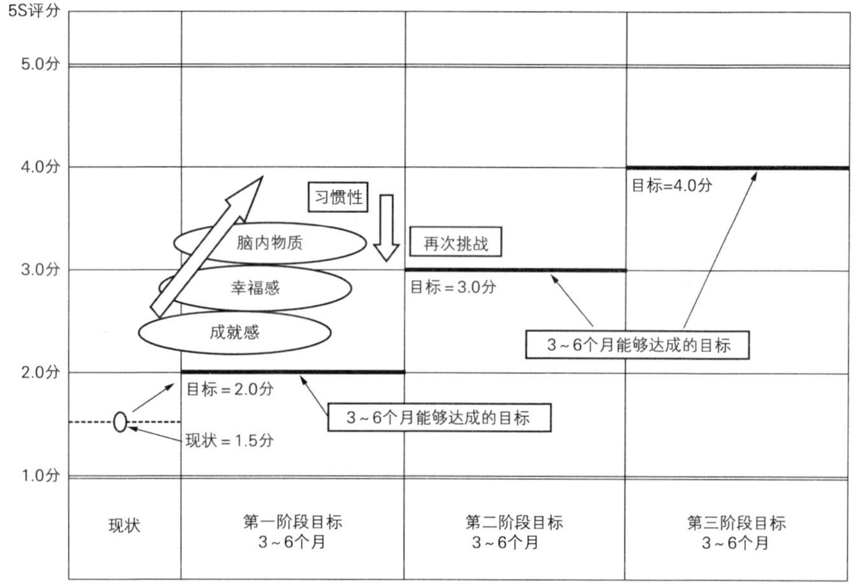

图 4-1-4　人为什么需要活性化

比如说，第一个目标是 2 分。在 5S 中，2 分虽然是一个较低的分数，但是为了能够让 A 组能够切实实现才设定的这一目标。对于 A 组来说，2 分只是一个稍微努力就可以实现的目标，全组人员就会以一个积极的心态去完成这一目标，全组的人员就会充分感受到“成就感”。如何让下属强烈地感受到“成就感”呢？最好的办法是上司的褒奖。

褒奖其他小组也可以，重要的是创造一个使周围能够认可的环境，也可以设置一个专门的发表会，在会上可以发表他们的活动成果，并获得上司或者周围人的公开认可，A 组的组员对于“成就感”的感觉就会非常强烈。关键就在于，要让 A 组的人体会到这样的成就感。

脑科学研究表明，人类在获得成就感时，感受幸福的反应会非常明显。在人们感到幸福的时候，大脑中会产生一种叫做多巴胺的物质。这种物质是人类大脑自我制造的一种“大脑兴奋剂”。

在这种大脑物质的作用下，A 组的人希望能再次体会到被褒奖的幸福感，就会尝试挑战下一目标。如果能够自己设定目标当然最好，但刚开始的时候还是由上司进行引导比较好。即便如此，要在最初的 3～6 个月制定可实现的目标，这一点很重要。

如果 5S 最初能够实现 2 分，那么下一个目标就是 3 分。目标的实现会使人的大脑回忆起此前的成就感和幸福感，大脑内就会分泌相同的物质。上述人的大脑内的活动是有惯性的，使人抱有一种“想要不断实现新目标”的念头，改善也会朝着好的方向发展。

这种状态如果持续下去，A 组全员就会逐渐地获得各种体验，并不断感觉到工作的价值甚至是人生的价值。其结果就是 5S 活动顺利展开，并最终达到满分 5 分。

另外一个要点就是持续性。如果在 3 分的状态下上司说

“维持现状就可以了”，5S 活动就会中止，组员们的热情就会瞬间减退。“维持现状”从某种意义上说就意味着“退步”，因此必须以提高分数为目标，通过持续性的改善使活动参与人员体会到成就感和幸福感，并再次挑战下一目标。

不断重复这一过程，组员就会有一种积极向上的心态，而且对工作也充满了热情。只有朝着新的目标，人的干劲和热情才会被激发出来。相反，如果被上司训斥特别是当众被训斥时，就会阻碍活动的改善。作为上司，重要的是创造使员工能够切实体验到 5S 活性化活动的工作环境。人，只有通过实际的体验，才能开始体会到成就感。而对目标的积极向上的心态，不断涌现出的干劲，就是所谓的“人的活性化”。

如果实现了人与现场的活性化，员工就会感觉到工作的价值和意义。重要的是必须亲身去体验，只用大脑去思考而不实施行动是没有意义的，甚至会成为一种阻碍要素。

古时候的人为了获取食物而去寻找诱饵，通过行动捕捉到猎物，这时才能体会到成就感、充实感，内心才会感到幸福。笔者认为这种 DNA 一直埋在我们人类的身体当中。

“充满干劲”这一状态是实施行动的重要原动力。作出行动后，人在最开始的阶段就能体会到成就感和幸福感。人对工作感到幸福，感觉到工作的价值，就会不断地进行改善，并通过这样的循环提升改善的动力。而这时，奖金之类的物质奖励就不那么重要了。

其实，要提高人员的热情、进取心，方法少之又少，比起物质上的奖励，让他们体会到成就感这一点更加有效。

正如笔者在前面反复提到的，5S 等现场活性化活动中，设定的目标要能够简单实现。重要的是让人员体会到实现目标的成就感、幸福感，这样人们才会不断朝着下一目标努力。

这种机制在游戏研发领域也被广泛应用。如果游戏关卡太难的话，玩家很快就会退出。最初应该设定只要稍微努力就可以通过的关卡，通关后再让玩家挑战下一个稍微有难度的关卡，人的大脑就会得到活性化。

4.2 人与现场活性化活动的具体事例

4.2.1 QC 小团队活动

关于 QC 小团队活动，笔者在第 3 章中已经进行了部分说明，在本节中再进行一下补充。QC 小团队活动的课题不仅是质量提升，还包括提高生产效率和产能、降低成本、对应产量变化等多个分支。因此 QC 小团队活动这一名称和现在的实际活动已经不完全相符了。其实，QC 小团队活动的实际状态就是活性化活动，称之为“小团队活性化活动”或许更为贴切。

如**图 4-2-1** 中的活动内容所示，重要的是（3）中的发表、嘉奖。即使是很小的成果，只要实现了一定程度的目标，作为小团队的直属上司也要对成员进行褒奖，周围的人也要认可小团队的活动和成果。由于被认可和褒奖，成员们就会强烈并深刻地感受到工作带来的幸福感和成就感。在丰田，有科室内部、部门内部、工厂、整个企业内部等不同范围的活动成果发表机会。此外丰田还设立了表彰制度，有金、银、铜等奖状，工人感到有价值，就会重复地进行改善，在这个循环的过程一部分奖励中还有奖金。通过这样的形式，大家能够更深切地体会到成就感。像上述这样的机制，对于企业来说是至关重要的。

（1）活动意图

- 强化现场
- 通过活动的开展，提升每个人的能力
- 自主活动、全员参与是原则

（2）活动内容　　活动时间：2小时/月　支付加班费

- 提出现场所有的问题点，进行改善
（质量提升、降低生产成本、对应生产量的增减、安全卫生、现场的士气提升等）

（3）发表、嘉奖

- 课→部→工厂→全企业大会
- 表彰：金奖、银奖、铜奖（奖状+奖牌+奖金）

图 4-2-1　QC 小团队活动

大部分企业的高层或管理人员，在听到上述活动的发表时，第一反应就是“赚了多少”“每台赚了多少钱”等，过于追求金钱收益。如果只从金钱的角度去评价降低成本的效果，就会产生诸如“每台就省了 2 元，这个活动没什么意义嘛”“费了这么半天劲效果才那么一点点”等消极的想法。有这种想法的高层和管理人员是不合格的，是欠缺活性化理念的领导，是无法发挥企业潜力的不合格经营者。一旦发表这样的言论，员工的热情就会消退，进而对那些艰辛而微小的改善活动失去积极性，那么那些有巨大成果的改善也就更难开展了。

作为企业的高层和管理人员，还必须注意下述事项。评价员工的工作时，即便活动的成果不如预想的好，或者对于企业的业绩、目标的贡献有限，也要从其工作成果对组织的活性化建设的角度来进行评价。例如：虽然实际开展活动的是 A 组，但是其他的小组、车间也会关注 A 组的发表，以及上司对发表的态度。如果领导认可 A 组的活动，那么其他车间也会受到触动，并积极地开展类似活动；相反，如果 A 组得到的是负面评价，其他小组也会瞬间受到影响。人的热情一旦丧失是很难挽回的，这一点希望大家铭记于心。

4.2.2 多能工化与轮岗制度

图 4-2-2 是对生产工厂中的作业人员多能工化的总结。表中的横轴是人名，纵轴是具体的工序名称。

具体来说以“堀切”“小泽”“田中”“原田”4 人为对象，从“1 安装发动机”“2 安装后桥”“3 安装排气管”“4 安装轮胎”这 4 个工序来评价 4 人的作业情况。一般工厂的生产线都是由专门的人员负责一个工序，而多能工化指的是一个人可以熟练地完成自工序以外的工作。

图中所示的是以一个人能够完成 3 个工序的工作为目标的。“堀切”可以熟练地完成发动机安装、后桥安装、排气管组装的

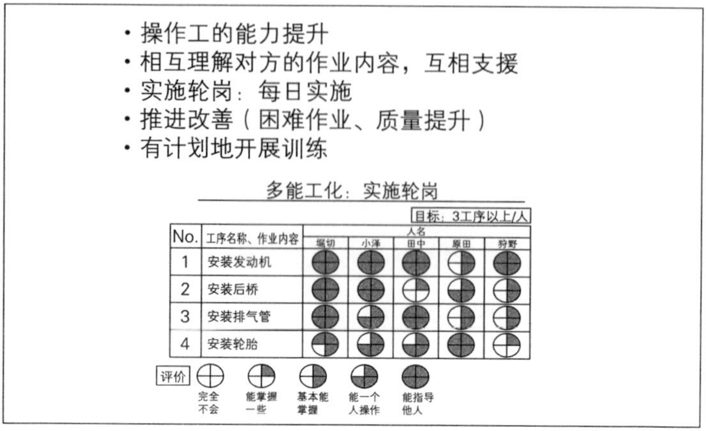

图 4-2-2　多能工化——工作轮岗的实施

工作。而实现 3 个工序的掌握，其教育和培训是非常重要的。“田中”只掌握发动机安装和后桥安装，为了实现一个人完成 3 个工序的目标，就要对“田中”进行指导。

那么多能工化到底是为了什么而采取的活动呢？

其最初的目的是人的活性化。正如前文所说的，人的活性化手段有很多，多能工化只是其中一个。笔者认为，工作是对日常业务的改善或者是组合新的业务。日常业务是平常做的工作，相当于“堀切”的“发动机安装”。新的工作指的是“后桥”安装和”排气管的装配“。对于员工来讲，体验新的工作内容是非常重要的。

如果让一个员工不断地重复一种工作，人就会变得墨守成规，墨守成规即维持现状。之前笔者说过“维持现状 = 热情减退”，没有热情的话，人的能力和大脑的思考能力就会下降。例如美国的工厂，作业人员只是按照手册来进行操作，很少对手册进行改善。这样的工厂只会促进墨守成规的形成，作业人员的热情和能力会逐渐下降。与之相对，如果在每天固定的工作以外为员工加入新的工作内容，人的大脑就会因为从事新鲜事物而变得活跃，作业人员、职员们的活性化也得以实现。

多能工化对于企业来说也有好处。如果节拍时间发生变化，作业人员的操作范围肯定也会变化，每个人都要从事自己原工序外的工作，如果实现了多能工化，作业也会顺利进行，就可以非常顺畅地对应节拍时间的变动。

丰田的多能工化是这样进行的。例如：上午堀切在进行发动机安装，小泽负责后桥的安装，下午两个人进行工序交换，这就是轮岗。通过这种形式，每个人都可以负责本工序以外的工序，同时也可以学习其他的工序。

各个工序间的工作量和性质肯定都存在不均衡之处，轮岗的另外一个好处就是可以均衡每个人的作业量，最终从某种程度上实现平衡化这一原则，无论是对人还是对企业都是大有裨益的。

因此，企业要有计划地实施多能工化，就需要制订每个人的计划并进行教育和训练。关键在于按照什么样的日程推进多能工化，以及如何将推进进度和个人实绩可视化。

多能工化及轮岗的想法是以活性化为目的的，不仅是现场的作业人员，对于职能部门的事务部门和技术部门等白领工作也同样适用。除了按照上司的指示工作，还应该开展新的工作和改善，这一点无论哪一个部门都是一样的。

下面的公式指的是全部工作：

全部工作=被动工作（或日常工作）+改善业务（或新业务）

对于间接部门来说，提高改善业务（新业务）的比例尤其重要。按照每周 40 个小时的工作时间来计算的话，如果改善时间是 4 小时，那么改善业务的程度为 10%。尽量增加改善业务比例，就是职能部门的工作现场活性化活动。

该活动也可以促使间接部门的业务合理化。通过提高改善业务所占工作时间的比例，员工自然就会提高日常业务的工作效率。改善业务增加，员工就会不断挑战新业务，企业的生产效率和工作效率自然就会得到提高。

4.2.3 创意提案制度

在丰田，“创意钻研提案制度”的本质是“创意钻研实施制度”。如果只是提案，几乎没有意义，有了创意和想法之后，还要实施改善，才能获得认可。因此，重要的不仅是提案，实施改善才是这项制度的重点。

如**图 4-2-3** 所示，实施生产效率、质量、安全性提升，成本降低等的改善，并在实施后，将实施内容以创意钻研的提案方式书面进行汇报、提交。

操作工在日常工作中，针对生产效率、质量、安全性提升，成本降低等改善结果进行建议的制度

· 提案的评价内容
①效果A（有形）——削减人员、降低成本、削减设备投资
②效果B（无形）——降低工时、削减空间、安全性、质量、环境提升
③运用度——是否能横向展开
④独创性
⑤创意性
⑥努力程度

· 奖金额度：500日元~20万日元
· 年度表彰：有现场表彰、个人表彰

图 4-2-3　创意钻研提案制度

这里所列出的评价项目都考虑了对企业的贡献程度，分目的地将奖金分发下去。奖金为 500 日元~20 万日元不等。但是，目的不在于颁发奖金，而是把这个活动作为让提案人员能够充分体会成就感和幸福感的一个系统，这一点非常重要。

提案里面包括所有改善的内容，即便只有 5S 也完全没有问题。像工序改善、成本降低、质量改善等，各种各样的活动只要进行汇报都会得到认可。例如，减少了工时、节省了空间、提高了安全性、提升了质量等，只要能实现这些内容，就可以获得认可。作为改善效果，除了可以用金钱换算的，还有无形的财富。丰田制造部的目标是每人每月提出一个提案，每年 12 个提案。

4.2.4 确保现场安全

工作现场的安全，无论是对于个人还是对于企业都应该是最优先考虑的课题。为了保证现场的安全，创造无灾害的现场，在丰田的所有工厂里开展一种活动，叫做“危险预知活动”，也称为“KY 活动”（**图 4-2-4**）。

构建无灾害的工作现场 ①危险预知活动（KY）：培训与训练 ②“吓一跳险情（Hiyari-Hato)”提案 [褒奖]优秀提案表彰（每月、奖状+奖金） ③安全优良现场的认定证书

图 4-2-4 确保现场安全

安全培训和训练、解决安全隐患的提案、安全优良现场的认定表彰等活动，在丰田内部都得到了展开。正如前文所述，对于这些活动的褒奖也是非常重要的，被表彰的人会感觉到其中的价值，会不断地进行新的改善，热情源源不断。每种活性化活动的效果也许并不那么明显，但累加起来，成果就会相当惊人。

4.2.5　设备保全

设备保全，指的是制造现场的作业人员尽可能对自己的设备进行保全的活动。以前的制造部是由作业科和保全科构成的，有专门的设备保全人员来进行这项工作，制造部里有专门的保全课。

而最近逐渐演变为由作业人员自己进行力所能及的保全工作。**图 4-2-5** 所示的“设备保全”，指的是简单的保全工作。全工作由设备的使用者来进行，这就要求作业人员自身必须对设备有一定程度的了解。因此“关于生产线的保全，关键在于：①关于设备的培训和操作等训练；②日常检查、清扫、定期维护方面的培训和训练；③教育和培训之后就可以实施保全了，根据情况不同可以实施简单的小修理”。

以前，由于丰田分为操作部门和保全部门，作业人员就会

自主保全：在使用部门实施日常保全

①设备规格的培训
②实施日常点检、清扫、定期维护的实施
③实施小维修

TPM：每年5月召开

保全部门（主办）、使用部门、生产准备部门

图 4-2-5　设备保全

在有意无意中弄坏设备，这种情况往往在员工疲劳时发生，员工因为设备一旦停止运转，就有保全人员过来维修，这期间就可以休息了。由于“设备和自己无关，由其他部门负责”这种意识的存在，故意破坏设备的情况总会发生。

因此，丰田改变了设备保全的方式，也就是尽可能地由作业人员来进行保全。这样的话，作业人员就会爱护设备，把设备当作自己的一部分，感觉到自己和设备融为一体，于是逐渐积极主动地保护设备，学习新设备的知识和保全方法，获得新的体验，作业人员自己的能力也得到了提升。全员参与的生产保全（Total Productive Maintenance：TPM），是丰田每年 5 月召开的以保全部门为主体活动，其他的使用部门和生产部门也参加。

不管用何种方式，重要的是培养自主保全意识，即制造部的作业人员尽可能地承担设备的保全。

4.2.6　“步合会议”

“步合会议”是丰田的内部使用的“丰田用语”，用于评价生产效率，即各个现场生产效率竞争的会议（**图 4-2-6a**）。

如**图 4-2-6b** 所示，便是 X 工厂 M 生产部的 A、B 组，Y 工厂 O 生产部的 A、B 组生产效率的竞争机制。从步合评价（生产效率）可以看出此前的生产效率的改善程度。但由于过去的

①制造现场的改善状况、确认 ②重要问题的防止再发（灾害、质量、生产） ③生产效率（生产能率）的评价（对所有制造工序进行排位）
召开：每月一次 出席人员：董事、厂长、制造部长、生产准备部门 奖金的颁发：根据生产能率进行评价，并反映到薪酬中

图 4-2-6a　步合会议（生产部门会议）

指标评价比较难以理解，因此现在实现了数字化表示。

生产效率的数值按照由高到低的顺序排列。如**图 4-2-6b** 所示，Y 工厂 O 生产部 F 组的生产效率最低，X 工厂 M 生产部 C 组生产效率最高，是最优秀的。成绩好的组，下个月就会加工资，而成绩差的小组就要降工资。

如果连续进入前十名或者持续名列前茅的话，那么在下个年度的工资、奖金、升职的评比中，就会被优先考虑；反之，成绩不好的组就要受到惩罚。这样的评比会以生产步合会议的形式，在包括企业高层全员参加的大型会议中发布结果。评价低的小组就会产生“知耻而后勇”的干劲，而成绩好的小组就会体会到成就感和幸福感。但是会议的宗旨不是批评成绩不好的小组，而是要激发这些小组的热情和干劲。

生产效率的成绩在工资上反映为薪酬当中的一项——“生产工资”。对于制造部来说，生产效率是非常重要的，所以有的时候工人们会只专注于提高生产效率的工作，这对企业来说就

			生产步合排位（生产效率）				
X工厂	M生产部	A 组	20	Y工厂	O生产部	A 组	14
		B 组	18			B 组	3
		C 组	1			C 组	24
		D 组	22			D 组	16
		E 组	9			E 组	6
		F 组	19			F 组	28
		G 组	10			G 组	11
	M部合计		99		O部合计		102
	N生产部	A 组	8		P生产部	A 组	5
		B 组	23			B 组	25
		C 组	2			C 组	13
		D 组	17			D 组	26
		E 组	7			E 组	4
		F 组	15			F 组	27
		G 组	21			G 组	12
	N部合计		93		P部合计		112

图 4-2-6b 生产步合制度

变成了一种损失。即使会出现上述的负面因素，但积极的因素还是居多。丰田已经把上述措施实施了几十年，而丰田系的企业有的只进行评比，而没有将结果反映到工资的增减中去。

总之，各部门会在生产效率会议上说明、讨论生产效率状况。因为要现地现物确认改善情况，所以参会人员会去工厂现场，实际确认改善情况，还要对重要问题的防止发生情况进行探讨，每个月的生产事故、质量不合格、主要生产线停线等的防止发生，都要进行全面检查。

生产步合是由包括企业高层在内的所有管理者通过讨论决定的。调节工资这一手段的优点是可以通过竞争促进改善，缺点是会使成绩差的小组体会到挫折感。因此有必要对评价低的小组进行追踪与帮助。

4.2.7 人才培养

培训体系

如**图 4–2–7a** 所示的便是制造部技能人员的培训体系，横轴表示的是参加工作后的工作时间，18 岁就参加工作的人占大多数。最初的 1~5 年，企业要进行新人培训、TPS 初级指导等关于 TPS 概念及理解方式的初级培训。

纵轴表现的是职级（技能人员的职位级别），刚进企业的时候是“F 层”，随着经验和实绩的累积，级别会上升。达到高级别的成绩时，职位会有所变更。**图 4–2–7a** 最上层的是工长、组长级别，特别优秀的人也可以升到副部长或部长，据职位和工作年份实施各种培训和训练。

专业技能学习制度

图 4–2–7b 是专业技能制度。各个现场需要的专业技能是有区别的，因此要按照各个现场的情况来决定该学习什么技能，例如冲压的现场就要掌握冲压设备与模具相关的专业技能。**图 4–2–7b** 左边的等级分为 C、B、A、S。S 是最高级，达到这一

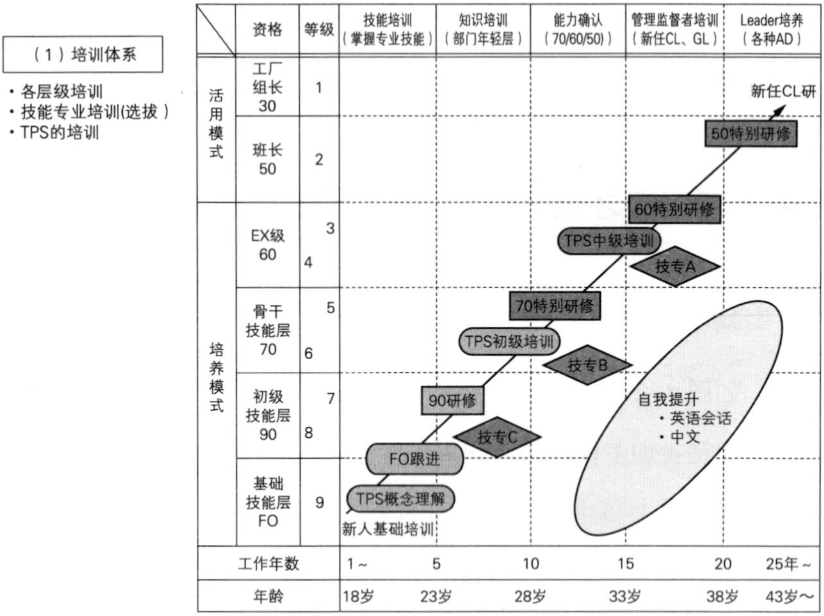

图 4-2-7a 人才培养

级别的人在规模数百人的工厂里通常只有 2~3 人，归为“能工巧匠”的范畴，同时被周围的员工所尊敬，并称之为“专业技能之神”。

在级别认定的时候，工人要接受集中培训和认证考试。考试内容不仅仅有操作技能，还包括相关的专业知识考核。除此之外还应该学习下述项目：

①现场的安全卫生；

②各操作技能的提高；

③质量的保证；

（2）专业技能学习制度
①现场的安全卫生 ②各作业技能的提升 ③质量的确保 ④设备保全 ⑤汽车工学（一般知识）

技能掌握名称	对象
C 级	普通操作工（在职两年以上）
B 级	班长（Team Leader）级
A 级	组长（Group Leader）级
S 级	工长（Chief Leader）级・工匠技能

・集中培训（1W）
・认证考试

图 4-2-7b　人才培养

④设备保全；

⑤汽车工程学（一般知识）。

如果对上述内容有了一定程度的掌握，取得了 B 级认证，就有资格成为班长。取得 S 或 A 等级认证的操作员工，其照片要分等级在现场张贴出来，使员工为自己掌握专业技能而感到自豪，并有更强烈的进取心，进一步提升自己的水平。

4.2.8　现场整备

现场整备包括现场的 5S 改善、制造工序的可视化、标准作业的遵守 3 个项目(**图 4-2-8a**)。

现场的 5S 改善

现场整备指的是改善自我工作环境的活动，即现场的 5S。

如**图 4-2-8a** 所示，把过道等进行区域整理整顿，在线库存的可视化等 5S 活动。

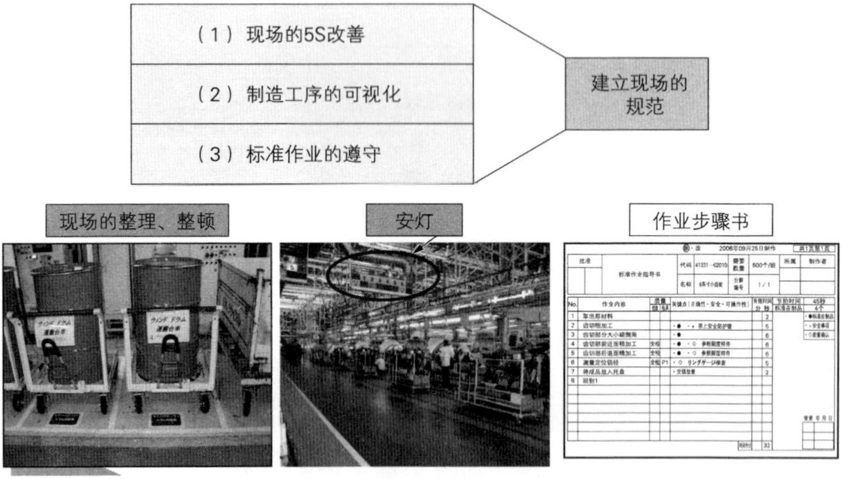

图 4-2-8a　现场的整备

现在 5S 活动在世界范围内开展。最初是包括整理、整顿、清扫、清洁的 4S 活动，在此基础上，丰田考虑到这些活动的固化也是非常重要的，因此后来加上了素养，称作 5S（**图 4-2-8b**）。

5S 的最大目的是人与现场的活性化。5S 活动的重要性往往被忽视，笔者想要强调的是，5S 活动是使现场全体、工厂全体活性化的活动。5S 的基本原则是全员参加，其特点是容易组织、见效快、成就感强的强有效活动。但是经营人员中有人会马上问："能有多少收益？"笔者的回答是："即使没有赚钱，只要加

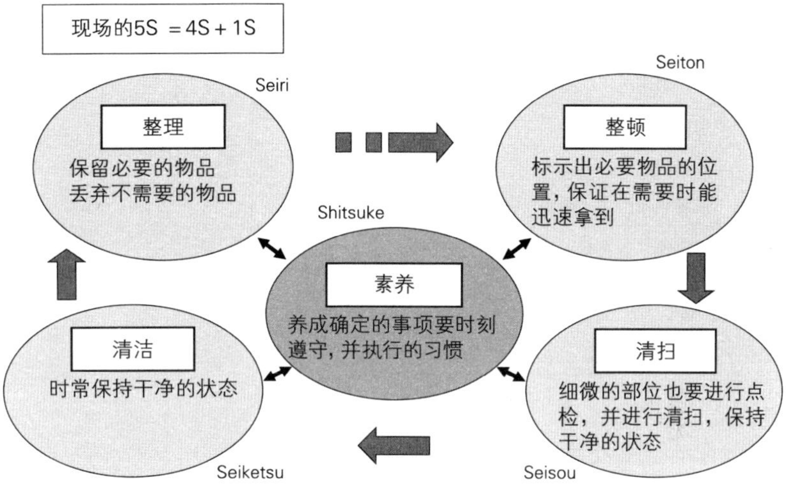

图 4-2-8b 现场的 5S 改善

强了人与现场的活性化，收益便会慢慢体现出来的。”

也就是说，5S 活动的真正目的是改变人与现场。不能总考虑“赚了多少钱”,“活性化”才是最重要的。

制造工序的可视化

现场的另一个整备活动是“制造工序的可视化”（**图 4-2-8c**），一般有以下 5 个典型的工具。

（1）生产管理板

以小时为单位把握生产量和生产进度的管理板。生产量、作业的延迟或提前，无论是累计还是以小时为单位都能一目了然。

可视化的工具	生产台数	作业的延迟、提前	标准作业的遵守	作业训练	库存管理	确保质量
（1）生产管理板	○	○				
（2）节拍器		○	○	○		
（3）工序安灯	○	○				○
（4）质量管理板（质量角）						○
（5）定位停止流水线		○	○	○		○

任何人都能马上看出制造工序的生产情况（生产的延迟、进度、异常发生工序等），对问题尽早采取措施

事务所（办公室）实施大房间化

图 4-2-8c　制造工序的可视化

（2）节拍器

可以全面把握生产进度的装置。通过电灯或者声音来表示生产进度。虽然有各种各样的方式，但最好的节拍器还是在组装线上使用的传送带方式。

（3）工序安灯

这是一种将生产线的即时状态进行“可视化”的工具，从生产线上的员工到监督及管理人员都要经常注意观察安灯。

（4）质量管理板（质量角）

质量管理板是质量状况可视化的道具。详细内容将在相关内容章节中说明。

（5）定位停止流水线

要设定为使下述项目一查看就能了解生产情况的状态：

①作业的进度；

②标准作业的遵守；

③作业的训练结果和状况；

④质量的保证。

现场的活性化活动基本上是提高全员能力的活动，原则是全员参与。各种各样的人不断交替参加，因此让所有的人都迅速地理解是最重要的。在理解的基础上，就能马上采取对策，通过这样的活动来提高质量和生产效率。

标准作业的遵守

TPS 里有“标准作业”一词。标准作业书类似于作业手册，在国外一般由 IE 部门制订，也就是由不进行实际操作、不知道是否能真正确保质量的技术员来制订，并将其强压于作业人员去执行，因此标准书的质量一般不是很高。

针对上述情况，T-TPS 中标准作业流程是由现场的监督及管理人员来制订标准书的。如**图 4-2-8d** 所示，以现场的监督及作业人员为中心，根据标准作业书来实施作业，同时在现场观察操作情况，发现问题并对标准作业书进行改善。宗旨是“自己制订能够遵守的标准作业书”，因为真正熟悉作业情况的，其实是现场的作业人员。

作业标准书是以班长为核心进行编写的，根据编写后的作业标准书，培训并训练部下，同时比较实际操作中哪些比较困难、哪些比较容易，改善难以遵守、难以进行的操作。总之，修改作业标准书的权利归于现场。

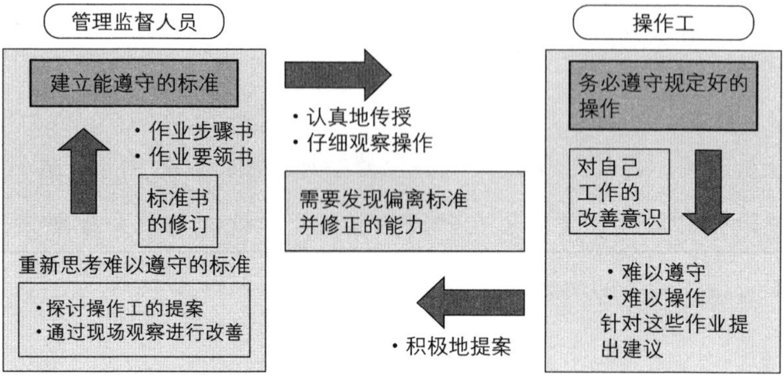

图 4-2-8d　标准作业的遵守

4.3 改善活动①：量产流水线的改善

4.3.1 设备改善

量产流水线的要点有三个方面：①设备的 4S；②设备保全，③缩短换产时间（**图 4-3-1a**）。

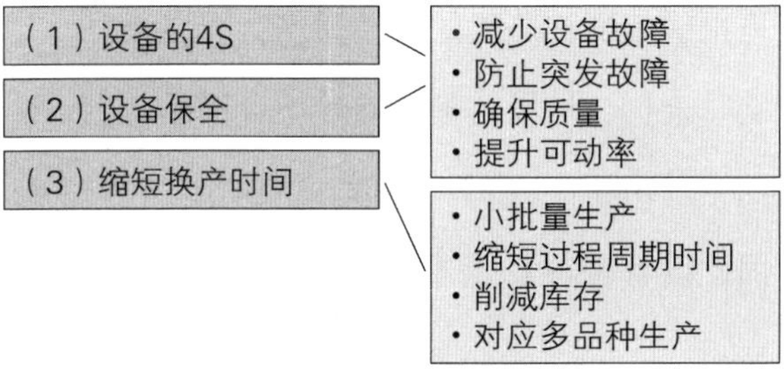

图 4-3-1a　设备改善

设备的 4S

随着设备 4S 的展开（**图 4-3-1b**），员工就会看到如下问题：

设备保全的基本原则：维持设备的清洁

①设备、夹具的检查和清洁

· 制作确认表，进行检查、清洁

· 学习设备的功能、结构

②实现目视管理

· 明确标识（标签、颜色）

· 阀门的开闭方向	· 液体的流向	· 润滑油的种类、数量
· 精度规格值	· 记号	· 年度点检标签等

图 4-3-1b　设备的 4S（整理、整顿、清扫、清洁）

①清洁不到位造成的设备故障、质量不良；

②空调滤网的堵塞造成的空调故障；

③光电管的污垢造成的感应不良；

④分电盘内的垃圾造成的漏电与火灾；

⑤滑道里的切削粉造成的产品损伤；

⑥涂装时杂物、垃圾的附着导致不合格品产生。

曾经发生过由于上述的“空调滤网堵塞”而造成工厂火灾的惨祸，因此设备保全的基本就是保持设备的清洁，特别要注意以下几点：

①设备、工装的检查清扫

· 制定确认表，并按照确认表来进行清扫；

· 学习设备的功能和构造。

②可视化管理

· 明确标识（标记、颜色）；

· 明确标示阀门开关方向；

· 液体的流动方向；

· 明确标示润滑油的种类及数量；

· 明确标示精度规格值；

· 明确记号；

· 明确标示年度检查标签；

……

设备保全

设备保全分为制造部应该负责的保全和专门的保全部门应该负责的保全（**图 4-3-1c** 、**图 4-3-1d** ）。

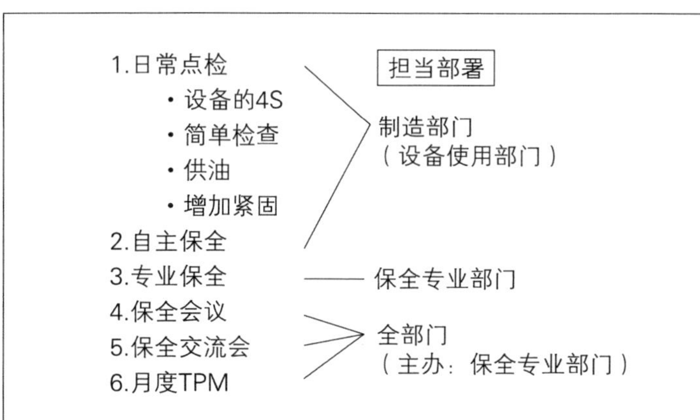

图 4-3-1c　设备保全

制造部的保全职责主要有“日常点检”和“自主保全”。

1.日常点检：制造部门

①按各设备制作设备“日常点检表”
[自每天（各班次），开工前或者运转结束时实施点检]

②设备的清扫

2.自主保全：制造部门（按阶段实施）

①自己使用的设备由自己自主实施保全

②简单的维修、事前更换、小改善

- 了解设备功能、性能
- 知道如何判断正常、异常
- 掌握保全的知识、技能

→ 接受保全专业部门的指导/培训，进行学习

图 4-3-1d

日常检查指的是：设备的 4S、简单的检查、加油、紧固清扫等简单的保全。上述保全主要由设备的作业人员自主实施，即力所能及的部分尽量自己来做，非常专业的部分由专门的保全人员来做。

设备的小维修、零部件的更换、设备的小改善等由制造部和保全部门协商决定（**图 4-3-1e**），但关键还是要尽量扩展制造部门保全职责的范围。

专业保全

设备的小维修、零部件的更换、设备的小改善等保全由专

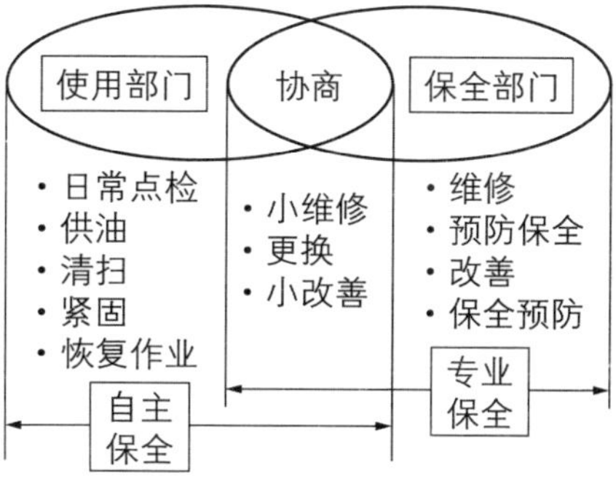

图 4-3-1e　使用部门与保全部门的关系

门的保全部门来实施。专门的保全部门主办保全会议、保全交流、TPM 月度会议这三种会议。这些活动，使与保全相关的部门加深对保全重要性的认识，同时提高并积累专业知识，还有制造部门和保全部门确认各自的职责分担。在丰田，以前关于保全的工作全部由保全部门来负责，然后逐级传达给制造部门。专业保全又分为以下 4 个部分：

①事后保全：Breakdown Maintenance，BM

· 设备故障的维修与调整（故障后的修理）。

②预防保全：Predictive Maintenance，PM

· 使用中的设备预防保全；

· 预知保全：Predictive Date Maintenance，PDM。

③改善保全：Kaizen Maintenance，KM

· 故障发生后的改良保全（防止再发活动）。

④保全预防：Maintenance Prevention，MP

· 设备规划时追求消除保全的活动（零保全活动）。

保全会议

保全会议指的是保全部门和制造部门之间的保全活动交流会议。主要内容有以下 3 点：

①保全实施内容、防止发生、改善内容的说明；

②保全部门和使用部门之间的信息交换；

③预防保全措施预定情况的说明（保全专业部门）。

保全交流会

保全交流会指的是各设备规划部门（生产技术部）和保全专业部门、制造部门（使用部门）之间的交流会议。交流的内容有以下 3 点：

①向设备规划部门（生产技术部）反馈保全信息（故障、寿命）；

②保全技能、技术方面的意见交流、互相提升；

③关于保全性的改善要求。

TPM 月

TPM 月指的是包括保全专门部门、使用部门、设备规划部门参与的全月活动（**图 4-3-1f**），在每年的 5 月实施。

- 在每年5月实施
- 包含保全专业部门、使用部门、设备规划部门在内，以全员为对象的活动

①提升保全的热情——海报、文章的征集
②彻底防止再发的活动——创意钻研的特别征集
③保全作业的改善事例汇报——保全发表会的召开
④日常保全活动的固定化——设备的4S、自主保全（使用部门）
⑤保全维修的快速化——KYT（危险、预知）训练

TPM： Total Productive Maintenance：全员参与的生产保全

图 4-3-1f TPM 月：Promotional Month of Maintenance

缩短换产时间

设备或者生产线并不总是只生产一种产品。根据生产要求有的时候会更换模具或工装，设备方面，重要的是尽可能缩短换产时间，提高生产效率。

但是大多数设计设备、流水线的工程企业没有考虑到为了进行各类产品的生产，而需要缩短换产时间。因此，使用设备、流水线的企业就必须考虑到换产时间的缩短。

还有一种情况：工厂中的设备和流水线有很多批量生产的工序。比如冲压零部件、树脂成型零件、锻造等很多工序，一般的做法是换模、生产，然后再换模再生产。为了提高批量生产的效率，会尽可能地在一个批次中生产尽可能多的产品。但是其负面效果就是形成了库存的大量积压，这样必然会带来成本的增加。

因此要实现不降低生产效率并减少库存，就只有缩短换产

时间（**图 4-3-1g**）。

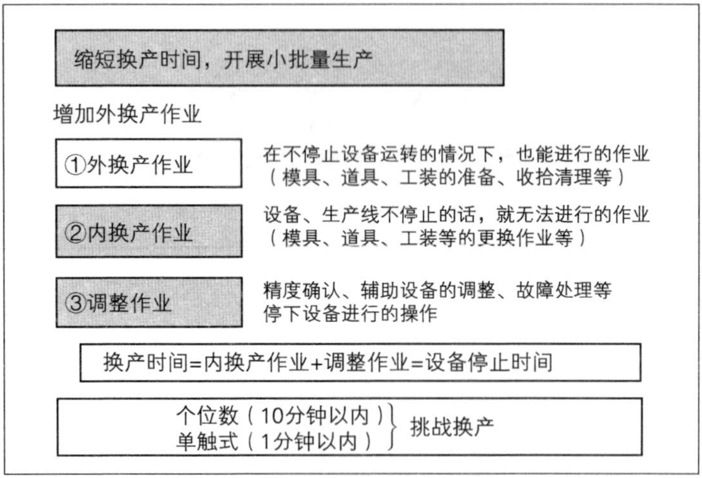

图 4-3-1g　换产时间的缩短

说实话，笔者最初也没有理解缩短换产时间的真正意义。在以前的丰田工厂，更换模具会花费很长的时间。像冲压工序需要有四五个工序，换模就需要大概两个小时。由于换产中的两个小时无法生产，一次会尽可能地多生产。因此有的工厂在进行一个批量的生产时，明明只需要一个星期的量却会生产一个月的量。

丰田开始致力于缩短换产时间，最初几乎是命令般地强制执行，取得了一点点效果。

在缩短到一定程度以后，员工就会被命令“下次降到 10 分钟以内”。如果要降到 10 分钟以内，就必须下各种各样的功夫，不单单是冲压机器，还要进行模具、产品的取出装置，放入装置等各种装置的改善。为了改善，不仅需要大量的金钱，还需要大量的时间。笔者抱有这样的疑问："为什么要花费大量的金钱和时间还有精力来缩短换产时间呢?" 然而并没有人回答笔者的这个问题，笔者也只好按照上司的命令，不考虑经济方面的因素努力改善，结果就是在尽量保证生产效率不降低的同时，把一个批次一周的生产量改为 8 个小时的生产量。

在这期间，一个批次的生产缩短了 0.5 天，虽然不知道落实在经济上到底是什么结果，但是终于了解到缩短换产时间是不会影响生产效率的。持续上述改善以后，笔者终于明白：批量生产而产生的库存会带来库存过剩，甚至会导致企业倒闭，问题是非常严重的。

当然，如果一个批次降低了 0.5 天的生产量，最大的库存就变成了 0.5 天的生产量加上安全库存。以前的最大库存有 7 天以上的生产量，而现在则减少了 6.5 天的量。库存的减少和成本息息相关。用公式可以表达为：

一年的库存而产生的成本 = 生产工序的总库存 ×（0.2~0.3）

虽然库存占用了很大成本，但是很多工厂的管理、监督人员及生产管理的相关人员，最初并不能理解减少一个批次生产量的必要性。大家的疑问和笔者曾经的疑问一样："为什么要这么做? 这么做有必要吗?" 由于缩短换产时间要做很多方面的改善，像设备、工装、附属装置等的改造都需要花费大量的金钱，而且由于是在不中断生产的前提下进行改善，也很花费时间和工时。笔者虽然现在理解了其重要性，但当时就连丰田的人也很少能理解，逐渐理解以后才开始实施自主改善，并迅速推广到其他的生产线和设备。

正如前文所述，在冲压工序中的换产需要2小时左右，现在1分钟以内就可以完成。笔者在这里并不是想说换产时间降到1分钟具体有什么好处，能转化为多少钱，而是想强调即便只是制定了很小的缩短目标，也能和人员、现场的活性化，水平提升的热情相联系。甚至可以说：在丰田，缩短换产时间是永远的追求目标。

总之，把一个大批量生产分为多次的小批量生产是非常重要的。TPS的真髓并不是降低成本，而是缩短换产时间，进行小批量生产，这就需要不断提高水平的改善。如果一旦停止上述活动，不仅不能维持现状，还会降低现场的工作积极性。

换产作业具体由如下3部分构成：

①外换产作业

·不停止设备就可以进行的操作

(模具、刀具、工装的准备与事后整理等)

②内换产作业

·必须停下设备或生产线进行的作业

(模具、刀具、工装等的交换作业)

③调整作业

·确认精度、附带设备的调整、事故的处理等需要停止设备的作业

外换产作业指的是不停止设备和生产线的准备作业。比如冲压工序，在不停线的情况下把下一阶段要使用的模具准备好的作业就是外换产，当然也包括刀具和工装的准备和作业结束后的整理。

内换产作业指的是必须停线的作业。模具、刀具、工装的更换都属于这一范畴。

调整作业指的是在模具和工装的器具交换后的设备调整和质量确认及事故处理等作业。这个时候由于也要停线，所以要计入换产时间。

换产时间指的是②的内换产时间和③的调整作业时间。①的外换产，由于不需要停线，所以不计入换产时间。换产时间的计算公式可以表示为：

换产时间=内换产时间+调整作业时间=设备停止设备换产

因此，把内换产和调整作业放在外换产中去进行，以这一点为基本思路，进行多次的努力，尽量做到不停线地进行换产。首先要做的是，正确地把握内外换产的作业内容。

当然，缩短内换产的时间也很重要。其实最理想的是消除调整作业，但是在最初的阶段这几乎是不可能实现的，所以就

要做到尽量缩短其时间。

在缩短了换产时间后，下一阶段要进行的工作就是降低每一批的生产量，换句话说就是小批量生产。减少每一个批次的数量，库存当然也会降低。库存降低的话，装零部件的箱子也会减少，占用仓库的空间也会减少。如此一来，经费就会减少，成本也会降低。

下面笔者就举一个简单的缩短换产时间的改善事例。如**图 4-3-1h** 所示，在换产时，提前准备下一个批次的模具，并放到机器旁边，这样就能在需要的时候马上进行替换。

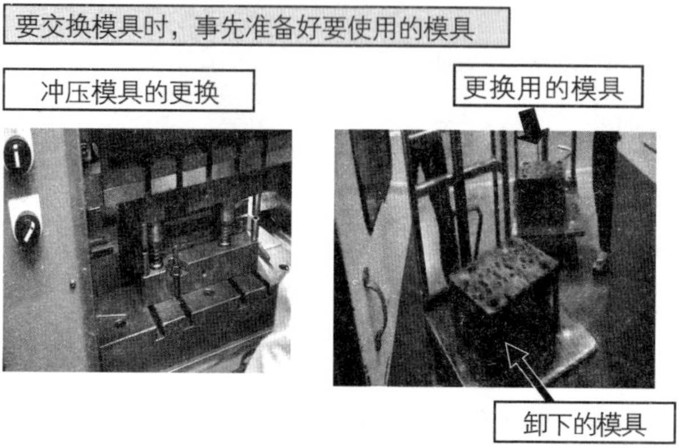

图 4-3-1h　冲压模具的更换实例

图 4-3-1i 是冷却水管装到模具的例子。在过去，换模时要把水管紧固在模具上，很花时间。后来改为使用快速插头，在一瞬间就完成了扣合。不断积累这样的小改善，就能逐渐缩短换产时间。**图 4-3-1j** 中列出了缩短换产时间的具体方法。

改善前　　改善后

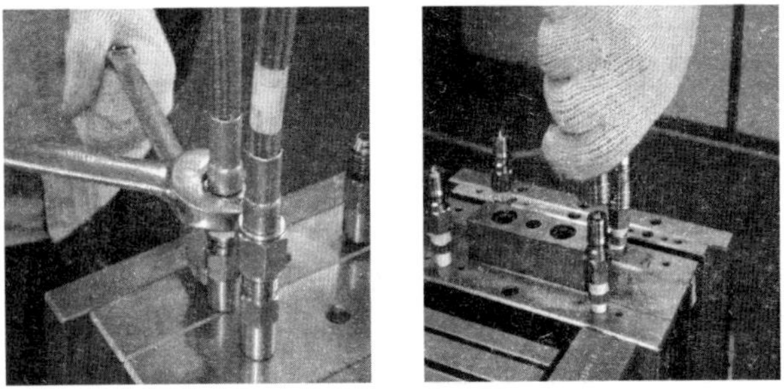

图 4-3-1i　水管安装实例

①内/外换产作业分类的明确化→增加外换产作业
②缩短内换产作业时间
例・作业步骤的标准化
・安装拆卸简易化——单个零部件更换→总成更换（单触化）
・安装螺栓数量的削减
・模具高度的统一
・消除冲压机的滑座调整
・多个操作人员进行并行作业——多能工化、训练
③消除调整作业
例・尺寸调整的外换产化
・加温时间的缩短——在外换产实施预加热
・缩短测试时间——检具化

图 4-3-1j　换产时间的缩短

下面笔者将详细介绍丰田缩短换产时间的方法。如**图 4-3-1k** 所示，最初的大件模具换产时间是 2 小时左右，第一阶段的改善是降低一半时间，第二阶段是个位换产（10 分钟以下）。第三阶段继续进行改善，达到了 1 分钟以内可以完成换产。

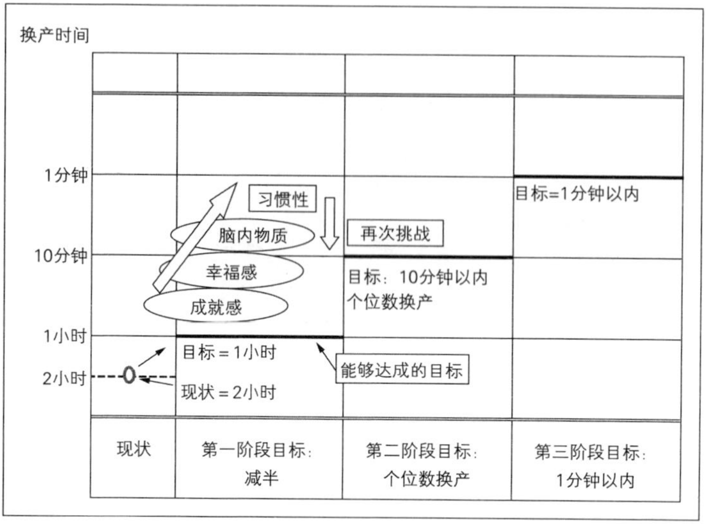

图 4-3-1k　换产时间的缩短

丰田通过换产改善，提高了现场工人的干劲，实现了人与现场的活性化。在完成第一阶段的目标时，冲压线的人可以体会到工作带来的成就感和幸福感。为了再次体会到这种感觉，大家努力向第二阶段的目标挑战，第二阶段的目标实现后又会重复上一感觉，继续挑战个位换产，直至目标最终全部实现。

第二阶段的目标实现后，由于体会到了莫大的成就感和幸福感，所有的人都会采取行动。这样通过改善就可以提高现场人员的经验、知识和能力。因此即使是在完成了个位数改善后，也不会有维持现状的想法。最初大家觉得不可能把换产时间缩短到 1 分钟以下，但现在实现了，而且即便已经到了 1 分钟以内，大家也会想尽办法哪怕缩短 1 秒钟也好。上述活动的成果，即缩短换产时间的活动，用冲压工厂每个人的能力和工作动力的总和表现为：

工作的成果（换产时间的缩短）=Σ（P×能力×工作动力）

公式里的 P 是固定系数。

如果具备了能力和工作动力的话，那么不仅仅是在冲压工序中缩短换产的时间，对其他的改善也会付出努力，取得相应的成果。

4.3.2 作业改善

作业改善也称为工序改善，主要指的是缩短一个零部件的生产工时，也就是作业时间的改善（**图 4-3-2a**）。该活动是减少工时、削减人工费的降低成本活动。

旧有 TPS 最初就是从作业改善开始的。说得更透彻一点，是通过削减作业人员来进行改善的。其改善方式不全是自主改善，而是自上而下的强制改善。在现场强制实施作业改善的方式成为当时的主流。制造现场的人感觉削减人员这样的作业改善无疑是一种自杀行为，因此并不主动进行改善，而是由于企业上层的命令不得不做改善。当时就是这样的情况。而现在已经完全转变为前文所说的自主改善，从这一点来看 T-TPS 和旧有 TPS 有着根本上的不同。

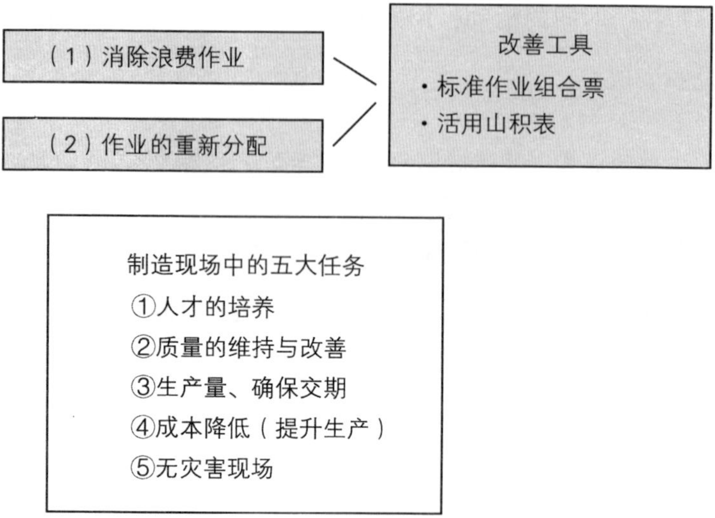

图 4-3-2a 作业改善

TPS 的作业改善有相当一部分是和 IE 的思路和手法共通的，不同的是，TPS 更重视现地现物。相对于理论，实践与改善更为优先，不惧怕失败，在现场、生产线上进行改善。随着改善的逐步推进，效果也逐渐显现出来。

因此，在实施改善前，要培养能一眼看出生产中浪费点的人才。旧有 TPS 是领导下达命令，只要求一部分改善人员理解，然后在现场强制执行，这样的时代已经结束了。推进现场的自主改善，就需要对现场的所有人进行人才培养与训练。如果不这样做，就难以实施全员参与型改善。所以，培养能独立把握浪费、问题点的现场团队是非常重要的。上司和管理人员的职责就是培养员工确认问题的能力。

如**图 4-3-2b** 所示，生产线的作业人员看起来像是在工作，可实际上没有价值的动作非常多，但管理监督人员会误以为员工在进行一连串的作业。

七大浪费的发生

质量	①不合格品、返修	·原材料、工时、能源的损失
停滞	②过量制造	·提前生产、过剩设备、批量生产
	③库存	·空间、搬运器具增加、随时间变化（质量劣化）
加工	④加工本身	·对精度等没有任何作用的加工
搬运	⑤搬运	·滞留、迂回搬运、倒箱、临时存放
作业	⑥动作	·不产生附加价值的动作（附带作业）
	⑦空手等待	·作业、等待指令、材料、等待零部件（缺件）

图 4-3-2b　消除浪费的作业

生产线上经常存在的 7 种浪费如下：

①制造不合格品，返修或者废弃不合格品的浪费。

②制造过多的浪费。会产生“库存金额×（0.2~0.3）”的成本。

③库存的浪费。会产生“库存金额×（0.2~0.3）”的成本。

④加工的浪费。对产生价值的加工毫无贡献。

⑤搬运（工序间、工厂间）的浪费，因为搬运不产生任何价值。

⑥动作的浪费。不产生附加价值的动作，准备作业等浪费。

⑦空手等待的浪费。

接下来再仔细分析生产线的作业工序内容，如**图 4-3-2c** 所示。即便不是 7 种浪费中的作业，仔细分析就能看出哪些是真正的作业，哪些是没有附加价值的附带作业。实际上，在大多数的工序中，真正的有效作业只占了很小的一部分。如果节拍时间是 60 秒，那么真正的加工时间最多只有 15 秒，即只占了全体时间的 1/4 左右，其余的 3/4 都是没有价值的。那些没有价值的作业就是由不得不做的附加作业和 7 种浪费组成的。

考虑到实际作业中浪费占了很大比重，公司就应该明确并

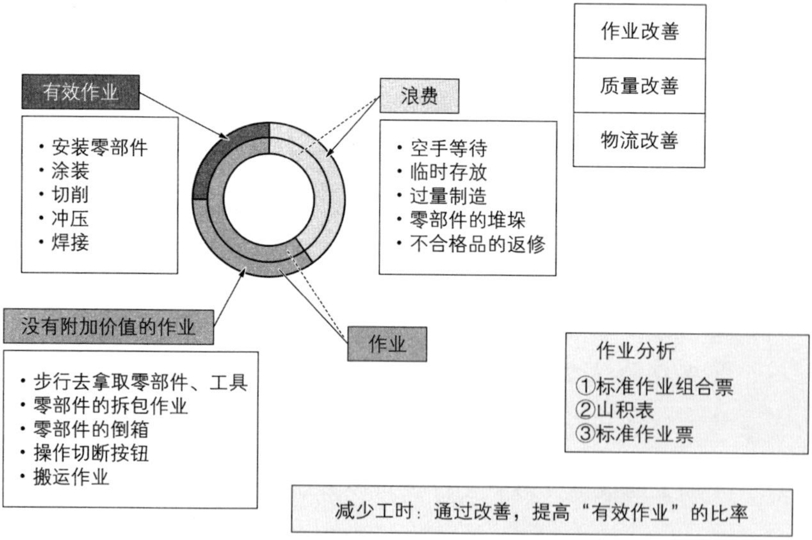

图 4-3-2c 消除浪费的作业

消除浪费，或者进行钻研，改善作业。通过这些措施，尽量提高有效作业的比例。换句话说，就是尽可能减少没有附加价值的作业所占的比例。

笔者将要介绍分析作业工序的道具和工具。**图 4–3–2d** 所表示的是使用标准作业组合票进行动作分析的例子。标准作业组合票里记载了要素作业、作业时间、动作分析，要点在于明确各要素作业间的步行时间及等待时间。由于步行时间是一种浪费，所以要通过零部件、工具的配置及设备布局的改变来缩短时间。

标准作业组合票通过动作分析让浪费可视化，进而引导大家进行改善。这需要由制造部的人进行动作分析，完善工序，引导大家去自发地、独立地改善，而不是自上而下地强制要求。该活动也是制造部的一种活性化活动，通过该活动人与现场实现活性化。

仔细分析上述图中动作分析的例子，各个作业的名称分别为 1~7，时间又分为“手”“步”“送”三部分。“手”指的是各个作业的时间；“步”是便于记录作业之间的时间，即上一作业到下一作业的步行时间；“送”指的是零部件放好后机器自动加工的时间。通过上述的分析计算出步行时间的浪费（总计 13 秒），便可对这部分进行改善。标准作业组合票的节拍时间为 62 秒，实际时间为 68 秒，超过 6 秒。那么在改善的时候，至少要缩短 6 秒。

标准作业组合票
（例：机械加工工序）

	标准	✓	表准

编号·品名	73761—61234 主轴No.2	标 准 作 业 组 合 票	制作日		每天的必要数量	455个
工序名称	主轴加工No.2		制作人		节拍时间	62秒

顺序	作业名称	时间（秒）手	步	送
1	取出零部件、安装	3	2	
2	LA外径切削	10	2	12
3	MI键槽切割	5	2	25
4	BR钻孔	5	2	7
5	PT打螺纹孔	18	2	10
6	去毛刺质量确认	11	1	
7	放置成品，回到1	3	2	
	合计	55	13	54

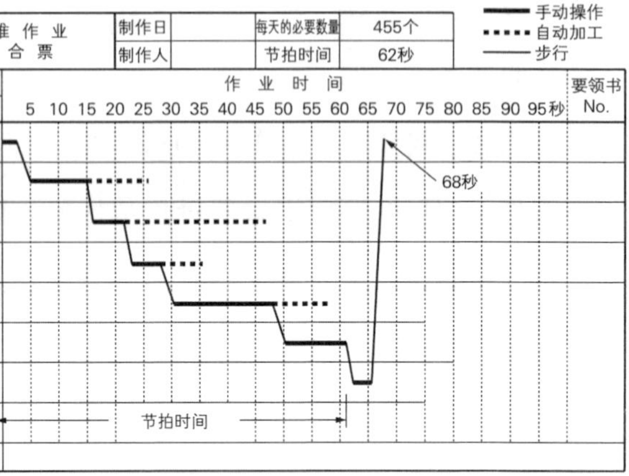

＊节拍时间：与62秒相比多花费了6秒，因此需要改善
＊人与设备的关系

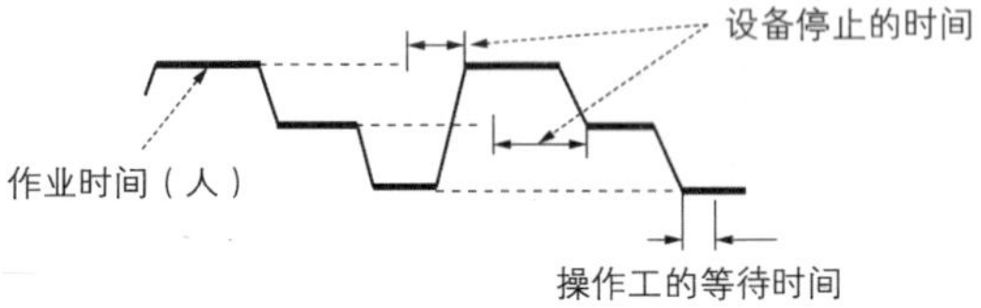

图 4-3-2d 运用标准作业组合票分析动作

近年来，丰田的做法不是在量产后才进行改善，而是在量产前（丰田内部称为“制造准备阶段”）就进行改善。在制造准备阶段，员工可以更加大胆果断地进行改善。改善的费用很少，却能取得显著的成果，具体内容将在后面进行详细介绍。

作业的再分配

图 4-3-2e 表示的是作业再分配的例子。对于 7 个工序，平

均节拍时间为 1 分半，第六个工序的节拍时间是节拍时间的 1/2，第四工序是节拍时间的 1.1 倍。如果把各个工序的工作量全部整合为 1 分半，那么这条生产线的累计时间为 7 分钟。实际上是：0.6+0.8+0.7+1.1+0.6+0.5+0.8=5.1 分钟，换句话说，整个作业流程只需要六个工序就足够了。进一步改善的话，甚至可以削减到五个工序。

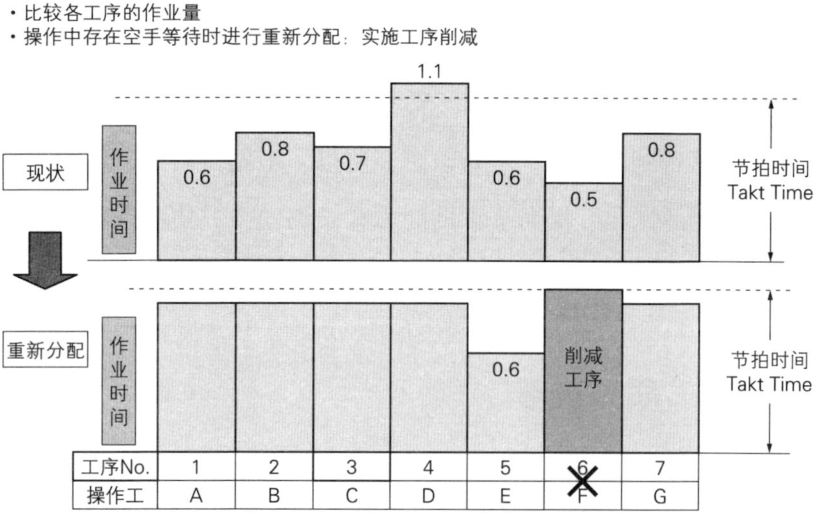

图 4-3-2e 作业的再分配

可见，重新分配作业是很有必要的。在分配作业时，对于标准节拍时间（1 分半），从前工序逐项改善，如果第一工序为 0.9 分钟，那么到第六工序就是 0.6 分钟，第七工序就没有存在的必要，就可以削减一个工序。

这样的作业削减由作业人员自主进行比较好，如果强制进行，就会招致员工的反感。但在旧有 TPS 中，都是高层或者外部的指导师直接要求进行工序削减。TPS 专家严厉地指出“这里是浪费”“这里多了几秒”“这里闲着呢”，专家们在发现浪费时往往很生气，强制要求进行工序改善，但由于专家是外部人员，现场的人会觉得凭什么由一个外部人员指指点点，因此变得保守，想明哲保身。即便取得了一定的效果，只要专家停止指导，工厂就恢复原样，得不到固化。

鉴于上述情况，T-TPS 的专家即使发现了问题也会忍耐，以活性化活动为主进行改善。活性化展开后，员工就会自主地发现专家看到的问题，进行改善。所以，率先在制造部实现人与现场的活性化，提高员工的能力和工作动力，使制造部人员能自觉地进行工序改善。

4.3.3 质量改善

关于质量改善活动的内容，笔者在第 3 章已经进行了说明，下面将从“人与现场的活性化”视点进行分析。质量改善活动也是现场一项非常重要的活动，制造部有必要对质量问题负起相应的责任（**图 4-3-3a**）。

工序内造就质量

说到防止不合格品流出的方法，无论是质量不合格还是质

（1）质量在工序内造就

（2）建立QA网络

（3）采购件的质量确保（无检验接收）

- 后工序是顾客
- 不向后工序流出不合格品
- 提高直通率

图 4-3-3a　质量改善

量异常，关键在于第一时间发现问题，如**图 4-3-3b** 所示。这就需要有一个成套的系统或者机制，具体方法包括：通过亮灯或者声音进行警告，或者是在自动检查中发现问题。

· 各工序确认质量：不流出、不制造不合格品

意图		方式	工具、手段
· 不流出不合格品 · 仅制造合格品	能看出异常	· 异常时通过亮灯和声音表示 · 通过自动检验装置进行判定 · 设置质量确认的工序	· 自动检验装置 · 安灯 · 工序能力的确保 · 防错 · 定位、停止作业 · 质量确认标准书 · QA网络
	因为异常而停止	· 设备、机器自动停止 · 出现异常时，由人停下设备、生产线	

· 工序内的质量保证：4原则

①遵守作业步骤
②实施自我确认
③质量相互确认
④改善困难操作

· 检验部门的职责

①成品车检验
②制造工序的监查工作
③防止再发活动
[工序内没有检验人员]

图 4-3-3b

也就是说，工人需要对质量进行确认。在每个工序中工人都要检验质量，保证流到后工序的都是合格品，这就是通常所说的防止不合格品流出。

为了做到防止流出，就要采用各种各样的方法，包括自动检验、安灯、防错、定位停止作业等。如果某一工序出现了不合格，作业人员就会按下表示“问题发生”的黄色安灯，线上的负责人就会来到流水线，通过负责人的帮助，工人就能防止不合格品的发生，提高质量。如果过了一定时间还无法恢复，就要停线，这就是防止流出。

如果只通过检验部门或质量管理部的检查，很难实现工序内造就质量。丰田内部自制工序的检验全部由制造部自己承担，因此工序内的检验员都转到了制造部。在这样的背景下，丰田的制造部、检验部和质量管理部的职责分担发生了变化。检验部、质量管理部的职责有以下 3 项：

①产品的监察；

②制造工序的检查业务；

③防止再发活动。

①的产品监察指的是对产品质量的最终确认；②的制造工序的检察业务指的是自制工序的制造部质量保证的机制是否正常发挥作用，从更高的角度对质量保证体制进行监察；③的防止再发生指的是不把不合格品传递到后工序或者市场。

制造部要承担起工序内质量的全部责任，并按照下述 4 个原则来进行质量保证：

①遵守标准作业；

②实施自我检查；

③实施质量的相互确认；

④改善困难的作业。

上述活动作为活性化活动的一部分，在提高质量的同时提高现场的活性化是非常重要的。

QA 网络

QA 网络指的是自工序完结的质量保证（如**图 4-3-3c** 所示）。之前笔者在第 3 章中已做过详细说明，所以在这里省略。这里要强调的是，通过防止发生与防止流出两项政策来进行质量保证活动，提高人与现场的活性化。

外购件的质量确认（无检验接收）

外协零部件的质量确认也是检验部门的工作，需要构筑一个接收零部件供应商或材料供应商的质量验收制度，基本原则是无检验接收。为了实现这一原则，就要建立一个培养供应商的制度，这也是检验部门的职责。

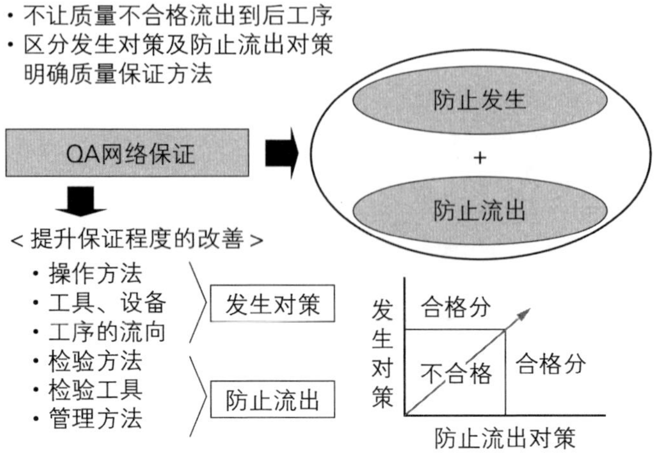

图 4-3-3c

4.3.4 成本改善

制造部在自己的生产工序或者在生产线上进行成本管理以及降低成本的活动。各组长管理各自工序的成本，实施降低成本。降低成本活动也是人与现场活性化的活动，详细情况将在后面介绍。

4.4 改善活动②：前期改善

在制造部的活动中，新产品投产也是其中一项业务。汽车基本上是四年进行一次全新车型开发，两年进行一次商改。因此，丰田每年都在为多种车型的开发做准备。各个工厂每年都有 1~2 款车要进行重新开发，所以新产品投产在丰田是日常业务，同时前期改善有着非常重要的意义。前期改善活动由 SE 活动、生产准备活动、制造准备活动 3 个项目构成。

4.4.1 SE 活动

SE 活动是丰田内部的用语。一般来说，汽车的开发、设计、试生产及评价只是技术部工程师的工作。但是在丰田，SE 活动是指技术部以外的部门的生产技术部、质量管理部、采购部、销售部、制造部等其他部门的参与，最大的特征是制造部也参与这个阶段（**图 4-4-1**）。在丰田，由制造部提出“需求书（PPC）”，技术部的工程师们一边讨论一边考虑在设计方案确定前，如何提高质量、提高操作性、降低成本等。

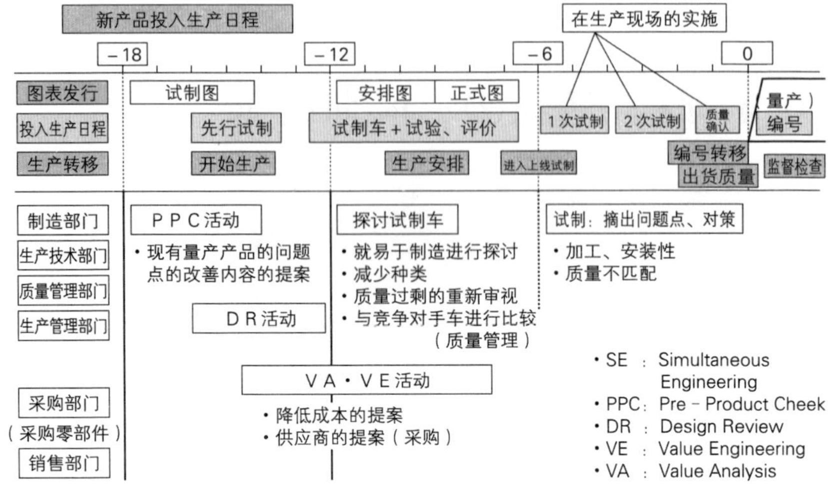

图 4-4-1　SE 活动（设计部门）

PPC 指的是“Pre－Product Check”。即在汽车投入市场以后，将客人及经销店的意见及投诉，反馈到下一车型的设计开发的需求书、防止发生的提案。由于主要是通过市场来反映，所以该业务是由质量保证部门来负责的。但是上述行为在其他国家或企业也很少见，原因是制造部没有可以向技术部叫板的能力和经验。但是丰田的作业员工通过日常改善积累了很多经验。例如，出现不合格品以后，追究原因找出对策，不断地重复这样的活动。在能力和经验得到充分提高和积累后，即使是由于操作造成的失误，也可以提出“如果改变设计，就不会出现这种失误”之类的意见。

而设计人员由于没有具体从事生产的经验，因此往往无法发现图纸中的优缺点，也不清楚设计对质量造成的影响。作业员工通过各种改善活动，可以针对设计人员提出各种建议。生产效率也一样，关键在于培养出能积极提出意见的作业员工。这些改善都是在投产前进行的，所以费用节省效果非常明显。

近年来，设计部门已经开始使用3D的CAD，通过立体图像，使图纸非常容易看懂。以前表现3D曲面的“原图”无法表现立体的图像，因此制作部只能通过实物整车来进行检讨。现在只要通过软件就可以对设计进行各种探讨，如果导入DA软件的话，甚至连组装方面的各项目也可以进行检讨。

这也是广义上的活性化活动，由于制造部的作业员工对设计人员提出了提高质量、降低成本、提高作业效率等技术内容的意见，因而活性化活动升高到一个很高的层次。

通过各个部门的提案，出图以后，各个部门的人要集中大房间里进行DR活动。汽车的制造中，外购零部件的成本要占全部成本的七成，因此还要进行包括采购部在内的VE活动。

在这之后才会生产试制新车。通过电脑进行评价后，会按最小需要量制作试制车。减少试制车的数量不仅是从成本的角度出发，其更大的贡献是缩短开发周期。

4.4.2 生产准备活动

制造部参与生产准备阶段，参与各种工作（**图4-4-2**），这也是活性化活动之一，详细情况笔者将在下册9章“前期改善”

中进行说明。

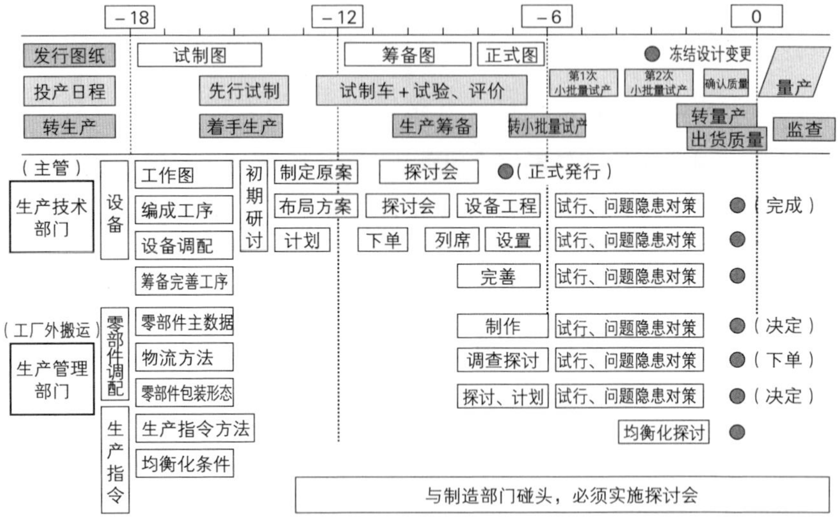

图 4-4-2　生产准备活动

下面来介绍一下生产技术部门在生产准备阶段的 5 项工作：

①工序规划。

②设备规划和设计、制作还有对外协设备企业的订单。

③设备入厂计划、设备交付的检查、设备调试。

④质量标准的设定。由于在各工序要确认质量，因此要按各个工序设定质量标准。

⑤生产指令装置的开发。产品的多样化要求 1 条生产线能够对应多种（100 种以上）产品的生产。为满足上述要求，开发相应的生产指令装置。

4.4.3 制造准备活动

如**图 4-4-3** 所示，制造部制造准备活动的主要业务是“一次试制”“二次试制”“质量确认”。实际上，丰田的制造部在制造准备阶段投入大量的时间和人力。其原因是，与投产后的改善准备阶段相比，此阶段的改善效果要大得多。特别是改造设备、变更配置等大方面的改善，投产前的改善费用要明显少很多。

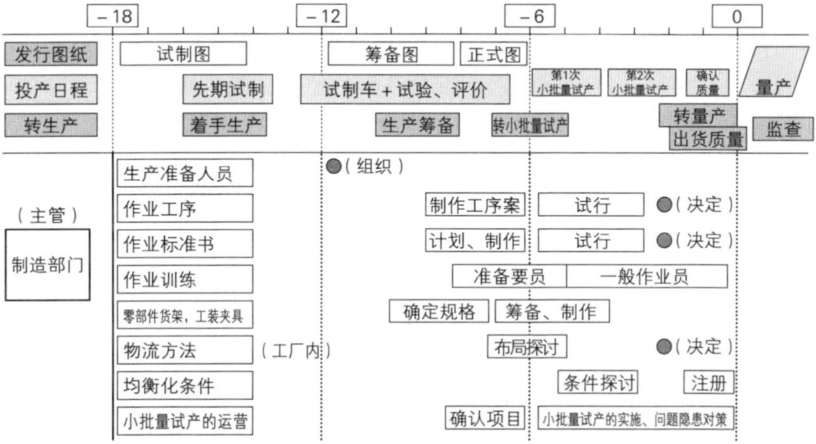

图 4-4-3　制造准备活动

制造准备活动属于制造部的职责范围。以前是以生产技术部为主体来实施的，但由于制造部可以进行各种讨论，后来就变成了制造部的职责。如**图 4-4-3** 所示，从生产线的配置到零部件的放置场所、质量确认等都要由制造部来确认。

为了操作训练而生产零部件，对作业人员进行培训，消除质量不合格后就可以马上进行量产。结合日常训练，在生产效率好的状态下整备配置、标准书等。

生产技术部就是这样来对制造部的活动进行支援的。两个部门在准备阶段共同进行工作，在量产前充分试验、充分解决问题才是最重要的。

4.5 活性化活动为何有效

在本章中，笔者对人与现场的活性化活动进行了各种说明，在最后一节将讲解人的活性化活动结果和企业之间的联系。

如**图 4-5** 所示，纵轴表示个人幸福度，曲线越往上就会越感到满足；横轴表示企业的利润、质量等，即企业幸福度。

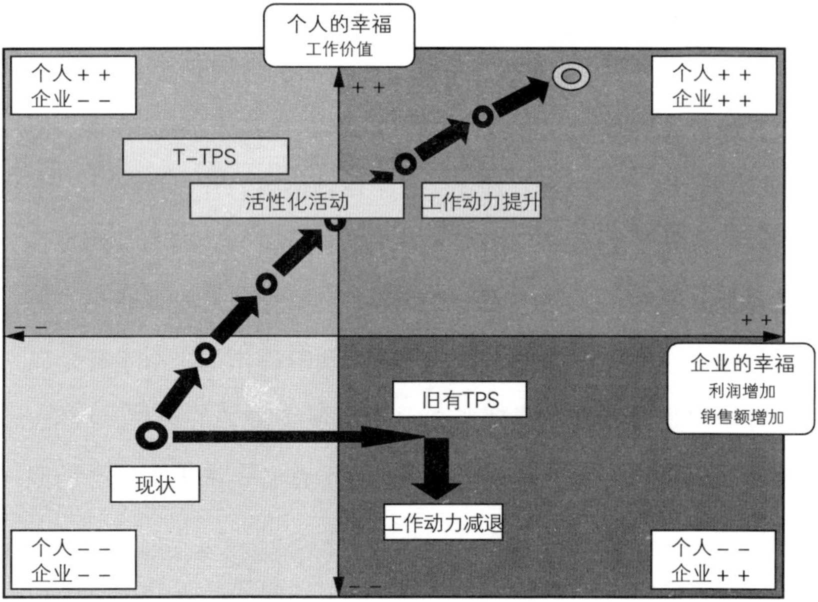

图 4-5 个人幸福度与企业幸福度

旧有 TPS 只追求横轴，即企业幸福度，几乎不考虑员工个人的幸福——“只要企业赚钱就可以”。但目标并不是那么简单就能实现的。因此，企业的高层领导、经营层、管理层会发火，训斥下属，让其强制实现企业的目标。但结果往往是员工们的干劲逐渐消退，企业的目标难以实现，这实际上是一种双输的情况。

同上述情况相反，T-TPS 的目标是人与现场的活性化。如图 4-5 左下（第三象限）的“现状”所示，企业的正向值也许很低，但这项活动让个人幸福感增强了。通过开展这样的活动，小团队或者现场全体都得到提升，改善也能顺利地进行。

最终结果就是企业的利润会上升，员工的幸福程度也会上升，工序改善、物流改善、降低成本等活动会活跃起来。因此，作为经营者应该铭记：虽然第一眼看上去没有什么进步，但“使纵轴值上升的活动，最终会带来横轴值的提升”。

笔者自己在各工厂做过改善方面的指导，现场本身的改善是非常简单的，但是有问题的经营人员或管理人员非常多。有的时候，这些人反而会对改善活动起到阻碍作用。由于管理制造现场的是经营者、管理者必须赢得现场员工的理解，因此，笔者深深感到经营人员和管理人员非常有必要认识到自己的职责所在。

在管理层的职责中，最需要被员工理解的是人与现场的活性化。企业的成绩是个人成绩的总和，不管领导如何生气，现场的人不行动的话就没有任何意义。使现场动起来才是管理层的根本职责。

为了使现场活跃起来，提高作业人员的士气非常重要，要让大家产生想努力工作的想法并付诸行动。培养行动力强的员工及现场，就是活性化活动。只有实现了活性化才能推进现场的各项改善。

改善指的就是行动力，知识虽然重要，但其对行动的影响要从正反两方面来看，用不好的话知识就会阻碍行动，当然，如果用得好会对行动有帮助。

以笔者的经验来看，过于聪明的人往往很少行动。但是对于制造现场而言，最重要的就是行动，行动之后才会针对现状涌现好的想法和点子。

正如前文所述，帮助这些行动实施的原动力是干劲和士气。根据大脑研究者的研究成果来看，人的大脑里是有“动力之脑”的，直径为 2~3mm，在大脑的左右两侧分别有一个。通过某些行为可以激发这个“动力之脑”的活性化。如果只是思考，是无法转化成干劲的。要通过行动，使行动结果得到认可，受到周围其他人的褒扬，那么干劲之脑就会越来越活跃。

换句话说，指导者来到现场，强制命令现场的人，并不会激发人的干劲，即使是员工接受了说明，理解了一部分，也不会从内心产生干劲。因此对于经营人员和管理人员来说，要创造一个使员工自己行动、自我改善的气氛才是最重要的。

第 5 章

经营管理人员的职责

5.1 人与现场活性化的重要性

笔者在世界上各种工厂里做过改善方面的指导，从指导的结果来看，工厂现场本身是可以通过 T-TPS 的指导方法，实现活性化并推动改善，但是很多企业却在经营管理层出现了问题。

无法理解员工心理的经营者特别多，这种不理解会成为改善活动的阻碍。管理者虽然也通过制定经营和管理方针来进行管理，但是并没有真正理解员工的内心想法。欧美的管理方式就是自上而下地贯彻经营方针和目标，并且上层都一味地认为员工能够理解企业的方针和目标。

但是，员工是人，人类拥有高度的智商和感情。对于自上而下制定的内容的理解程度和心理反应，每个人都是不一样的。而自上而下这种方式本身就有问题。举个极端的例子：一个方针也许要经过“总经理”→“副总经理”→“董事”→“部长”→“科长”→“系长”→“员工”七层的传递。最初的指示在经过七层传递后往往会变质，而在这个过程中，可能有人将高层的指示以相反的意思传递下去。所以，很多时候，高层的指示、命令、方针是无法传递到末端的。

要避免上述情况的发生，就必须实行“可视化”管理（可视化经营）。但在这之前，企业的经营管理者必须有“企业是人的集合”这一意识。经营者或者管理者的想法并不能轻易传达给员工，更不会轻易影响到员工的内心。换句话说，经营者的想法并不能轻而易举地就转化为工作的结果。这不是员工的错误，而是上层领导应该意识到这一点并必须落实到管理和经营中去的。“心理经营（行动经营）方式”就是以人为中心的管理学说。这种想法不是按照资本主义或者社会主义来区分的，而是以以人为本的“人本主义”为核心。

这种方式的核心内容就是第 4 章讲述的活性化活动（**图 5-1a**）。笔者给这种方式命名为 TMS（Total Management System），将在下册第 10 章中做详细解说。

人与现场的活性化为什么重要？
（1）企业的业绩是每一个改善的综合；
（2）改善的原动力是现场的行动力（变革）；
（3）现场的行动力（变革）取决于干劲（士气）；
（4）现场的干劲（士气）是现场组成人员的干劲的总和。

图 5-1a　人与现场活性化的重要性①

因此，企业管理人员首先要理解 T-TPS，然后才能使其落实于行动，使 T-TPS 得到固化。

如**图 5-1b** 所示，在这里为各位解释一下经营管理者的职责。工厂的输出（生产量、改善效果等）是各个员工的输出（工作结果）的总和。经营管理者的成果对于这个输出基本没有直接的贡献，甚至可以忽略不计。而每一个员工的输出，则是个性（Personality）、能力与知识（Ability）、士气（Motivation）的乘积。

企业的输出

$$\begin{pmatrix}\text{Quality：质量} \\ \text{Profit：利益}\end{pmatrix} = \sum_{i=1}^{n} (\text{Personality：个性}_i) \times (\text{Ability：能力}_i) \times (\text{Motivation：工作动力}_i)$$

员工人数n = Workers + Staff

图5-1b　工厂的产出公式

一个人的输出（工作成果）=（Personality：个性）×（Ability：能力）×（Motivation：工作动力）

虽然每个员工的个性不会轻易改变，但是能力和动力却可以提高。而提升这两者的手段就是“人与现场的活性化活动”。无论管理层的人员多么愤怒，现场的人员不行动的话，是绝对不会有成果的。

人通过接受教育和信息来增长知识，大脑前叶会变得很活跃。但是只学到了知识，是不会转化为行动的。促使人类行动的不是大脑的前叶，而是控制本能的那一部分，当内心在潜意识中受到感动，被上司认可时就会尝试理解上司的想法。而要让这一部分活跃起来，就需要提高工作动力（**图 5-1c**）。

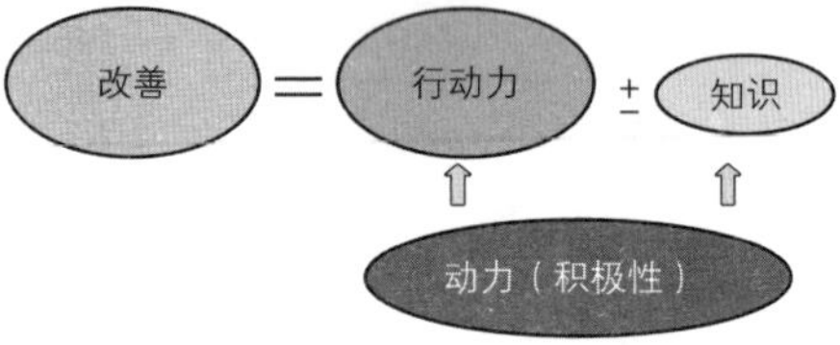

图 5-1c　人与现场的活性化重要性②

促使人行动的脑部领域，不会因为外界强制就变得活跃起来。通过自发的行动，员工自然就会产生活性化物质，这一领域会由于某种形式的“回报”而活跃起来。回报并不是指物质上的，而是被认可，被表扬等精神报酬。当可以对上述回报有所期待的时候，大脑中的特定领域就会活跃起来，反之则不会，仅凭借培训和训练是无法让员工付诸行动的。上面提到的“回报”也可以是其他方式，人对事物有好恶之分，对于喜欢的就会积极采取行动，对于讨厌的往往选择性无视，不采取行动。

可是为什么人会因为好恶产生完全不一样的反应呢？其原因是，在我们内心深处会联想到过去的经历。

因此，要促使员工实施行动，就需要让员工大脑的特定领域实现活性化。因此需要确立目标，让员工体会到实现目标时的幸福感和成就感。换句话说，企业需要构建一个可以使员工得到这种“回报”的体制。

笔者在工厂指导 T-TPS 的时候，反复强调“活性化活动是推动各种改善的基础”。实行 TPS 的改善，只学习知识是不够的，只有实际地在现地现物中采取行动才是最关键的。

如**图 5-1d** 所示，“过去的大脑”控制的是感情和行动，这部分的活性化很重要。而“新的大脑”控制的是知识，“±”指的是知识对于行动发挥的作用。过多的学习知识对行动产生阻碍的话就是“-”，反之则是“+”。

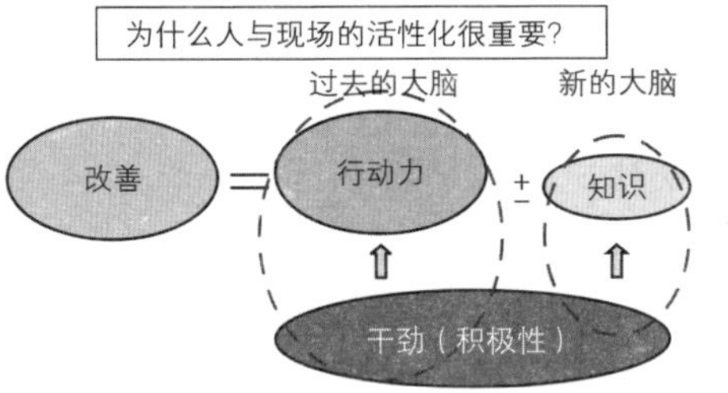

图 5-1d　人与现场的活性化重要性③

对于制造现场来说，行动、执行才是最优先的，“实践出真知”，在行动之前就因为害怕失败而害怕改变是不行的，应该是通过行动来实施改善，并带来新的发现和体会。管理人员首先不能害怕失败，要敢于让下属尝试。但上级如果因为下属尝试失败而生气的话，下属就会丧失工作热情，不愿尝试第二次，而且现场的人会把管理者排除在团队之外，这就是人的习性，在自然界中也是一样的。如果管理人员想让现场人员视自己为“同伴”或者“命运共同体”的话，就需要拥有让现场人员认同的活动经验和活动实绩。如果能意识到这一点，管理人员就要采取行动，而不是简单说说而已。因此，管理人员要经常使用正面的、肯定的表达方式。如果经常使用否定的、尖锐的语气，下属就会敏锐地感知到管理者“真实的态度”，完全丧失干劲。

将员工内心的干劲激发出来看似在绕远路，但其实这是很重要的一点。尽可能增加有干劲的员工，打造一个士气高昂的工作现场。这样的话，管理者就不必事无巨细地去管理，现场人员就能自发地推进改善。所以，管理者要做的就是努力实现人与现场的活性化。换句话说，实施活性化活动，能鼓舞员工的士气（**图 5-1e**），员工的士气得到提升之后，新业务就能顺利进行。

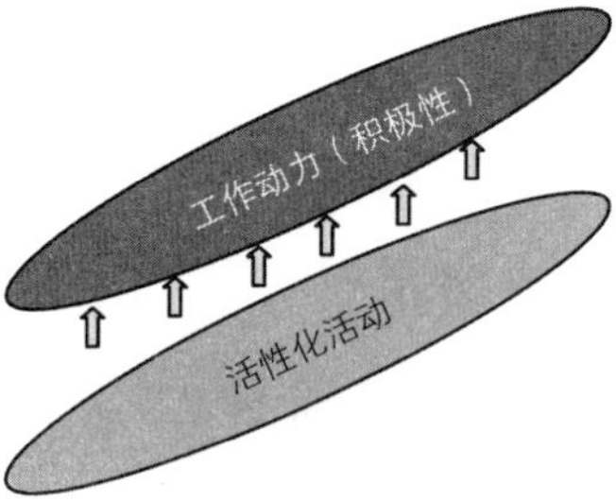

图 5-1e　人与现场的活性化重要性 4

5.2 可视化管理

以下 4 点是企业的经营人员和管理人员需要管理的现场及员工的实际状态（**图 5-2**）：

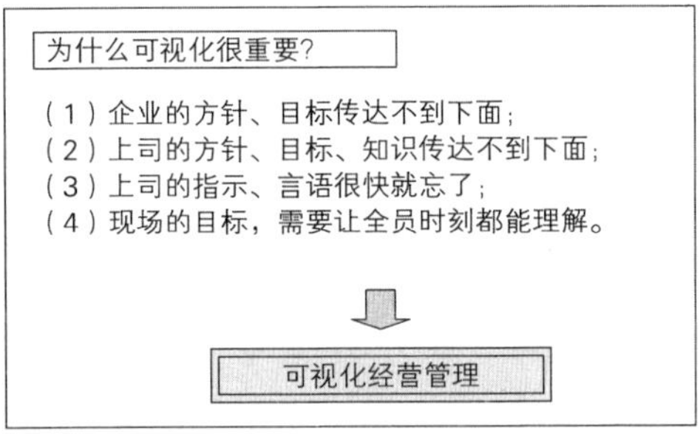

图 5-2　可视化的必要性

经营管理人员一般不从事实际业务，因此他们的想法如果不能传达到具体执行者的话，就无法实现。只有实际做事的人行动起来，企业才能取得成果。

但是在现实中，往往是上层的意思无法准确传达到下面，即使传递到了，只依靠语言词汇也很难记住。一个小时之后可能就忘记了 90%，到第二天就忘记了 97%。为了避免上述情况的发生，管理人员有必要把企业的方针、目标通过可视化管理（Quickening Visualization Management）灌输给组织中的每个人。需要注意的是，可视化管理并不仅限于文件的颁布或者几句标语。

可视化管理的必要条件

①要增加让员工看到的概率。例如工作中或者休息时间，员工也能一眼就看到。

②为了做到一目了然，尽可能用图表来表示。

③尽量让现场员工自己进行可视化管理，自己制定可视化的目标，并由自己来实现该目标。理想状态是：员工按照管理人员的想法来实现可视化管理目标，但是各个现场的实际状况不同，所以也可以让现场的人员自己来完成。

④按照时间变化进行可视化管理。要区分小时、天、周、月等时间单位。

⑤在可视化管理板前开会。哪怕一天只有一次，一次 15 分钟也可以，以组或车间为单位。

5.3 经营管理者的职责

经营管理人员的职责有以下 5 点：

(1) 实现人与现场的活性化

同时追求企业的幸福和员工个人的幸福。如果只从企业的角度考虑问题，就会牺牲员工的幸福度（**图 5-3a**）。不如从员工的角度去考虑问题，通过提高员工的幸福度，最终实现个人与企业的双赢（**图 5-3b**）。

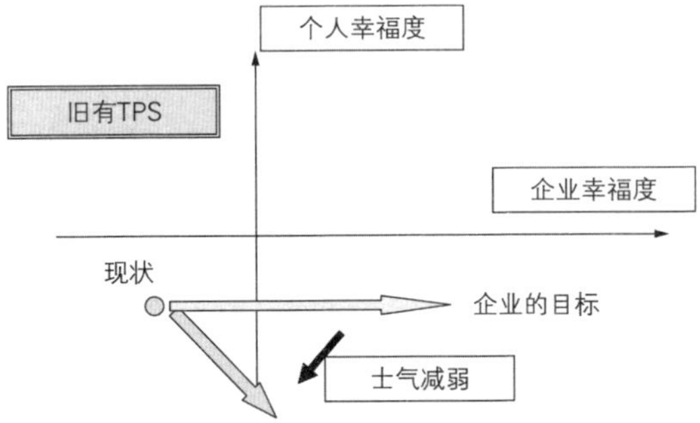

图 5-3a　经营管理人员的职责 1

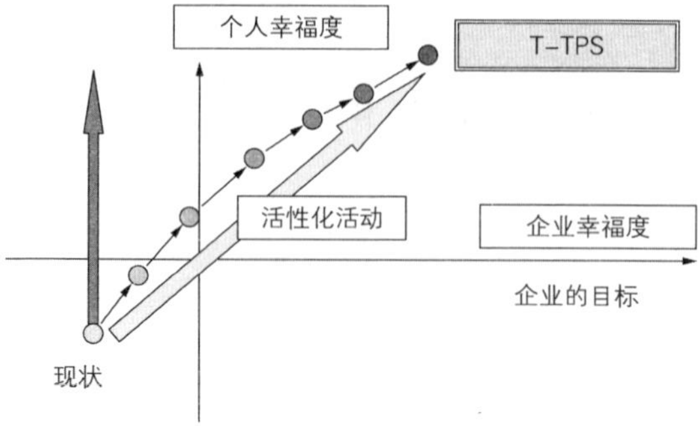

图 5-3b　经营管理人员的职责 2

（2）方针目标的可视化管理

方针、目标、指示等全部量化，展开可视化管理。

（3）员工自己制定目标

与其自上而下地传达指令，不如让员工自己制定目标，引导员工做到这一点非常重要。

（4）目标实现时进行褒奖

不仅仅是上司，现场的其他人也应对达成目标的人进行表扬。应设立一个专门的成果发表制度和表彰制度。这叫做阶段管理。

（5）专业知识、专业技能、多能工化等的教育与钻研制度

要针对与业务相关的专业知识、信息、技术信息等进行培训，并推进自主钻研。制定关于专业性的评价、认证、资格等制度。

图 5-3c 是工厂技能人员的人才培养系统，根据对应在职年

限和能力实施必要的培训。

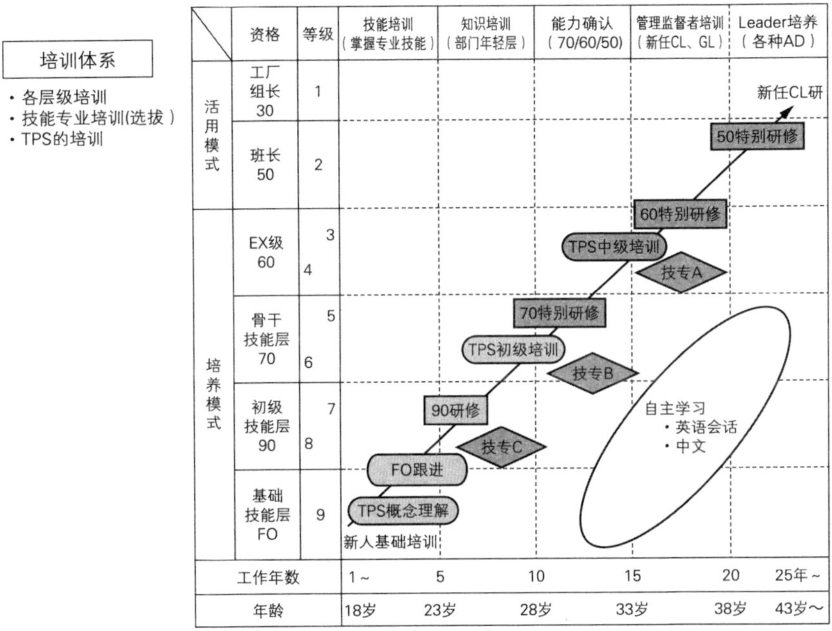

图5-3c　人才培养体系

图5-3d是专业技能的学习制度。首先，企业要明确各个现场所需的专业技能，然后开展针对性的培训，对能力进行鉴定和认证，而取得的资格认证（级别）要在整个现场进行公布，做到可视化。

①现场的安全卫生
②各作业技能的提升
③质量的确保
④设备保全
⑤汽车工学（一般知识）

技能掌握名称	对象
C级	普通操作工（在职两年以上）
B级	班长（Team Leader）级
A级	组长（Group Leader）级
S级	工长（Chief Leader）级・工匠技能

・集中培训（1W)
・认证考试

图 5-3d　专业技能掌握制度

5.4 丰田工厂管理监督人员的职责

丰田工厂管理监督人员的职责究竟是什么呢?

工厂管理监督人员的职责

如**图 5-4a** 所示，管理监督人员的职责重点就是员工的活性化和人才培养，并且要经常学习新的知识和技术。

（1）基本职责

①实现安全、质量、生产、成本、人事的企业目标
②现场的改善活动及活性化
③下属的管理、培养

（2）管理监督人员应有的态度

①时常观察现场（现地观察、改善）
②培养下属人才、进行指导（违反规则时要指出）
③吸收新知识、新技术
④打造易于开展工作的现场
⑤对应社会的环境变化

图 5-4a　工厂管理监督人员的职责

管理监督者的工作管理

工作管理包括日常业务和改善业务两方面，管理监督人员

应具备的能力如**图 5–4b** 所示。过去强调的“用人能力”比重在减少，取而代之的是培训下属的能力和改善方面的技能，这两者的比例越来越高。

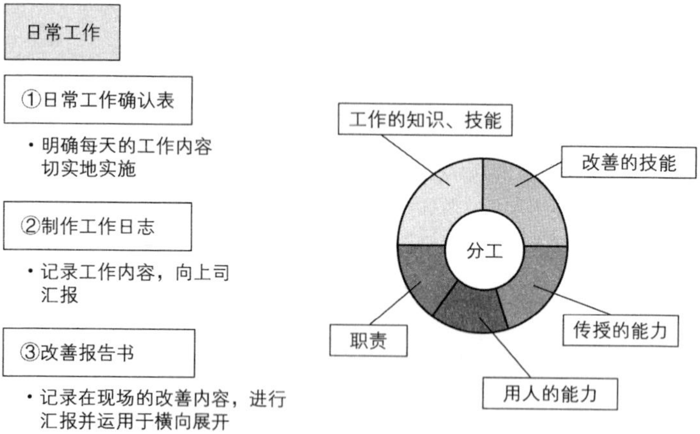

图 5–4b　管理监督人员的工作管理

监督人员分为“工长”“组长”“班长”等各种岗位，丰田的例子可参考**图 5–4c**。

图 5–4d 表示的是监督人员的日常业务确认表，这个日常业务确认表不是上层领导强制执行后的产物，而是监督人员制作的自我管理表。**图 5–4e** 是每天的工作日志实例。

	·明确各职位人员的职责、分工				
工长	·培养下属 ·推进现场改善	①人事	·考核、技能认定 ·固有技术、技能传承 ·工作规则的遵守、贯彻	③安全	·劳动安全卫生法规的遵守 ·防止危险、卫生管理 ·中老年人员的管理
		②成本	·推进实现成本降低目标 ·成本意识的提升活动	④其他	·问题工序的重点改善 ·科室、关联部门之间的合作
组长	·掌握下属情况 ·全部日常业务 ·实施个别业务的改善	①生产	·生产目标的实现 ·标准类文件的制定、修改	③人事	·下属情况的掌握（出勤管理） ·现场的统合管理、活性化的推进
		②成本	·组别的预算管理 ·管理、减少材料不合格、加工不合格 ·日常改善的实施	④其他	·多能工化的推进 ·推进创意钻研提案
班长	·确保质量 ·执行生产 ·现场队长	①质量	·质量确认 ·标准作业遵守的检验确认 ·质量不合格、防止再发	③成本	·实施小改善 ·减少加工不合格
		②生产	·减少停线的活动 ·负责范围内作业的熟练掌握及支援	④其他	·QC小团队活动 ·新人的训练

图 5-4c　监督人员的重点职责实例

部门名：

确认人：

月度　　日

	业务项目	1	2	3	4	5	6	…	28	29	30	31
开工时	①现场体操、早会											
	②工作联络、指令											
	③操作工的出勤情况确认											
上午	①开工点检（设备、作业等）											
	②质量确认（首件、定期检验）							…				
	③工序确认（新人、重要工序）											
下午	①现场改善的实施											
	②质量不合格对策											
	③现场的4S确认											
	④加班指示											
加班	①制作日报、向上司汇报											
	②最终确认现场后回家											
	③（参加QC小团队活动）											

图 5-4d　日常业务确认表

图 5-4e 工作日志

如前文提到的，监督人员的主要职责还有改善。

图 5-4f 表示的是在改善工作中所需要的问题解决方法。

TPS问题解决的办法

明确“5W1H”

运用5W1H把握事实，提出较为具体的改善方案

- 为什么 （目的、理由）Why
- 将什么 （对象、内容）What
- 在哪里 （场所、位置）Where
- 什么时候 （时间、时期）When
- 谁 （合适的人才、人员）Who
- 怎么样 （方法、步骤）How

运用好以上六个问题，
尽可能地减少纸上谈兵的时间，
重视现地现物的活动。

图 5-4f “5W1H”（问题解决方法）

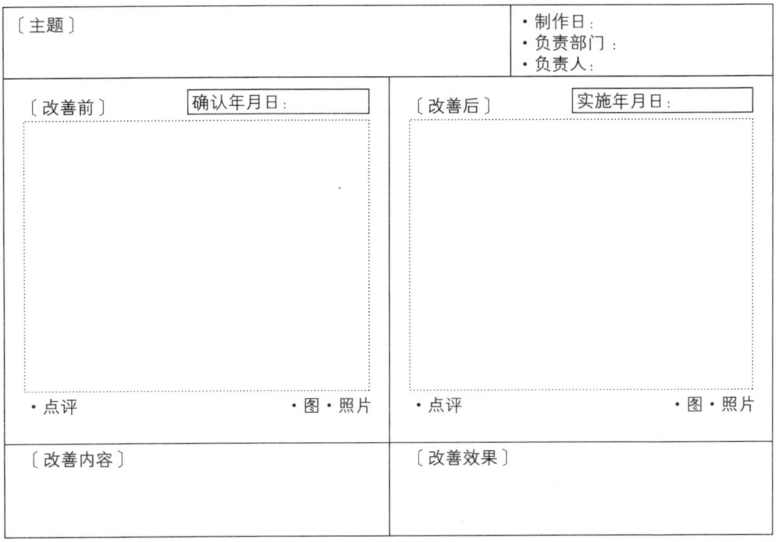

图 5-4g　改善报告书

使用 5 个为什么的方法来追究问题发生的真正原因，并且运用“5W1H”的方法（why：为什么；what：对象；where：地点；when：时间；who：谁；how：怎么样）准确把握事实，提出具体方案（**图 5-4g**）。

培养下属

在丰田工厂培养下属的基本原则有以下 3 点（**图 5-4h**）：

①传承技能

・在日常现场中把自己的技术传承给后辈（特别是让老员工传授一些关键经验）。

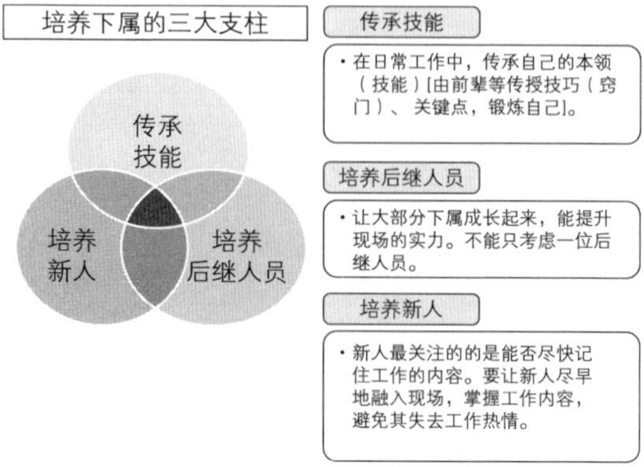

图 5-4h　改善报告书

②培养后继人员

·培养多名下属可以提高现场的实力。不要抱有只培养一个后继人员的想法。

③培养新人

·对于新人来讲最重要的是迅速地掌握工作，迅速地适应环境，并在适应阶段不丧失积极性。

培养下属时的注意事项如**图 5-4i** 所示：

a. 首先是工作积极性。管理人员“希望下属这样做”的意志和下属的“我想这样做”的想法要尽量吻合。

b. 其次是抓住要点。要正确把握自己期待的水准、目标与现状的差距。差距就是培养下属的“需求点”。

c. 最后是具体内容。要尽量把事情具体表述出来，用“5W1H”的方法抓住具体要点。

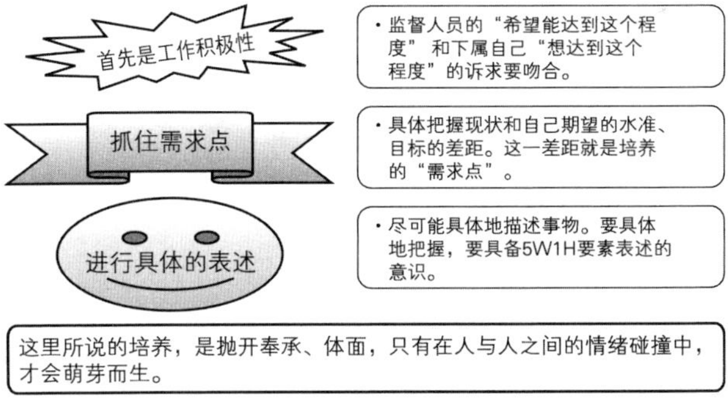

图 5-4i 培养下属的注意事项

培养下属时必须有意识地避免官话、套话，杜绝形式主义，做到心与心的交流。

译者简介

丁汝峰

长春大学日语专业毕业，大阪市立大学经营学专业结业。

1989 年至 2003 年供职于央企，历任翻译、高级经理、副处长、处长。

2003 年至今，任日本中产连北京代表处首席代表、北京中产连经济技术有限公司总经理。

近二十年来，他带领跨国技术专家团队，从事产业效率提升的指导工作，并致力研究符合中国国情的企业运营精益化的规律和方法。

龙蔚婷

北京第二外国语学院日语专业毕业，曾与日本专家共同指导中国企业推进精益生产方式十余年，现任深圳泰克工程技术有限公司运营总监，专注数字化精益改善系统，致力于精益化与数字化在制造业的融合应用。

“精益制造”专家委员会

金　光　广州汽车集团商贸有限公司高级主任

姜顺龙　中国商用飞机责任有限公司高级工程师

张文进　益友会上海分会会长、奥托立夫精益学院院长

邓红星　工场物流与供应链专家

高金华　益友会湖北分会首席专家、企网联合创始人

葛仙红　益友会宁波分会副会长、博格华纳精益学院院长

赵　勇　益友会胶东分会副会长、派克汉尼芬价值流经理

金　鸣　益友会副会长、上海大众动力总成有限公司高级经理

唐雪萍　益友会苏州分会会长、宜家工业精益专家

康　晓　施耐德电气精益智能制造专家

缪　武　益友会上海分会副会长、益友会/质友会会长

东方出版社

广州标杆精益企业管理有限公司

標杆精益®
BENCHMARK LEAN

人民东方出版传媒
People's Oriental Publishing & Media
東方出版社
The Oriental Press

东方出版社助力中国制造业升级

定价：28.00 元

定价：32.00 元

定价：32.00 元

定价：32.00 元

定价：32.00 元

定价：32.00 元

定价：30.00 元

定价：30.00 元

定价：32.00 元

定价：28.00 元

定价：28.00元

定价：36.00元

定价：30.00元

定价：32.00元

定价：32.00元

定价：32.00元

定价：38.00元

定价：26.00元

定价：36.00元

定价：22.00元

定价：32.00 元

定价：36.00 元

定价：36.00 元

定价：36.00 元

定价：38.00 元

定价：28.00 元

定价：38.00 元

定价：36.00 元

定价：38.00 元

定价：36.00 元

定价：36. 00 元

定价：46. 00 元

定价：38. 00 元

定价：42. 00 元

定价：49. 80 元

定价：38. 00 元

定价：38. 00 元

定价：38. 00 元

定价：45. 00 元

定价：52. 00 元

定价：32.00 元

定价：36.00 元

定价：36.00 元

定价：36.00 元

定价：38.00 元

定价：28.00 元

定价：38.00 元

定价：36.00 元

定价：38.00 元

定价：36.00 元

定价：36.00 元

定价：46.00 元

定价：38.00 元

定价：42.00 元

定价：49.80 元

定价：38.00 元

定价：38.00 元

定价：38.00 元

定价：45.00 元

定价：52.00 元

定价：42.00 元

定价：42.00 元

定价：48.00 元

定价：58.00 元

定价：48.00 元

定价：58.00 元

定价：58.00 元

定价：42.00 元

定价：58.00 元

定价：58.00 元

定价：58.00 元

定价：58.00 元

定价：58.00 元

定价：58.00 元

定价：58.00 元

定价：68.00 元

定价：68.00 元

定价：68.00 元

定价：68.00 元

定价：68.00 元

定价：68.00 元

定价：68.00 元

定价：58.00 元

定价：88.00 元

图解 精益制造066

丰田生产方式的进化

精益管理的本源（下）

新しいトヨタ生産方式「トータルTPS」

【日】堀切俊雄 著
丁汝峰 龙蔚婷 译

人民东方出版传媒
People's Oriental Publishing & Media
東方出版社
The Oriental Press

图字：01-2019-4947 号

图书在版编目（CIP）数据

丰田生产方式的进化：精益管理的本源：上、下 /（日）堀切俊雄 著；丁汝峰，龙蔚婷译. —北京：东方出版社，2021.1
（精益制造；065，066）
ISBN 978-7-5207-1762-5

Ⅰ.①丰…　Ⅱ.①堀…②丁…③龙…　Ⅲ.①丰田汽车公司—工业企业管理—经验
Ⅳ.①F431.364

中国版本图书馆 CIP 数据核字（2020）第 234198 号

精益制造 065、066：丰田生产方式的进化——精益管理的本源（上、下）
[JINGYI ZHIZAO 065、066: FENGTIAN SHENGCHAN FANGSHI DE JINHUA——JINGYI GUANLI DE BENYUAN (SHANG、XIA)]

作　　者：[日] 堀切俊雄
译　　者：丁汝峰　龙蔚婷
责任编辑：崔雁行　史晓威
出　　版：东方出版社
发　　行：人民东方出版传媒有限公司
地　　址：北京市西城区北三环中路 6 号
邮　　编：100120
印　　刷：北京文昌阁彩色印刷有限责任公司
版　　次：2021 年 1 月第 1 版
印　　次：2021 年 1 月第 1 次印刷
开　　本：880 毫米×1230 毫米　1/32
印　　张：16.875
字　　数：145 千字
书　　号：ISBN 978-7-5207-1762-5
定　　价：136.00 元
发行电话：（010）85924663　85924644　85924641

目　录

作者序

堀切俊雄

现在，市面上有很多关于丰田生产方式（Toyota Production System，TPS）的书，但其中没有一本对丰田汽车及其关联企业在日本海内外实施的 TPS 详情进行充分说明。此外，丰田系以外的众多企业纷纷尝试实践 TPS 却最终难以实现，这也是一大课题。

为了解决这些课题，笔者决定将最新的 TPS 命名为“TOTAL TPS”，即“全面 TPS”。此外，笔者还在日本以外的其他国家开展了有关 TOTAL TPS 的讲座、培训，以及工厂实践指导。目前，全面 TPS 已经在包括美国、俄罗斯、德国、意大利、土耳其、斯里兰卡、中国、韩国、马来西亚、越南等国家在内的世界许多国家开始普及。

和笔者的团队共同推进企业改善的，有尝试学习旧有 TPS（其他国家和地区称之为“Lean Production”）却无法投入实践的企业，还有实践了但没有取得成果的企业，他们都十分赞同全面 TPS 的理念。大家通过共同合作的方式推进改善，成功率几乎达到 100%。TPS 活动一直在持续进行，改善水平每年都在提高。

特别是俄罗斯的某家内饰零部件制造企业，他们的成功经验值得大书特书。最初，这家企业的 5S 做得很差，产品质量问题多，工厂生产效率低，处于濒临倒闭的状态，但是通过导入全面 TPS，企业人员得以成长，管理者的能力得以提升，企业内部实施了精彩的改善。在质量管理方面，他们导入“自工序完结”，这一改善帮助他们在俄罗斯企业管理协会获得“质量第一企业”的称号，各家汽车主机厂也纷纷向这家企业下达零部件生产订单。最终，这家企业不仅摆脱了危机，还新建了第二工厂。

在笔者提出的全面 TPS 中，除了经营者、管理者之外，在工厂一线工作的作业人员当中也能培养出自主改善的人才。能够自主实施优秀的改善，也是全面 TPS 的特征之一。

本书介绍了很多全面 TPS 的内容、开展方式以及改善的实施案例，不仅在日本国内，在日本海外工厂的指导中也取得了出色的成绩。海外生产相对于国内生产的比例在增加，所以在海外工厂培养人才、实施自发改善、成为更强的工厂是十分重要的课题。结合这一需求，笔者可以自信地说，本书中介绍的海外工厂指导案例资料集将起到非常积极的作用。

笔者倡导的全面 TPS 中最重要的一点是，要关心工作者的内心，并让他们的内心有所成长。

过去的 TPS 更强调理论和物理方面，但企业是人的集合，企业并不是依靠管理者的双手“制造产品”，进行实际操作的其实是负责实际业务的人员和作业人员，只有他们开始进行改善，企业才能提高业绩，取得成果。

也就是说，关心企业内全体员工的内心世界，形成“尊重人性”的氛围，全员士气才能提升，才能发挥出全员的力量。使这一点成为可能的，便是全面 TPS。

· 全体员工的思维、内心思考方式发生改变

· “改善很有趣”“开始感觉到自己的工作是有价值的”的声音开始在员工当中涌现

· 现场、工厂、企业呈现出活力

理解本书的内容并付诸实践，就能实现这样的改善。此外，本书还包含了大量笔者在世界各地工厂指导全面 TPS 的案例，如果能为大家带来帮助，笔者将感到十分荣幸。希望各位读者能够充分学习、掌握和实践这一“世界最强工厂运营法则”。

追根溯源，读懂精益管理

齐二石[①]

制造业是国民经济的支柱。我国制造业规模已经很大，居全球首位，是全世界唯一拥有全部工业门类的国家。现在，在百年不遇的大变局中，新技术的进步和新冠疫情，都在推动我国制造业加速转型升级。转型的核心，是从投资型、外延扩张型向精益型、效益型企业转型，这也是避免掉入“中等收入陷阱”的关键问题。那么，该如何选择正确的企业发展之路呢？这就要求我们既要考察研究美日德等发达国家制造业发展之路，又要考虑我国企业的实际需求和企业状况。有的企业“病急乱投医”，希望抓住西方的一种技术、模式向企业推行，结果都没有成功，还耗费了大量资金，成为企业背上沉重的包袱。

解决选择道路的问题，首先要搞清制造企业是技术、管理、人、资本、文化五大要素的综合系统组织，这五大要素各自的

---

① 齐二石，天津大学管理创新研究院院长，教授，博士生导师，中国机械工程学会工业工程分会理事长。

功能不同，其中管理是最具本土化特色的要素，并有着将其他要素进行有效组织、提升整体效益及竞争力的功能，不可能由单一技术引进就能实现转型升级。

其次要研究发达国家转型升级的路线图，特别是我们的邻居日本制造业成功的路径。20 世纪初，日本的上野洋一赴美学习工业工程（IE），师从泰勒，回国后带入日本企业应用，取得很好效果。“二战”后恢复经济，日本再次有效引进了美国的 IE，并进行了有效的本土化改造，创建了举世瞩目的丰田生产方式（Toyota Production System，TPS），美国学者将其概括为精益生产（ Lean Production，LP）站在管理学角度，也称其为精益管理（Lean Management）。目前日本的制造业整体仍然以这种生产方式的效率水平，在国际上保持着强劲的竞争力。

改革开放后，我国很多制造企业已经大力推进精益生产方式，实施管理创新。从效果来看，既有硕果累累的，也有不尽如人意的，甚至有“半拉子工程”。究其原因，是有些企业搞形式主义，有些企业对 TPS/LP 理解不准确，也就是对精益生产方式本身的理念、方法和工具存在认识上的误区和偏差，还存在教条化的倾向。还有一种情况是不能把马克思主义与中国实践相结合，而是照抄照搬。所以，我国的企业应踏踏实实、认认真真学好学透精益生产、精益管理的理念、方法、工具，并和本企业需求与实践相结合，在此基础之上努力、勤奋、实干，才能成功。

这本《丰田生产方式的进化：精益管理的本源》的中文版出版，恰逢其时，相信对我们广大制造业经营管理者追根溯源认识和理解精益生产方式会有很大帮助。我通过北京中产连了解作者堀（kū）切俊雄先生多年。他在日本丰田汽车公司供职36年，经历过工艺技术、工厂建设、制造运行和生产管理等工作领域，还经历过基层技术员、中层管理者、高层经营者的职务角色。作为具有深厚经验的实践者，他以工作经验和心得成书的角度非常独特。在这本书中，堀切俊雄先生创造了TOTAL TPS（全面丰田生产方式）的提法，简称T-TPS。他从T-TPS的角度对丰田生产方式进行了解读，强调丰田生产方式不是仅仅局限于制造，而是要以改善为基础，实现设计、生产准备、制造、服务的全过程改善，并且深入解读了丰田生产方式的两大支柱更深厚的内涵：（1）准时化（Just In Time），实现设计、生产、销售、服务全过程的周期时间缩短、效率提高、成本低；（2）自働化（Jidouka），通过全员行为的人机协调配合、防错机制和工具，实现产品和工作业务的质量保证。通过这两点，实现企业的高效率、低成本、高质量的运营管理。

堀切俊雄先生是一位实务型专家，书中必然有很多方式方法类的内容。但我建议制造业的经营管理者在读这本书时不要仅仅执着于追寻其中的方式方法，而要透彻地探索其方式方法和工具背后所蕴含的效率观、质量观、成本观、人才观，体察这些方面的不同之处，只有避免逻辑扭曲，才能结合中国产业环境的实情，进行有效借鉴、运用和融合创新。

第 6 章

用于改善的“大房间方式”

6.1 人与现场的活性化及“大房间方式”

为了人与现场的活性化活动以及改善活动而开展的“大房间方式”，源于对丰田系统以外的企业进行的指导。由于丰田系企业的员工平常已经实施了人与现场的活性化活动，所以没有必要再采用这种方式。但是，对于今后想导入 TPS 的企业来说，“大房间方式”是极其有效的。

笔者指导过丰田以外的企业和工厂，最开始的时候都没有什么效果，总是失败。虽然大家都很想推进改善活动，但现场总是有反对的声音，即便一时好转，很快就会恢复原样，这种情况不胜枚举。当然，在刚导入 TPS 时取得了一定程度的效果，只是很难固化下来，难以从样板线推广到其他流水线。因此，作为改善对象的流水线取得了成果，但工厂整体的成果却没有预想的那么乐观。

事例：中国某汽车制造商

在这里，笔者为大家介绍一个我曾经指导过的中国某汽车制造商的改善案例。当时该制造商邀请包括笔者在内的两人，通过一年多的指导，将TPS的大致内容导入企业内。我们针对TPS的基础内容进行了培训，例如Just In Time、自働化、消除浪费。这个中国企业的负责人们说："您说的内容，我们都明白了。"而我们在现场实际的流水线中，进行了操作测试，确认了确实能够实现省人化。于是，笔者认为，现场应该能够改变作业分配，从而做到省人化。然而，现场的负责人却告诉我们："指导内容我们都理解了，但是我们觉得维持现状也不错。"笔者很受打击，一时竟无言以对。

当时，笔者深切地感受到"理解了"和"我要做"之间是存在壁垒的，而且是一道既高又厚的壁垒。

但丰田系企业并不存在这道壁垒，这是为什么呢？

笔者在指导丰田系以外的企业时，一直带着这个疑问开展指导。而在这里介绍的大房间方式，就是笔者在多次失败中总结出来的方式。这也许未必是最好的方法，但笔者认为这是消除上述壁垒的有效方式之一。

为什么这种方式是有效的呢？在上册的第4章中，笔者提到"人与现场的活性化"非常重要。实际上，真正让活性化发挥作用的，是大房间方式。

我来举一个丰田海外工厂的例子。丰田在海外建设新工厂时，在当地雇用了新员工1000多人。丰田坚持"造物也是造人"。我们往往容易理解为只要进行普通的培训和训练就可以了，但是仅仅做到这些是不能“培养人”的。除了培训和训练之外，还需要加入人与现场的活性化。用公式表示，即：

培养人=培训与训练+人与现场的活性化

为了培养人，丰田从总部派遣数百名组长、班长等有经验的员工，针对新员工实施培训与训练，同时开展人与现场的活性化工作。以此将丰田现场的“基因”移植到海外的现场。

这样的移植让丰田总部花费了大量的精力和时间，海外出差费用以及人工费都需要庞大的金额。有些人也许会觉得这样效率很低，但是如今看来，没有比这种方式更有效的手段了。如果不移植丰田的基因，就不能生产出具备高水准的质量、成本、时间（交货期）的“TOYOTA”品牌的车。这也证明了，现场的“基因”主要由监督人员及作业人员来共同传承。

但是，要在企业内部扩大 TPS 的基因需要大规模地花费财力、人力，一般的中小企业恐怕很难做到。因此，通过接受 TPS 指导人员的指导，在企业内培养人才，并展开活动。这种方式能够减少不少精力、时间和费用的负担。

如何花费最低的成本，同时又成功地导入 TPS 活动呢？笔者曾经指导过规模大大小小的企业，经历不少失败后，现在认为最有效的方法就是“大房间方式”。

“研发的大房间方式”，正式的名称叫做“Simultaneous Engineering，SE”，丰田的设计研发部门采用的正是这种方式，而

“大房间方式”改善也正来源于此。

将研发出来的大房间方式进行改良，加上可视化，便是丰田向美国引入的一种研发方式“Quickening Visualization System”。同时，美国的QVS企业，将这个“QVS方式”作为自己企业的名称，对欧美的企业进行开发管理方面的指导。除了汽车行业之外，客户还涉及电子电器产业、航空飞机产业、IT产业等多个领域。

为什么大房间方式在设计研发部门是有效的呢？这是因为，设计研发部门是高智商人群的集合，这个集合主要从事的工作是研究产品（汽车、家电等）在物质上、科学上、物理上的原理。但是，开发产品时需要多名开发人员。在开发过程中，部门优先考虑的往往是物（零部件、设备等）以及技术和知识，而不会考虑到人，因此从人的角度进行研发工作的经营管理是非常重要的。然而，我们却忽略了这一点：开发人员、设计人员并不是物品，也不是机器，而是人。我们人类是有感情的，同时在一些难以觉察的大脑领域会产生一些动物性的反应。因此，采用大房间方式，就能更好地观察出开发人员、设计人员的人性化一面以及动物性的反应。

人到底是一种什么样的动物呢？人的大脑到底是什么样的呢？人的内心又是什么呢？研究这些内容非常重要；大脑的反应，接收到大脑指令后身体做出的反应，这一反应又反馈到大脑……弄清这些现象同样十分重要。同时，经营管理者不要忘记：独立存在的“人”和集体中的“人”有着不同的内心世界，不只是内心，身体也会无意识地变化，而大脑中的反应也随着经历而产生变化。如果不对这些人的内心、大脑进行研究的话，就不能理解设计研发中采用的大房间方式。而笔者针对这方面，花了大量的时间进行分析，得出了以下结论：研发设计团队的输出物也可以用各种个性（Personality）与能力知识（Ability）、工作动力（Motivation）的乘积表示。

在这当中，最重要的就是“设计人员大脑的活性化”，也就是“动力”这一部分。可以将大脑等同考虑为内心，大脑是理性的部分、情感的部分、自己无法察觉内心的部分，向行动发出指令的部分等所有部分的集合。**图 6-1a** 表示的是对参与设计研发部门大房间人员（设计人员、生产技术人员、操作员工等）的大脑反应情况进行观察得出的结果。

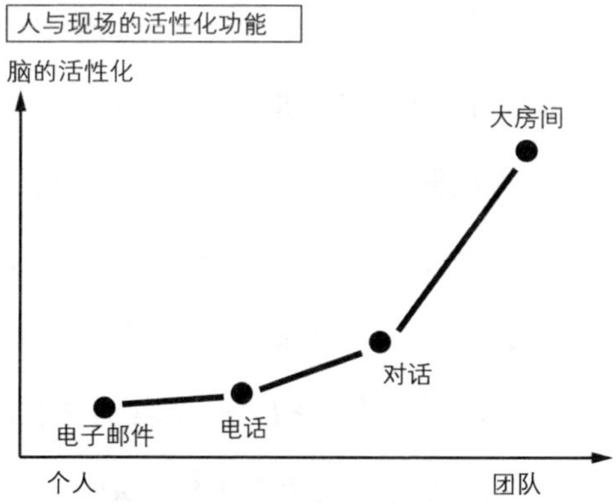

图 6-1a　用于改善的大房间方式

我们以电子邮件这一沟通工具为例。电子邮件在工作中是不可或缺的工具，特别是在美国，设计研发部门有单独的办公室，在办公室内还设有隔断，即便是相邻座位的同事，也习惯了互相发送电子邮件。本来只要站起来面对面直接交谈就可以了，但他们还是采用邮件的形式，有些人阅读、撰写电子邮件，就占去了一天的工作。阅读、回复电子邮件往往被认为是高端操作，但实际上，从人类的大脑活性化（工作积极性）角度来说，这个动作效率是非常低的。

笔者并不主张取消电子邮件，毕竟这是一种保存交流信息的记录、弥补彼此工作时间差的非常有效的手段。虽然这是一个需要被运用的手段，但是如果仅靠这种方式的话，人的大脑只有很小的一部分得到利用，因此活性化的水平很低。因为在使用电子邮件时并没有他人介入，而是陷入本人自己的世界。

所以，比起电子邮件，电话或者直接交流能让大脑更加活性化。只要一说话，就会及时获取对方的反应，在反复确认的同时继续交流，或者预测对方的反应来进行交流，是一项更高端的行为。而比起电话来说，直接面对面的交流更有助于活性化，因为这种方式，要求采取更高水平的行为。因此，以团队的方式开展工作，是最能让人类的大脑实现活性化的。

那么，要开展这种高端又复杂的工作，最适合的方式就是大房间方式。这里提到的“大房间”是要聚集一定的人数（30~40人），在这里针对设计研发进行各种各样的讨论，开展工作。

人一旦置身于一个团体中，就必须和自己前后左右的人员交谈，需要尽可能多地运用到以视觉、听觉为主的五感。而且，大房间中的人员从事不同工作，考虑问题的方法也大有不同。要和自己思维不同的人进行交流，大脑就不得不活跃起来，积极性就会达到最高点。不仅仅是大脑，人的身体也会分泌出各种各样的激素，整个人都会兴奋起来。大脑和身体都处在一个活性化的状态下开展工作，效率就能够有飞跃性的提高。而这一系列现象的催化剂便是大房间方式。

运用大房间方式开展工作的优势如下所述：

①参与的人员能够展开积极的、有建设性的讨论。原因在于，团队里的人员都有这样的本能，即希望能够在团队中有效地发挥自己的作用、职责，明确自己的存在感，确认自己的定位。

②参与人员的大脑得到活性化，能够提出比平常更好的方案。

③参与人员是各方面的专家，可以跨越各组织的壁垒，共享问题，集合众人的智慧，提出综合性解决方案。

④在大房间，通过导入可视化的管理手法，共享方针、目的、问题、对策等，进行有效运营。

⑤研发的负责人［主查、总工程师（CE）］更容易把握研发整体的管理，开展工作。

事例：在美国采用大房间方式

笔者曾将这种大房间方式（英语中称为 QVS）导入美国厂家设计研发部门。但是，设计研发部门以外的员工，也就是生产技术人员、制造部的现场作业人员等并不具备向设计部门进行提案的能力，因此参与的只有技术部门。单从结果来看，仅由技术部门组成的大房间方式使得设计研发阶段缩短为原来的一半，之前需要花 40 多个月的时间，改善后缩短到了 20 多个月。

为什么会产生这样的效果呢？经过个人分析，笔者发现过去的每个技术人员其实都非常优秀，但组织整体的效率非常低。各种设计失误，没有充分讨论的图纸不断地流到后工序，使设计研发阶段的时间延长。其原因是技术人员的脑部状态是“电子邮件的状态”，也就是大脑没有得到充分的活性化，在这种状态下就开展设计工作。而大房间则改变了这种开展工作的方式，技术人员的大脑得到了活性化，就可以得到上述①~⑤的益处，大幅缩短设计研发时间这一目标就得以实现。

接下来笔者将为大家介绍改善的大房间实际是怎么构成和运营的。一般情况下，TPS 改善和活性化活动，都仅限于工厂的一部分（标杆流水线）开展。但是，这种方式即便有改善效果，也只停留在一部分，而无法扩展到其他车间、其他流水线。而要尽快地将 TPS 改善和活性化活动展开到工厂整体，全员参与的改善推进方式是最合适不过的。例如，A 流水线有 A 组长，

B 流水线有 B 组长，管理层要尽可能将实际现场的监督层选为改善小组的组长，同时兼任大房间各改善小组的代表，制订改善计划，汇报说明改善的进度情况。

根据工厂规模的不同，大房间里一般设有 20~30 个改善小组。所以，和建立标杆流水线推进改善的方法相比，大房间方式可以以 20~30 倍的速度在工厂内迅速展开。

假设成立了 30 个改善小组，那么就要准备能容纳 30 个小组的空间。因为在改善期间这个空间要长期使用，所以应该设立专用的办公室，而不是临时借用会议室。如果实在没有这样的办公室，可以用墙壁来代替，也就是说需要一面墙，墙的前面要有能容纳 30 个小组集合的空间。

例如，**图 6–1b** 中大房间上方的墙壁为“质量改善角”，右侧则是“物流改善角”，下方是“5S 改善角”。由于是 30 个小组，那么分别为“质量改善组”10 组、“物流改善组”10 组、“5S 改善组”10 组。即便小组数量不平均也没有关系。比如说，5 个质量改善组、15 个 5S 改善组也是可以的，关键在于成立不同类型的改善小组，使改善活动扩展到整个工厂，各车间可以选择与自己直接相关的课题开展活动。

接下来要在改善大房间集中 30 个改善小组的代表，任命他们为改善组长。改善课题一般由自己决定比较好，但在开始阶段也可由 TPS 指导人员布置课题，与改善组长讨论之后确定。如果是质量改善小组，那么这 10 个小组就要分别制订质量改善的计划与目标，实施改善。物流改善小组、5S 改善小组也是一样的。

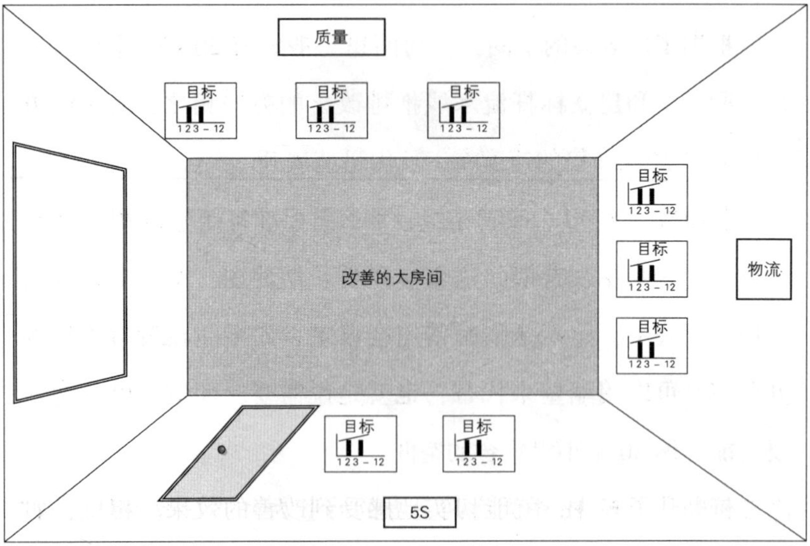

图 6–1b　改善大房间的模式图

实际的改善要如何进行呢？企业首先要对各改善小组的代表进行 TPS、5S、活性化活动等基础知识层面的培训。这些代表吸收理论知识，在培训到一定程度后，再确定改善的课题。

在初期阶段尽量不要选择太难的课题，要设定一些能获得成就感的课题，否则就没有多大意义了。

容易实现并且效果能够一目了然的课题一般是 5S 改善。无论哪一个企业，都可以先从这类课题着手。确定课题还有一个窍门，那就是尽可能地量化或者分值化。笔者采用的方式是，即使是最基本的5S也要采用打分制。最低分为1分，最高分为5分。当然也可以根据情况采用百分制。先对现状进行打分，再看3个月后、6个月后达到多少分，通过这种方式，将改善的进展可视化。

质量改善与物流改善也尽可能量化体现。比如说，在质量改善中以不合格率作为目标，制订不合格率降低的计划。而物流改善可以采用库存量来评价，例如“A流水线内有的零部件个数”等这样的具体目标。

为什么说量化方式很重要？举个例子，比如5S改善有10个小组，那么10个小组根据不同的改善效果得出不同的分数。现状是多少分、开展活动后达到多少分，通过量化，可以看出比之前提升了多少，就能切实地感受到改善的效果。相反，如果没有可以切实感受成果的数据，就没有任何意义。最开始为1.5分，两个月后为2分，就能够看出“比两个月前高了0.5分”，那么各小组就能体会到这个效果所带来的成就感。

定点观测也是一个非常有效的手段。例如，确定几个没有做好5S的地方，用照相机进行定期拍摄。确定拍摄的时间，如1个月后、3个月后、6个月后，固定拍摄的地点、角度，拍摄出变化的过程。通过照片的对比，就可以看出从最初到1个月后、3个月后努力的成果。通过这些方式，让开展改善的成员体会成就感，而上司和其他员工也能够看到并认可为了改善所做出的努力。

这些量化的成果要张贴在大房间内醒目的位置，同时企业还要创造定期发表成果的机会。

推进这样的改善会带来什么？最初的1~2个月，A小组可能会出现“成员们不配合组长”的问题，而C小组则出现了“改善的分数没有达到计划制定的目标”的问题。但是，经过2~3个月，改善的效果就会逐步显露出来。由于企业将改善效果量化并粘贴在大房间的墙壁上，上司、相关人员就能对改善情况一目了然。同时，企业也对改善的方式进行展示，小组之间就可以互相切磋、研究、竞争。出于本能，人们不愿在竞争中输给其他人，就会积极地借鉴其他小组的成功经验，自然而然地进行横向推广。在这样的过程中，员工就能越来越自发地推进改善，并在全工厂展开。

与其他小组竞争并推动改善，各个小组的集体感就能增强，更有益于组长与成员之间构筑良好的关系。成员认可组长，组长认可成员的才能，逐渐建立起互相帮助的关系。仅靠日常的流水线作业是很难产生这种集体感的。因为有了共同的改善目标，一起体验改善带来的兴奋感，才能逐渐产生这种伙伴般的集体感。

正如前文提到的，在活性化活动中，最容易着手、也最容易出效果的就是5S，与此对应的活性化活动是工序改善。笔者并不建议一开始就展开工序改善。“人与现场的活性化”是改善的基础，连这一点都没有做好的企业，要直接进行工序改善是很困难的。

企业内经常会出现这样的情况：经营管理层阅读了 TPS 的书籍，就马上开始着手进行工序改善。的确，只要成功了就能实现省人化，还能节省人工费和成本，企业利润就会增长。但仔细想想的话就会发现，这样的工序改善是经营层、管理层强制推动的，对于作业人员来说，这种改善可能占用了他们原本的工作时间。即便是上司的命令，他们也会以各种形式反抗或者视而不见，根本不会提出什么好的见解。这样的工序改善也许会有一些暂时性的效果，但由于是强制实施，只会让作业人员感到无奈和厌倦，于是对上司要求以外的改善毫无推进的积极性，也就不可能在全工厂展开了。

在丰田，通过工序改善实现省人化让作业人员脱产时，会优先选择优秀的员工。这些人并不是离开企业，而是去负责更能体会成就感的改善活动、活性化活动、难度更高的前期改善。因此，即便因为工序改善而不再参与流水线操作，员工也不必担心被辞退，而是可以从事更有挑战性的工作。所以，丰田的现场能够自发地推进改善。

人与现场并没有得到充分活性化的企业让人没有归属感，因此将人与现场的活性化作为起点是很有必要的。世界上几乎所有企业、工厂的活性化都不够充分，其根源是活性化活动完全没有得到重视。时间长了，员工对工作也就怠慢了，产生了无力感，员工的眼睛如死灰一般。在这样的情况下，首先就应该从最容易切入的活性化活动——5S 活动开始做起。

接下来笔者要讲一讲物流改善。一说起“物流”，大多数人往往会意识到是工厂外部的物流。而 TPS 中所提到的物流，其实包括工厂内的物流和工厂外的物流两部分。以前，工厂内的物流是由物流部门负责的。但随着改善活动必须结合工厂内的物流和生产工序共同考虑，因此现在由生产部负责厂内物流。目前还有很多企业，将工厂内的物流部门与生产部门分开，这样的话，在物流改善、工序改善方面，两个部门就会经常出现意见不合、利弊相左的现象。因此，更好的做法是将工厂的物流划归为生产部门统一管理的组织。

当然，或许还存在厂内物流必须由物流部门管理的情况。这时，应该让生产部门的人员加入物流改善团队。也就是说，将物流改善的各团队，变为由负责工序的生产部门、负责物流的物流部门、生产管理部门组成的混合团队。同时，由于物流改善的主体说到底还是生产部门，因此最好是由生产部门掌握主导权。

在最开始的阶段，物流改善也是比较容易开展的课题。而被称为“供应链”的物流，其最终的目标，是将从顾客到工厂的物流过程周期时间或库存减至最小。但是，一开始就在所有环节开展活动是比较困难的，因此可以从比较容易着手的工序——仓库开始。

物流改善的课题设定，也必须将目标进行数值化、指标化。

当然，改善前的现状也需要量化，并拍下照片。由于物流改善的目标难以用过程周期时间（L/T）来评价，因此可将减少仓库内的半成品（库存）数量、工序间的库存数量、流水线之间的库存数量、供应的零部件、材料数量等作为改善的目标。

物流改善初期阶段的目的是实现人员活性化，这一点是不变的。所以，实现改善目标、让员工体验成就感是企业关注的焦点。即便通过减少库存很快就能产生改善效果，但管理人员不用过于在意，而是应该重视人与现场的活性化，推进大房间的运营。

在质量改善中也有需要注意的地方。在改善一些慢性的质量不合格现象时，仅由制造部门的组长、成员来开展会遇到很多困难。这样一来，就有可能无法达到初期目标，也就不能让改善小组体会到成就感。所以，企业在将改善质量不合格作为课题时，需要特别注意如何构建实现目标的体制。

笔者在采用大房间方式进行质量改善时，不光要让质量管理部门参与进来，还要让技术部门及生产技术部门也参与其中。尤其是质量管理部门的技术员必须参与。将三个部门的人员集合起来开展活动，基本上较难的质量问题都能解决。构建实现目标的体制，是大房间方式经营管理人员的重要职责。

TPS 改善的推进方式有两种，一种是以在流水线实际操作的人员组成的团队为主进行改善，另一种是专门成立专业的改善小组，指导现场进行改善。后者需要注意：专业改善小组虽然尽全力要改善，现场人员也理解了改善的必要性，但由于现场人员并不是主体，所以往往不执行改善计划，结果导致专业改善小组和现场人员之间的关系恶化。

因此，最好的方法还是由流水线的操作人员组成的团队作为改善的核心。制造现场常常会有“要优先生产，没时间改善”的声音，因为“连生产产品都那么忙了，哪有时间搞改善”。提出这些反对声音的人，除了说服他们“开展改善，可以削减浪费的时间，生产效率提升了，就有充裕的时间了”之外，没有别的办法。

现场虽然有很多抱怨的声音，但其实时间富余得很。特别是班长、组长并不是一直都在忙于管理，他们都有空余的时间。如果要成立专业改善小组的话，让他们作为支援的角色加入进来是比较明智的选择。

笔者在进行指导时，专业改善小组通过大房间方式开展改善及管理运作的事务角色，从而避免成为改善的主体。改善主体最终还是制造部门的各团队，必须让制造部门体会到改善的成就感。而做到这一点的工具，就是改善专用大房间及专业改善小组。

改善专用大房间的长处在于可以让工厂管理变得轻松。只要到了大房间，就能一眼看出工厂整体的情况，目标达到什么程度、各个现场的活性化程度如何。对于经营管理人员而言，可以说没有比这更便捷的方式了。

大房间的墙壁上张贴着各种各样的资料、计划表、活动情况等。比如说5S相关的资料、质量改善的课题等。只要容易看清，无论是白板还是自己做的塑料板都可以。关键在于，现场改善的可视化管理板和大房间的管理板，尽可能张贴相同的内容。这样一来，经营管理人员在大房间中如果觉得有可疑的地方想要确认时，就可以直接到现场，通过现场改善的可视化管理板所张贴的资料，现地现物地进行确认。

当然，笔者自身也是运用大房间方式进行指导的，通过1~2名指导师向工厂所有人员推进TPS是不错的方法。在大房间里，员工时时刻刻都能获取各种各样的信息，还能定期发表改善成果、结合实际情况每天早上开10分钟左右的短会……大房间可以在方方面面得到运用。

大家可以更深入地思考一下大房间方式的有效性。在现场一个人工作的状态，和集合不同现场的人员到大房间进行各种讨论的状态，只要观察一段时间就会发现两者之间有明显的差异。如前文中所提到的，在大房间时，人们的大脑可以明显感觉到活性化。而且，在大房间里讨论时，站着讨论比坐着讨论的效果更好，这是从过去的经验中得出的结论。

因此，笔者大胆推测：人们自古以来就是通过来回地走动而寻找食物的。因为获取食物是维系生命的手段，所以古时候的人们都是边走边寻找食物，或者几个人一起进行狩猎。在这样的背景下，捕获猎物的状态让大脑活性化，从而使人类的大脑活性化。因此，来回走动（寻找改善目标）、捕获猎物（实现目标）的状态，就是人类大脑活性化程度最高的瞬间了。

人类不是机器，做不到时刻进行逻辑性的思考及行动。动物中最具备知性的族群——人类，具有非常深厚而丰富的感情。所以，了解人类自古以来就具备的习性和大脑运作原理并灵活运用，这一点在工作中发挥的作用十分重要。

6.2 可视化的重要性

在改善专用大房间中，“可视化”也是很重要的。“上司（经营人员、管理人员）说过的话，下属当然马上就能理解”——这么想是大错特错。即便传达了还是不明白，或者不能接受，这样的情况是非常普遍的。比如说，某个现场的目标，需要让全员理解并达成共识，上司口头解释这个目标当然重要，但仅仅这样是不够的。

事例：错误的目标设定

这是在日本企业指导的一个例子。公司的办公室内张贴了目标：“销售额+10%，利润+10%。这是20××年的目标。”企业的干部们特别自信地说：“这个目标也贴在了现场。”到了工厂之后，现场确实能看到标语。当时，笔者问现场的几位负责人：“这是企业的目标，针对这个目标，你做了些什么?”结果他们回答：“我们不知道应该做什么。”

虽然知道企业的目标是什么，却不知道自己该做什么。尽管看起来问题不大，但针对这样的目标，如果不细化为各个现场应该采取什么样的具体行动，那么企业的目标是绝对实现不了的。

要实现企业的目标，A 现场应该做出什么样的贡献？比如说，企业要增加销售额，要把加工精度控制在 10μm 以内，还要提高质量、将不合格率从 5%降低到 2%、过程周期时间缩短 20%等，必须设定与 A 现场的责任、权限相对应的具体目标。也就是要将利润提升 10%的目标，以各现场为单位来考虑如何实现。或者在某个现场，需要将工序成本降低 10%，提出了这样的目标，就要摸索实现目标的方法并实践。必须是具体到这种程度的目标，才能让现场知道如何开展行动。然而从现状来看，在现场培训成本管理并让现场实施的企业非常少。在这样的状态下，成本是降不下来的，也无法产生更多的利润。

总而言之，企业的成果是各个现场付出的努力，也就是各个现场的总和（A+B+C+D+……）。所以，企业的目标一定要转化为与各个现场密切相关的课题。转化的结果，就是各个现场的可视化目标。这类目标的实现，尽可能由现场自己行动。当然，经营人员、管理人员的支援也是必不可少的，他们需要引导现场，告诉现场人员企业的经营情况、经营环境是怎样的、目标是什么、A 现场应该怎么做才能达到目标等。

笔者观察了前文提到的这个工厂，到目前为止还没有达到 20××年的目标，张贴在厂内的目标最终也不过是画饼充饥而已。

虽然可视化工作很重要，但把整体目标分解为每一个现场都能理解的具体目标，进而转化为各个现场相关的具体课题，这一点更为关键。

大房间方式中也可以采用可视化，但绝不是像这个企业，而是制定了每一个小组能够实现的具体课题。

如**图 6–2** 描述的是可视化的管理水平，同样是可视化管理，却分为不同的层次。

中文	英语	目的	输出物
看	Look Watch	列出清单、标识	1. 标识 2. 计划与运用 3. 课题的共享不够充分 4. 每个人有自己的理解
看得见	↓ Visualization	被动管理	1. 可视化管理 2. 计划、运用、确认 3. 没有完全关闭，就当作已解决 4. 作为一个组织理解
展示给……看	↓ Quickening Visualization	能动地自发地	1. 可视化经营管理 2. PDCA循环 3. 高效地解决课题 4. 运用组织、个人的知识，深度地理解

图 6–2　可视化经营管理

①层次 1：看

这个是非常重要的，但正如前面提到的企业，这仅仅是将企业目标张贴出来而已。

②层次 2：看得见

即便推进可视化，但仍有大部分人处于被动状态，这个层次也叫做“被动管理”。

③层次 3：展示给……看

最理想的是这一层次。这是从自己向其他组织或者向上司展示的可视化。也被称作能动性的、自发的可视化管理。

由于改善开始时领导做了适当的引导，改善专用大房间可以达到第二层次的可视化，但随着活动的推进，员工渐渐地就能自发地将自己的成果、改善点主动展示出来。在这个过程中逐渐达到第三层次的话，改善活动就得到了巨大的推动，进而在全工厂展开。

第 7 章

大房间改善的具体事例

7.1 改善专用大房间——标准模式

本章将具体讲述如何运用大房间方式来改善工厂。在改善之前，首先要对工厂进行评价。这个评价并不看工厂的设备有多么现代化，是不是最新的技术，而是从前文中提到的——人与现场是否得到了活性化，活性化的成果是否显现的方面来进行评价。因此，只要工厂有人，无论哪个产业，都可以对员工、监督人员、管理人员等进行相关的评价。

具体来说，工厂整体可以按照以下项目进行评价（**图 7-1a**）。评价活性化的程度时，考虑活性化活性本身的参与人数、开展频次等也是一种方法。如果已经熟悉的话，只要看一眼工厂，就能大概知道这个工厂处于什么状态了。

①标准书；

②人、人的动作，也包括人的培训这一层含义；

③物。是指物流关系。工厂中，工序内的物流是主体；

④设备；

⑤质量；

⑥现场。

T-TPS　全球工厂评价（工厂的标杆借鉴）

确认日：200[redacted]

确认人：

·会社名：[redacted]

·生产品种：加工中心

分类		项目	判定（1~5）	内容
①标准书	作业标准类	·作业顺序书	1.0	5：已更新为最新的状态 3：已经很完善了 1：没有制定
		·作业要领书	1.0	
		·[redacted]	1.0	
		·[redacted]	1.0	
		·[redacted]	1.0	
		·[redacted]	1.0	
		平均值	1.0	
②人	人的动作	·遵守标准作业	1.0	5：标准得到遵守，得到管理 3：有一部分做得不够充分 1：未实施、无管理状态
		·作业的开始、结束很明确	1.0	
		·[redacted]	3.0	
		·[redacted]	2.0	
		·[redacted]	1.5	
		平均值	1.7	
③物	仓库存放区	·标准库存量	1.0	5：标准得到遵守，得到管理，且仔细钻研过 3：有一部分做得不够充分 1：未实施、无管理状态
		·先进先出	1.5	
		·[redacted]	2.0	
		·[redacted]	1.5	
		·[redacted]	1.0	
		平均值	1.4	
④设备	工具设备	·生产实绩管理板管理：可视化	1.0	5：得到管理，并做到了可视化 3：有一部分做得不够充分 1：未实施、无管理状态
		·生产情况管理板（安灯）：可视化	1.0	
		·[redacted]	2.0	
		·[redacted]	2.0	
		·[redacted]	1.5	
		平均值	1.5	
⑤质量	工序管理	·质量检验标准书	2.0	5：得到管理 3：有一部分做得不够充分 1：未实施、无管理状态
		·材料、加工不合格的管理	2.0	
		·[redacted]	2.0	
		·[redacted]	2.0	
		·[redacted]	1.0	
		平均值	1.8	
⑥现场	5S	·[redacted]	1.5	5：得到管理 3：有一部分做得不够充分 1：未实施、无管理状态
		·[redacted]	3.0	
		·[redacted]	1.0	
		·[redacted]	1.0	
		·操作区域整体的4S	1.5	
		平均值	1.6	
		全平均值	1.5	

图 7-1a　T-TPS 全球工厂评价

这 6 个项目用分值来进行评价，最好的评为 5 分，最差的评为 1 分。**图 7-1b** 就是在某个加工设备制造商的工厂评分的结果，像这样用雷达图来表示，一目了然。这个企业的情况是：①标准书的得分为 1.0，是最低分；而②人的方面，虽然素质都不错，但是并没有发挥人员的能力，得到了 1.7 分；③物也才得了 1.4 分，几乎所有的项目也就是 1 分多的水平。这个企业虽然也有一定的历史了，但人与现场的活性化状态却不容乐观。

T-TPS 全球工厂评价（汇总）

企业名称：[redacted]

工序名称：机械加工、组装、涂装

生产种类：加工中心

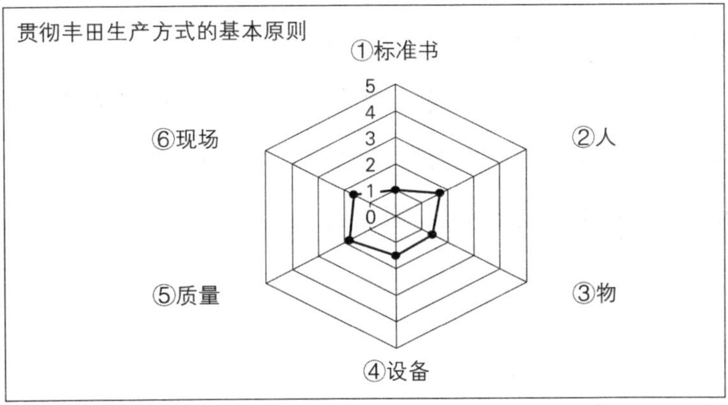

①标准书	1.0
②人	1.7
③物	1.4
④设备	1.5
⑤质量	1.8
⑥现场	1.6
平均	1.5

图 7-1b　T-TPS 全球工厂评价（汇总）

首先要让企业的干部们意识到目前的状态是怎样的。在此基础上，制定每个项目要提高到 3 分的目标。尽管企业经营了几十年，但以制造现场为主的许多部门早已陷入因循守旧的状态。因循守旧是指“没有新的刺激”“不挑战新事物”“不进步”的状态，现场也是死气沉沉，员工们的眼神犹如死灰一般。但事实上，员工们几十年来都在重复同样的事，完全感觉不到任何活力。

前文中提到，人们向新事物挑战，实践改善，进行新的尝试，就是活性化的表现。如果只是维持现状，那么部门肯定会陷入因循守旧的状态，企业也会逐渐衰落下去。

图 7-1c 是一份诊断书，要改变因循守旧的状态是非常必要的。这个企业肯定要拥有制造加工设备的优秀技能、能力，因此，提升员工的技能和能力就成为企业的目标。

（1）员工
千篇一律地重复着日常的生产工作，在工厂内感受不到员工的热情和创意。
→需要提升员工的能力及上进心。

（2）企业的方针和方向
没有明确地表述企业的方针、方向。
→需要可视化管理。

图 7-1c　从 T-TPS 观察企业的状态

关键还是在于人与现场的活性化。总而言之，员工要对新事物进行挑战，即便失败了也会获得新经验，人就会成长。这个企业制定了一个中期目标：花 3 年的时间，将 6 个项目的得分提高到 4 分（**图 7-1d**）。

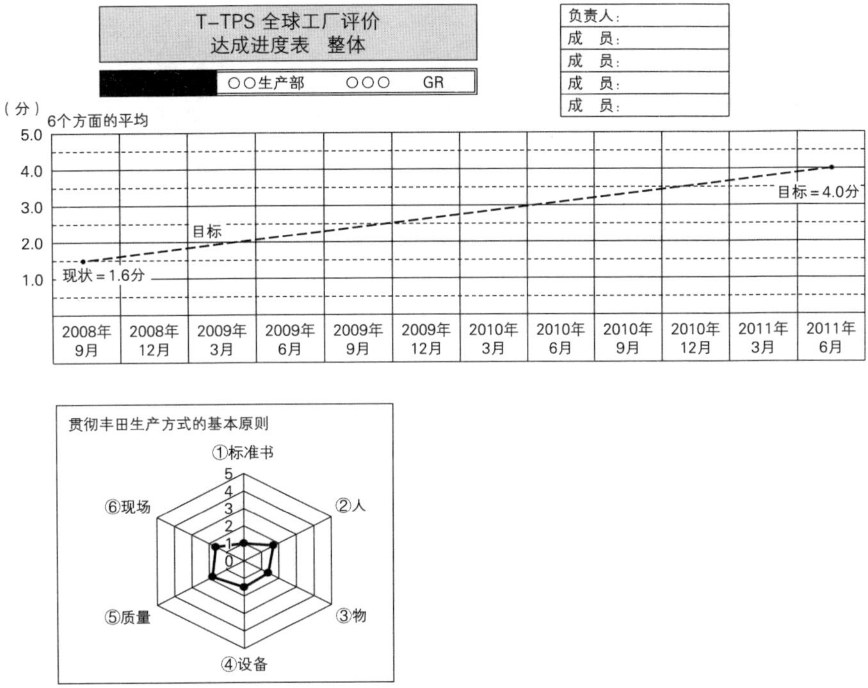

图 7-1d　改善所追求的企业姿态（整体）

既然建立了中期目标，那么作为当前目标，也要制定一年后可以实现的目标，从而制订改善计划。以 5S 的改善计划为例。在对现状的诊断中，5S 的得分是 1 分（**图 7-1e**），因此，公司制订了一年后达到 4 分的改善计划（**图 7-1f**）。此前笔者已经反复强调过：最开始要设定肯定能实现的目标。从这个角度来说，最容易实现的就是 5S 改善。**图 7-1f** 是生产部一个 B 小组的改善计划实例。B 小组目前是 1 分多的水平，要花一年的时间达到 4 分。如果觉得 4 分难以实现，也可以设定为 3 分。

TPS 5S 现状

[redacted] 生产部 B GR

现状

负责人：	
成　员：	
成　员：	
成　员：	
成　员：	
成　员：	
成　员：	

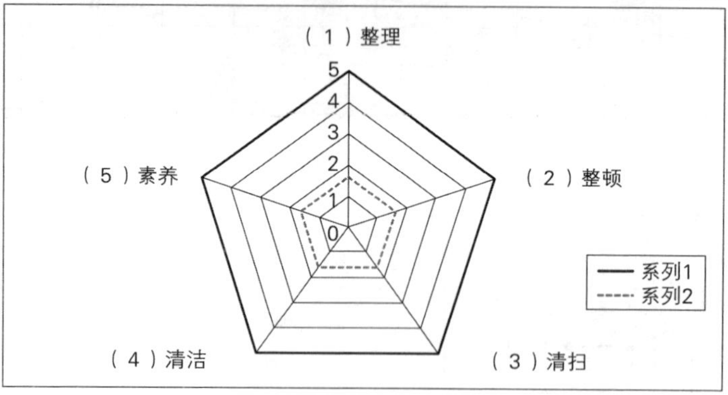

	最高分	2008年 8月
（1）整理	5	1.6
（2）整顿	5	1.6
（3）清扫	5	1.6
（4）清洁	5	1.6
（5）素养	5	1.6

图 7-1e　改善提案——5S 现状

在这样的活动中导入大房间方式的话，运营起来就容易得多。正如**图 7-1g** 所示，这是一个 5S 相关的分数确认表。对于企业、工厂来说，制作相关的确认表更贴近日常工作，同时也更符合实际情况。另外，这种情况也会发生：当 5S 实力得到提升时，那么打分的基准就要变得更加严格。在质量改善方面，同样要制定中期目标和短期目标（**图 7-1h**）。将这样的计划、目标张贴出来，就能让参与人员看到改善的主旨、情况和结果。

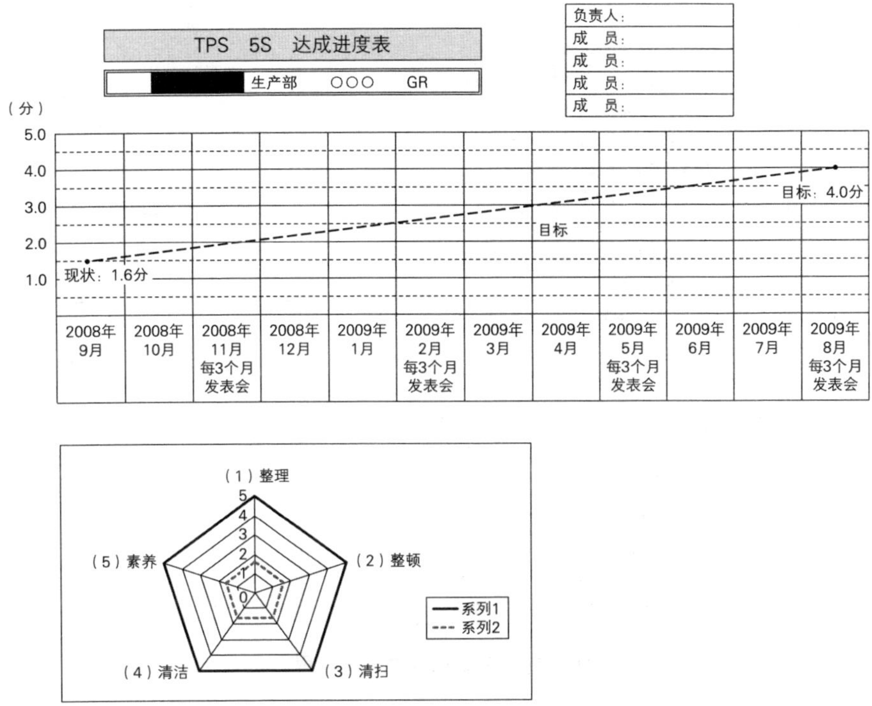

图 7-1f　TPS 改善提案——5S

改善慢性的质量不合格问题时，一般由制造部门为主体进行推进会更有效。但是如果加上生产技术部门的技术人员、质量管理部门的技术人员，以及与这个课题相关的成员，效果则会更加显著。重点是不同的部门朝着同一个目标共同协作开展活动。通过这样的活动，生产部门与生产技术部门、质量管理部门等部门间的壁垒逐渐消除。

分类	诊 断 项 目	5	4	3	2	1	0
整 理	1. 通道、货架、设备周围有没有不需要的物品						
	2. 货架、文件柜、作业台是否放了不需要的物品						
	3. 半成品存放区是否放了超出需要量的物品						
	4. 桌子里面、周围是否放了不需要的物品						
整 顿	5. 流水线胶带是否有脏污、脱落现象						
	6. 物品的存放区、管理负责人的标识是否正确						
	7. 物品是否正确地放回到原来的位置						
	8. 物品的存放方式是否正确（货架、文件柜、桌子）						
清 扫	9. 地板、通道是否有垃圾、污垢						
	10. 机械设备、集装箱、货架、垃圾箱是否有脏污						
	11. 排线等是否垂到了地面						
	12. 窗户、墙壁、门、休息室等的设施是否有污垢						
清 洁	13. 公告栏是否容易理解，并排列整齐						
	14. 物品存放区、半成品等是否一目了然						
	15. 标识是否一目了然，整体是否和谐						
	16. 整理、整顿、清扫是否得到了综合的维护						
素 养	17. 是否制定了5S相关的规则						
	18. 是否遵守企业内部的规则						
	19. 椅子、文件柜等是否按照正确的方法收拾完毕						
	20. 是否遵守整理整顿基准、清扫基准、管理基准						

图 7-1g 分数确认表（工厂用）

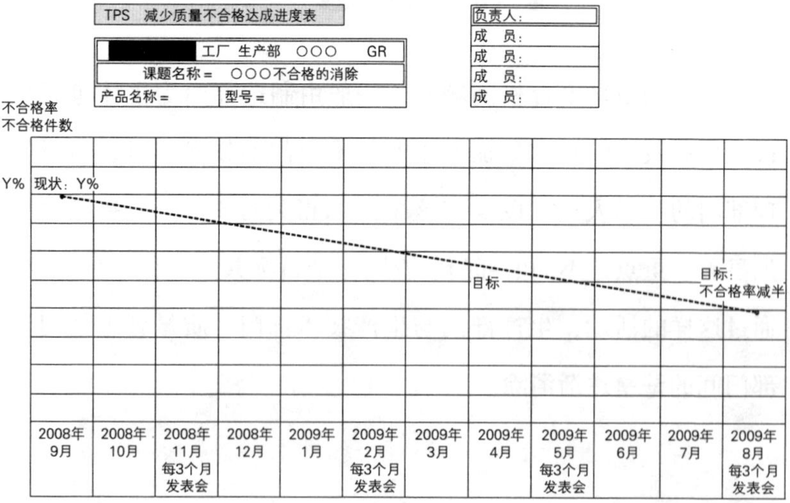

图 7-1h

很多质量问题，仅依靠制造部门的力量是无法解决的。最好的办法是抓住好的机会，在质量改善课题中，组成包含其他部门成员的小组，这样一来，大房间方式就会起到显著的效果。

质量改善有各种各样的课题，但必须都要将活动、目标等可视化、指标化。一般比较容易切入的是不合格率的降低（**图 7-1h**），或者是减少不合格的件数。将类似的要素作为指标，开展降低不合格件数、不合格率等质量方面的活性化活动。

与质量相关的设备、材料等培训当然是非常必要的，培训应该在活动中有计划地开展。质量改善不仅能在人与现场的活性化中取得效果，还能使慢性的质量不合格问题得到改善，通过减少不合格品，从而降低成本（**图 7-1i**、**图 7-1j**）。

质量改善所追求的企业整体面貌
导入TPS，通过全员参与的质量改善活动，提高员工的能力及上进心。

↓

企业的品质
企业的品牌
员工的热情
} 提升

企业的品质=员工数量×员工能力×上进心

企业的品牌=持续年限×员工数量×员工的能力×上进心

图 7-1i　质量改善所追求的企业状态

物流改善方面也是一样，不可能一下子解决所有问题，因此要集中在重点项目上。比如说，将“先进先出”作为课题开展改善。要点是要从这类容易着手的课题开始改善。

质量的改善

①全员参与型的质量改善

- 质量意识的提升·培训
- QC小团队活动
- 工序内的质量保证
- 可以自豪地展示给顾客的质量
- 质量由制造部造就
- 质量直接与顾客相关

②质量在工序内造就

- 工序的保证度诊断
- 导入QA网络

图 7-1j TPS 改善提案：质量方面

图 7-1k 的例子提出将工序内库存及工序前后库存减半作为目标。目前的库存数量是图表左侧的数值，在一年之后要将这个数量的库存减少一半。以此类推，要了解改善的推进情况及成果，关键在于必须对课题指标化，同时要对改善的计划、情况等做可视化的管理。

在改善中采用大房间方式，分数不断提高，带有趣味性。而且能和其他小组一起竞争，成就感更强，还带有游戏的性质。大脑一旦感受到这种趣味性，就会驱使个体更加投入“改善的游戏”中（**图 7-1l**）。

TPS　减少库存 达成进度表	
[redacted] 工厂　生产部　〇〇〇　GR	
课题名称＝〇〇〇库存的消除	
产品名称：	型号：
产品名称：	型号：
产品名称：	型号：

负责人：
成　员：
成　员：
成　员：
成　员：

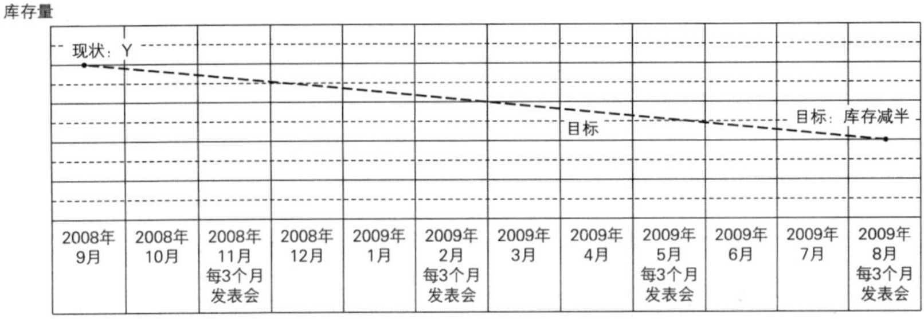

图 7-1k　改善所追求的企业状态、物流改善

物流的改善

①全员参与型的物流改善

- 物流改善及减少库存的意识提升、培训
- 物流改善活动
- 库存降低改善活动
- 设备换产时间的缩短

工序及物流是密切联系的。

原则：后工序到前工序去领取零部件。

即PULL方式

图 7-1l　TPS 改善提案：物流方面

7.2 实例1：日本精米工厂

笔者想讲一讲日本某精米企业的改善实例。这家精米工厂已有 20 多年的历史，有几十名员工。总经理希望在精米工厂做一些改善，于是笔者便开始了对该企业的指导。当初一到工厂，我就感觉到精米工厂的工作人员更倾向于维持现状，处于墨守成规的状态，而员工认为这种状态是理所当然的。

然而，现实情况是，这个工厂看起来并不像是一个食品工厂。例如，在工厂里，稻谷、米糠到处散落，而以此为食的老鼠不断繁殖，随处可见它们的粪便。当然还有各种各样的虫子，工厂内到处都可以见到它们的尸体。虽然在制成精米后，这些粪便、尸体都会被清走，但如果亲眼见到这些情景，相信没有人想买这家工厂的米。

但是，在这家精米工厂里工作的人长年都处在这样的状态中，已经习以为常了，甚至还说“这已经比其他精米工厂强多了”。因此，虽然我受总经理的委托开展指导，但最开始时大家都抱着一副“什么都不懂的家伙到底来干什么”的态度，更别提什么开诚布公的交流了。

因此，我们引入了改善专用的大房间方式，将各现场的负责人（组长）任命为改善小组的组长，并开展了 5S、TPS 的培训。也许是长时间没有接受培训的缘故，大家很渴望接受知识，热情地开始学习。就这样，我们先从 5S 改善着手。

要改变现场，指导师必须让大家意识到自己是各位的朋友、同伴。我们是与现场的人员（特别是组长）一起在现场进行改善的，共同思考，一起吃苦，和大家一同开展改善。渐渐地，大家也开始有了改变。不仅仅是组长，下属中也有一两个人拿着改善提案来与我们探讨。现场中积极推进改善活动的人变得越来越多。

图 7-2a 是精米工厂最初的状态。**图 7-2b** 是将稻谷投入精米机的地方。在将稻谷放入投放口时，作业人员也要进入投放口，而且穿着长靴进入，鞋底都是灰。虽然这很不可思议，但

图 7-2a

对他们来说却是很平常的事情（**图 7-2c**）。穿着这么脏的鞋直接踩在大米上，实在匪夷所思。而他们常年都是这么做的，并不认为有什么不妥。所以，即使老鼠跑来跑去，生产现场混杂着粪便，在他们看来也都不足为怪。

图 7-2b

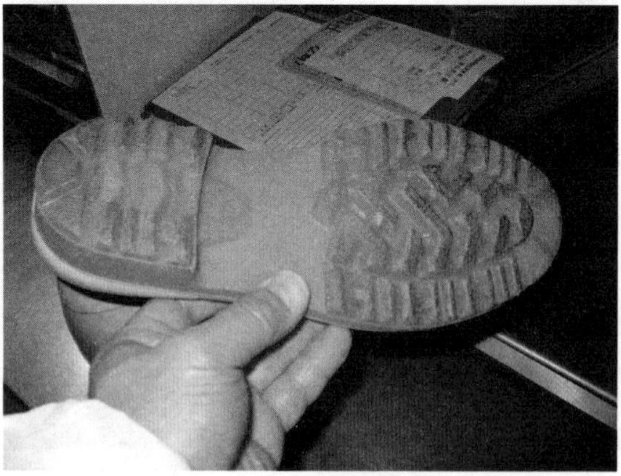

图 7-2c

图 7-2d 是笔者提供给这家精米工厂的 5S 确认表。在这个确认表中，除了 5S 以外，笔者还补充了“现场的活性化”这一课题。

5S&现场活性化活动、制造工序、诊断确认表

实施日 ______ 检查人 ______

分类			判定等级 1	2	3	4	5	备注
1S：整理	①	通道、货架、设备周围有没有不需要的物品						
	②	生产物品（米袋、米糠、集装袋）的库存是否适量						
	③	货架、操作台、抽屉里是否放有不需要的物品						
	④	操作台中是否放有不需要的物品、工具						
2S：整顿	⑤	是否划有区域线，通道、存放区是否明确						
	⑥	物品存放区域是否明确，是否有标识						
	⑦	是否在指定区域以外的地方存放物品						
	⑧	垃圾箱的分类（区分、辨别）是否正确						
3S：清扫	⑨	地板、通道操作台是否有垃圾・污垢						
	⑩	设备・工装夹具、操作台、货架等是否有污垢						
	⑪	窗户、墙壁、门、休息室等有没有污垢						
	⑫	排线等是否垂落到地面						
4S：清洁	⑬	物品存放区、生产物品种类是否一目了然						
	⑭	物品的标识、公告栏是否容易理解，并且整洁						
	⑮	现场内是否时刻保持整洁						
	⑯	整理、整顿、清扫是否得到了整体维护						
5S：素养	⑰	是否制定了5S相关的规则						
	⑱	是否定期实施4S						
	⑲	是否落实了问题的防止再发措施						
	⑳	工作现场是否容易开展工作						
现场的活性化	1	是否成为全员参与的活动						
	2	能否感受到以小组为单位进行讨论、探讨的氛围						
	3	是否有小组提出意见、申请						
	4	作为一个小组，能否感受到工作现场的变化						
	5	能否感觉到小组内的协作体制						
	6	组长是否断独专行						
	7	能否感觉到小组成员的成长						
	8	汇报内容是否与现场同步						
	9	现场是否充满朝气与活力						
	10	能否感觉到工作现场的成长						
备注事项（确认改善进度的记录事项）								

图 7-2d

接下来我们看一看现场到底做了哪些改善。制成精米以后，机器会抛出米糠，这个米糠带来了很大的问题，它使现场成为老鼠和虫子的养殖场（**图 7-2e**）。因此，笔者确定了防止米糠飞散的改善课题。虽然工人每天都在打扫现场，但却迟迟不能解决这一问题。

图 7-2e

图 7-2f 是改善前的状态。从米糠的出口到米糠袋之间是完全开放的，这就是米糠四处乱飞的原因。通过防止米糠飞散来改善工厂的脏乱，从卫生方面来说这才是彻底解决问题的措施。因此，笔者带领员工开展了各种改善的尝试。一开始是把塑料袋拿到出口的附近，把整个出口包裹起来，防止飞溅（**图 7-2g**）。

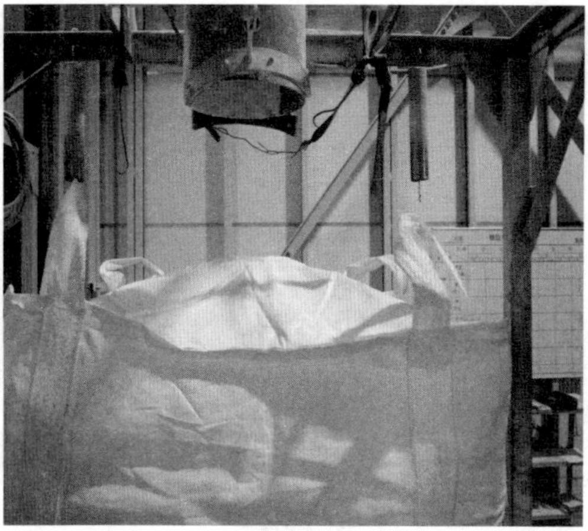

图 7-2f

图 7-2g

就这样，我们尝试了一次、两次、三次……在一次次的失败中不断地改善。**图 7-2h** 则是改善过程中进行尝试的情况，不断地尝试成了关键。最终，如**图 7-2i**、**图 7-2j** 所示，工人加强了米糠防漏措施。

图 7-2h

图 7-2i

这个改善的效果可以总结为两点：

①防止了米糠飞散（对发生源头采取措施）带来的连锁反应；

②缩短了技能人员（成员）的打扫时间。

图 7-2j

通过采用大房间方式，工人们从改善前“并不觉得工厂的脏乱是问题”的状态，渐渐地领悟到了改善的重要性。同时，通过 5S 等活动，精米工厂的人员开始有了前进的动力和热情。其结果就是切实地取得了上述效果，而精米工厂员工们的眼睛里也逐渐有了神采。

在这里，我再为大家介绍一个精米工厂的改善案例。改善的对象是将大米进行装袋的工序。**图 7-2k** 展示的是改善前的状态。用滚筒卷起来的袋子放到纸箱里，再从纸箱里拿出袋子，直接放到装袋作业的设备上。**图 7-2l** 是改善后的状态。将卷在滚筒上的袋子放到小车上，并进行整理。采取此措施，使得袋子更容易拿取，改善了操作性。

激发员工想要改善的想法很重要，只要员工有了这种想法，就能自发进行各种各样的改善。经过一年时间，这家精米工厂

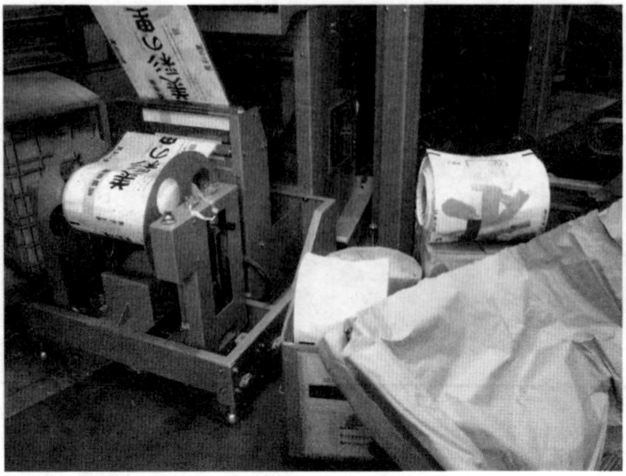

图 7-2k

图 7-2l

已经达到了可以自发进行改善的水平。虽说是一年时间，但不过是每个月接受了两次指导而已。

7.3 实例2：日本汽车零部件工厂

在本节中，笔者将为大家介绍一家员工达数百人的丰田体系二级供应商的实例。笔者曾在这家企业指导数年，目前这个工厂在 T-TPS 的“工厂实态评价指标：GBM（Global Bench Marking）”中获得 4 分，达到了相当高的水平。当然，此工厂已经在运用“看板”，实现了相当于丰田水平的 TPS。

这家企业的特征是：70%的员工是外国人，也就是说日本人只占三成，工厂中以来自巴西、秘鲁、越南的员工居多。不仅仅是这家企业，在二级、三级汽车零部件厂家中，目前的状况的确是外国人占大多数。这家企业尽管存在语言、文化差异带来的壁垒，但却达到了很高的改善水平，因此笔者将这家企业作为一个典型，在本节中为大家进行说明。

请看**图 7-3a**，大家可以参考图中零部件的保存方法（先进先出）、货架的标识方法。同时还能看出，工厂和外购零部件的厂家之间也在用看板进行运作。在日本制造业中，看板是一个非常有名的工具，但真正能运用好看板的企业少之又少。

图 7–3a

图 7–3b 是一个改善工序间移动的例子。后工序将零部件放在设备上时，如果零部件放在容易拿取的位置，操作起来就会更方便。因此，为了将前工序加工完的零部件能够轻松地搬运到后工序容易拿取的位置，工厂增加了滚轮或滑道进行改善。

图 7–3c 是改善零部件存放方式的货架例子。从箱子里拿出零部件时，如果箱子是水平放置的话，拿取零部件就不太方便。因此，为了操作时零部件处于容易拿取及操作的状态，工厂将货架进行改善，使放有零部件的箱子朝着手部的那一侧稍微向下倾斜。而且这个货架是手工制作的，通过胶管、金属扣的组合，找到最适合自己操作的位置和姿势，制作出来。如果只是从外面购买现成的货架，那么像这样的改善就不可能实现。

工序间的移动是水平的（箭头方向）

图 7-3b

使零部件倾斜，方便拿取

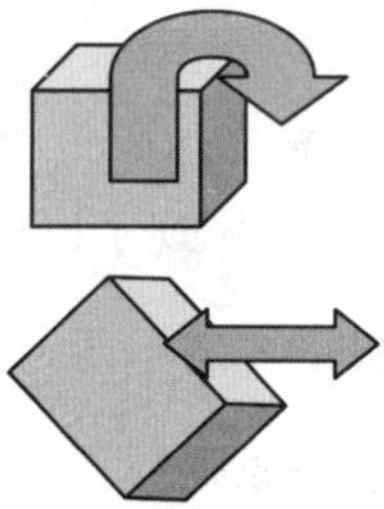

图 7-3c

图 7-3d 是“空箱回兑”的例子。“空箱回兑”是“只供应零部件”的意思。将零部件放在设备上时，一般会将零部件的箱子（叉板）供应到设备附近的零部件货架。但是，由于托盘

的放置位置不好，工人难以拿取，导致出现作业效率下降的问题。通过仅供应零部件，就不用将零部件箱搬运至设备处，而是将零部件运送到设备，改善了操作性。

图 7-3d

图 7-3e 体现了以作业人员为中心的零部件存放位置及设备布局。最重要的是要考虑什么样的动作和操作区域才是最高效的这一经济原则。

图 7-3f 展示的是一个滑道改善案例。将滑道倾斜，放入加工后的零部件，让其随着重力滑下，使后工序的作业人员能在方便的位置拿取零部件。类似这样的改善不断出现，在这样的现场中，员工和管理人员都实现了活性化。

为了实现改善，需要增加一些设备。我的建议是先用纸

移动半步（或只移动重心）就能取得零部件

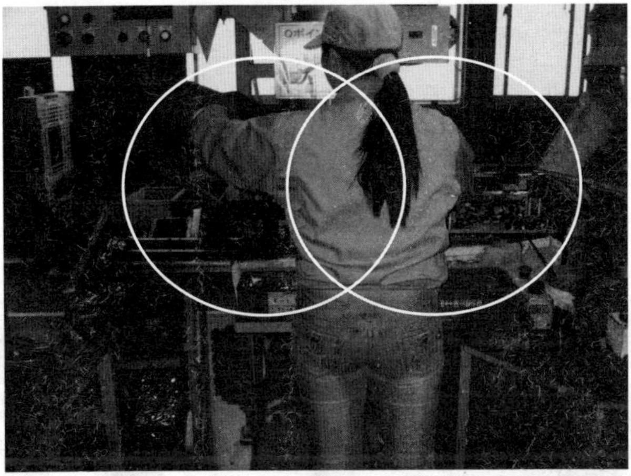

图 7-3e

图 7-3f

箱进行试制（**图 7-3g**），一是容易制作，二是成本较低。因此首先用纸箱仿造设备等测试操作性，如果操作性不好，就马上进行修改，直到操作性达到最佳。如果用纸箱，就可以用切割机、剪刀、透明胶等进行简单加工，即便失败了也不花费什么成本。直到落实了改善效果，再用钢板等制作实际使用的设备。

图 7-3g

图 7-3h 展示的是防止错件（防错）事例。通过照片引起注意，提示“这个零部件放到这个货架”，防止拿错零部件等情况的发生。还有些相似的零部件，仅用照片难以分辨，这就需要工厂考虑如何能够明确出不一样的部分。

图 7-3i 也是一个防止错件的例子。在零部件纸箱（托盘）上放入实际的零部件作为样品，用于对照。前文中曾提到，这

图 7-3h

家企业外国人占 70%，很多员工看不懂日语。当然，工厂也会用葡萄牙语等他们的母语向他们说明，但百闻不如一见，看实物显然更加直观。当时因为错件导致的质量不合格问题非常多，通过这样的改善，质量提升的效果非常显著。这既是大家勤勤恳恳的努力，也是一项有重大意义的活动。

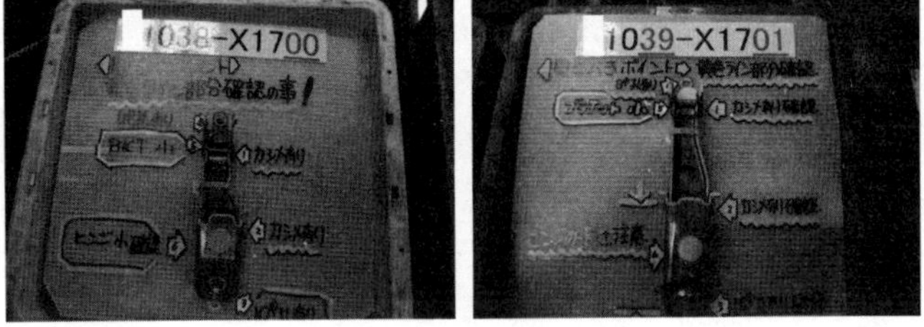

图 7-3i

这样的改善，恐怕不会出现在只由质量管理部门负责质量改善、制造部门完全不参与的普通工厂。改善的效果，正是因为制造部担负起了质量改善的责任才能够出现。

7.4 实例3：中国电子零部件制造商

本节将介绍笔者曾经指导过的一家中国企业。在一万人的工厂里，笔者选择了两部分进行指导，在这里为大家讲述其中的一个部分。包含笔者在内，当时共有两名指导师，一个月指导两周，指导时间为一年。

工厂本身非常大，与其说是现场，不如说是厂区。在宽广的土地上，分布着第一、第二、第三、第四厂区，共有一万名员工在这里工作。用两名指导师，来实现一万人规模工厂的活性化，实在是一个难度很大的项目。

因此，我们决定采用“7.1 改善专用大房间——标准模式”中介绍的方法开展工作。成立改善大房间，以全员参与为原则。然而，最开始的时候并不能在全部范围内开展，所以指导师选择了希望得到改善的现场。每个课题为 5~10 个小组，共 20 个小组。其中 10 个小组负责 5S 改善活动，质量改善活动及物流改善活动则分别有 5 个小组。

实际开展的时候，改善活动也确实是按照这个标准模式在推进的。一开始，指导师介绍了5S的改善计划及推进方式，并向大家展示了“制订这样的计划、开展此类活动、这样进行汇报”的样板。在改善的过程中，员工们也展示出极强的行动力。比如说，为了让其他人理解自己的活动情况及成果，员工做了非常认真的发表。

我们还实施了5S改善的定点观测，确定好地点，固定角度，进行拍摄。用照片展示出改善的情况，这样就能看出从一开始的状态是如何变化的，而改善相关的人自身也会有自豪感，所以效果很显著。如果只是看到某个瞬间的状态，就会认为是理所当然，那么改善就不会持续。所以，要将过去与现在的差别清晰地展示出来，要明确地看出到底是怎么变化的。

随着改善的进行，改善小组的数量渐渐增加。其他部门也要求参与，最终增加到了50个小组。当然，最初作为改善对象的现场也逐渐扩大到了其他部门。成立了50个小组以后，两名指导师已无法亲临每一个现场，因此要通过改善大房间的大体情况，对一些被视为问题的地方做重点指导。

同时，这家工厂也开始使用看板。在最初的规划中，虽然进行了看板的相关培训，但是由于当时的工厂还没达到可以使用看板的水平，因此第一年指导师不打算开展看板方面的课题。但在此期间，改善比想象中要开展得快，现场也提出了“我们要实施看板”的需求。

实际上，看板的使用对于初级人员来说是非常难的。即便懂得了原理，如果现场的水平没能达到一定高度的话，要运营看板也是不可能的事情。看板的使用，需要满足一定水准以上的条件，例如均衡化、质量不合格、设备故障率、节拍时间等。于是，笔者提出“再提高一些水平，才开始运作看板”，但他们还是希望推行看板。

因此，改善开始半年以后，这家工厂就开始引入看板。一开始导入的是连续生产时使用的看板和批量生产工序所用的看板。同时，工厂在进行零部件货架的整理时也开始使用看板，在物流仓库也开始使用看板。在各个部分都使用看板来运行产品制造。

最困难的是树脂成型工序的换产。要说出于什么目的进行改善，那就是降低库存。要减少库存，那么一次成型的批量数量就要减少，这一点在当时遭到了现场的极力反对。他们的理由是，如果一次成型的数量减少，那么生产效率就会降低。现场的人员是根据生产效率来管理的，生产效率的降低，就意味着业绩下滑。然而，如果不减少库存的数量，那么就无法降低成本，因为会产生**库存金额×（0.2~0.3）**的成本。所以，笔者当时提议：我们并不直接减少库存，而是先缩短换产时间。

树脂成型要通过更换模具来生产不同的零部件。在这个工厂，更换一个模具需要 1~2 个小时，于是指导师制订了缩短 20~30 分钟的改善计划，并开始实施。由于需要对设备等进行改造，需要花费精力、时间和金钱，所以最开始选定一条流水线作为换产的改善对象，改善到一定程度以后，就推广到这条流水线以外的树脂成型工序。首先是 2 台，然后是 10 一台，最后逐渐增加到 93 台。

换产时间逐渐缩短，而各种零部件的生产线也开始显现相应的效果。因此，在第二阶段开始改变批量的大小。当初遭到强烈反对的课题，由于换产时间的缩短，即便减少批量的大小，生产效率也并没有降低。所以，我们说服大家一定要实施这样的改善，而库存数量也得以减少。

跟模具相关的保全部门以及换模部门也开展了各种各样的改善，有工具改善、5S 改善等。这些改善使得成型设备本身、定位、紧固方法等都得到了改良。同时，工厂还加入了这样的改善：将模具放入成型机，能够马上实现精准定位。

在上述过程中，先以全员参与的 5S 改善活动作为起点，再让改善活动扩展到工厂全体。这样的活动帮助工厂实现了整体的活性化，同时还开展了层次更高的看板导入、换产时间缩短之类的活动。用一年的时间就达到这样的水平，其成果超出了笔者的预测。而且这不是在日本本土，而是一个中国的工厂。在日本以外的国家同样能进行如此高水平的改善，这出乎笔者的意料。

笔者仔细观察改善活动为什么能在这家中国工厂进展得如此顺利时，终于发现了原因：参与改善的人们乐在其中。在日常的生产中，没有变化就没有乐趣，员工渐渐地也就墨守成规了。改善是对新工作的挑战，还可以逐渐让大家感受到工作的价值。而且改善成功后，分数和业绩都能得到提升，员工在众人面前进行汇报时还能得到上司、指导师的褒扬。在这个过程中，大家自己渐渐地喜欢上改善的工作，改善的水平也越来越高。

最开始，笔者在和企业高层面谈时曾提到“在第一年，希望不要考虑通过成本降低和 TPS 改善要赚取多少利润”。因为比起利润，员工和现场监督人员的活性化才是前提，因此第一年的目的是活性化。一旦实现了活性化，那么真正意义上的降低质量不合格、成本降低都能实现。所以，第一年的改善活动是在高层承诺不以赚钱为目的的前提下开展的。但是，活动一开展，成本降低的效果也就随之产生了。最初的规划是用一年的时间使质量不合格减半，没想到实际开展时 3 个月就达到了减半，半年就达到了 1/4 的水平，带来的直接结果是在一年以后，工厂降低了几亿元的成本，而库存也减少到了原来的 1/3~1/2。

如果有企业希望进行改善的话，就请运用改善大房间的方式，这对管理人员来说也是一种方便管理的方法。改善小组相互协作、相互竞争，使得参与人员得到活性化。采用计分制，使得改善成为一种游戏，不同的小组相互竞赛，既有趣又能让员工体会到成就感。当然，其中也会有艰辛，但正因为有艰辛，员工才能体会到改善的价值。

7.5 实例4：俄罗斯零部件企业

我曾经指导过俄罗斯的某家国有企业。这家企业位于离莫斯科飞行时间为一小时的城市，是一家汽车零部件制造商，主要业务是向俄罗斯国营汽车制造商供应内饰零部件。而在这家零部件企业，我们导入了 T-TPS。

在此之前，笔者已在日本企业、中国企业、美国企业导入 T-TPS，并取得了一些不错的成绩。当初笔者来到这家俄罗斯企业时，企业的干部们已经通过书本学习了 TPS（在英语中，称 Lean Production），也尝试实践过，但苦于没有实现什么成果。他们把市面上的 TPS 书籍都阅读过了，具备相当丰富的知识，但这和笔者在日本常常看到的经营人员一样，读了 20 本 TPS 的书，在脑海中是理解了，却不知道如何实践。

这家俄罗斯企业探求的是市场经济的方式，而不是过去国有企业的经营方式。美国的经营方式、欧洲的经营方式、中国的经营方式、日本的经营方式，到底哪个更值得学习呢？俄罗斯的大部分国有企业都在探索这个问题。

这家企业实现了民营化后，正式向市场经济的世界踏出了一步，而笔者也因此得到对这家企业进行改革的机会，将此前一直孕育的 T-TPS 付诸实践，并让员工们开展实践活动。

在笔者指导后一年的时间里，这家企业有了巨大的变化，现在还导入了看板方式。这在俄罗斯企业中，除了丰田体系以外的企业还是第一家。

第 8 章

全球工厂评价体系“GBM”

8.1 T-TPS的工厂评价方法

要正确把握工厂的实力，需要参照标准作业进行评价。笔者为了从T-TPS的角度出发评价世界各地的工厂，编制了“工厂的实际状态评价指标GBM（Global Bench Marking）”这一评价体系。

编写这一标准的契机在于TPS指导师要对世界上各种各样的工厂进行评价，然而这些工厂的实力水平非常低。而常年在丰田实践TPS的人，只要看一眼工厂，就能知道其实力是什么水平。然而，对于在非丰田系工厂工作的人来说，即便告诉他“水平太低了”，他们也无法理解到底是基于什么样的基准进行评价的。

如果是我的话，用一个小时观察海外工厂，通常就能在规模很大的工厂里发现几百个问题。工厂的规模越大，问题的数量必然就越多。

有一点希望读者不要误会：并不是花费极大的成本采购了最新设备的工厂，评价就会很高，反而是能看出员工花费了努力、流下了汗水的工厂，得分往往比较高。也就是说，人与现场活性化程度的高低才是评价的基准，虽然活性化程度是个很抽象的指标，但活性化的结果其实能直接在工厂里体现出来。

8.2 工厂评价表

笔者制作了“全球工厂评价表”，对世界的工厂进行评价。全球工厂评价表的评价项目分为以下 6 个：

①现场活性化

②标准书

③人

④物流

⑤设备

⑥质量

这六个项目可以再进行细分，采取 1~5 分的评分制。**图 8-2a** 则是详细的全球工厂评价表。

使用这个全球工厂评价表，就能知道工厂的实力。这样一来，此前用感官看到的工厂水平，就可以分成六个项目进行量化评价，再将评分结果用**图 8-2b** 的雷达图来表示，就能一目了然地看出工厂的实力情况。

确认日：

确认人：

工厂：

生产种类：

丰田工程技术（株式会社）

分类		项目	评分（1～5）	内容
①现场活性化	5S可视化	整理、整顿、清扫、清洁、素养		5：现场管理、整备得很好，有朝气 3：进行了很好的管理 1：无管理状态
		生产管理板、工序安灯		
		定位停止生产线・节拍器		
		信息栏		
		现场的改善情况		
		平均值		
②标准书	作业标准类	作业步骤书		5：时常保持最新状态 3：有配备 1：没有指定
		作业要领书		
		标准作业票		
		标准作业组合票		
		山积表		
		（分工序能力表）		
		平均值		
③人	人的动作	标准作业的遵守		5：标准得到遵守、管理，并持续钻研改善 3：有一部分不够充分 1：未实施、无管理状态
		排除浪费作业		
		穿着使用护具		
		推进多能工化		
		人才培养（培训），包含新人培训		
		平均值		
④物流	存放区物	接收零部件		5：得到管理、可视化 3：一部分做得不够充分 1：未完善、无管理状态
		先进先出		
		标准库存、标准在制品数量		
		向工序进行零部件供应的标准化		
		钻研库存削减		
		平均值		
⑤设备	道具设备	设备整体的4S、日常保全		5：有管理、有下功夫钻研 3：一部分做得不够充分 1：未实施、无管理状态
		设备故障的记录、防止再发活动		
		工序的流动化（一个流、同期化）		
		换产时间的缩短		
		均衡化生产		
		平均值		
⑥质量	工序管理	钻研如何在工序内保证质量		5：得到管理 3：一部分做得不够充分 1：未实施、无管理状态
		材料、加工不良的管理		
		防止再发活动的彻底实施		
		QC小团队		
		质量月报、质量会议		
		平均值		
		整体平均值	0	

图 8-2a　T-TPS 全球工厂评价表

工厂：

工序名称：

生产种类：

确认人姓名：

Toyota Engineering Co.

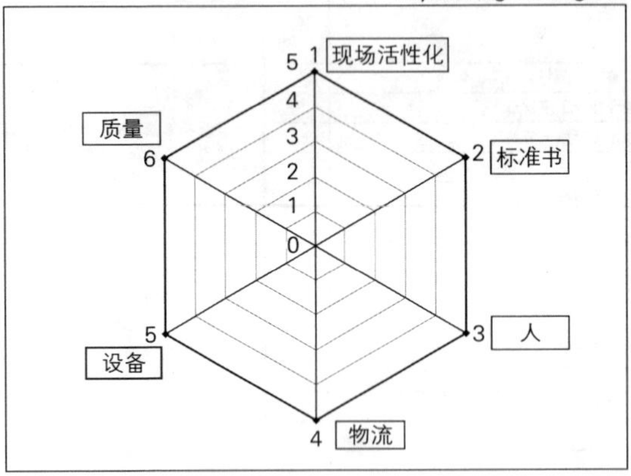

①现场活性化	
②标准书	
③人	
④物流	
⑤设备	
⑥质量	
平均	

图 8-2b　T-TPS 全球工厂评价表（总结表）

8.3 全球工厂的实际状态

笔者运用全球工厂评价表，对美国、中国、韩国，包括日本在内的世界各地工厂开展了评分，结果如**图 8-3** 所示，大部分是 1 分左右。通过这个评分，我们可以明确看出各国制造业的实力。过去是日本“老师”的美国，现在的工厂实力水平也非常低，达到 2 分的工厂很少，基本上是 1 分；中国的工厂也全部都在 1 分左右；韩国工厂虽然很流行学习 TPS，但也仅仅是纸上谈兵，基本上都是 1 分。

虽然如此，日本工厂的得分也并不高，只有很少的一部分在 3 分以上。比较突出的是丰田以及丰田系的零部件供应商，几乎都在 4 分左右。

如果在这个“全球工厂评价表”中获得 3 分以上，那么这个工厂便可以被称为“世界一流的工厂”，GBM 分数则体现了制造业的综合实力。

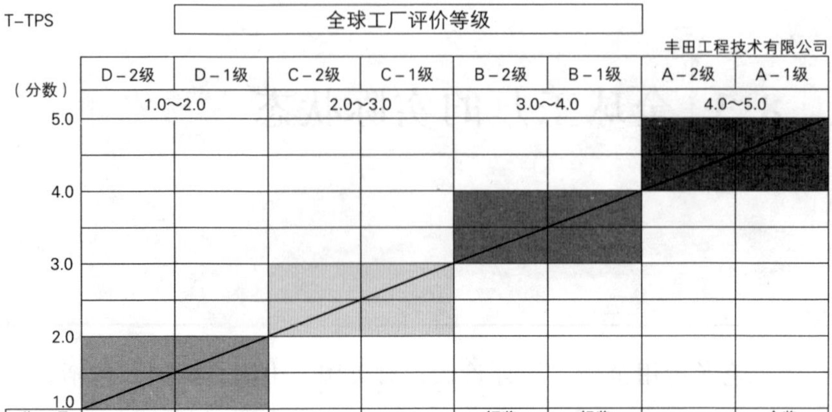

奖项	D－2级	D－1级	C－2级	C－1级	B－2级	B－1级	A－2级	A－1级
					铜奖	银奖		金奖
美国	美国制造业大部分企业	二轮车产业、电气产业	美国制造业一部分企业	飞机产业				
韩国	韩国制造业大部分企业	汽车零部件行业	韩国制造业一部分企业	汽车零部件产业				
日本	日本制造业大部分企业	电气、机械……	日本制造业一部分企业	电气、汽车	日本制造业一部分	汽车零部件	日本制造业一部分（丰田系统）	汽车及零部件
中国	中国制造业大部分企业	电气、机械……						

图 8-3　世界工厂水平

8.4 评价后所追求的目标

通过运用 GBM，我们能明确看出工厂的实力到底处于什么水平。如果目前是 1 分的话，那么长期方针最好是定在达到 3 分以上；如果已经达到 3 分以上，工厂就实现了活性化，可以进行各种各样的改善、成本降低、质量改善、物流改善等。

开展提高 GBM 分数的活动，工厂将会逐步得到改善，员工也会感到喜悦，并更加积极地推动改善工作。在这个评价体系中得分不足 3 分的企业和工厂，要以超过 3 分为目标。实现了这个目标，就能够成为优秀的工厂。

同时，通过雷达图和 GBM，我们可以看出工厂的优势和劣势，还能看出工厂的体质，即企业的“DNA”。

重点改善六个项目中分数特别低的项目也是一种方法。提高一个项目的得分，其他项目也会随之提升。原因在于：以提高某个项目得分为目标展开活动，那么现场的活性化水平也会提高。

在把握现状的基础上，企业首先应制订活性计划，之后再制订改善的计划，因此 GBM 评价的结果既是对工厂的检验诊断，还能够以此为基础制订“治疗方案”，即活性化计划，然后进一步制订改善计划(**图 8-4**）。

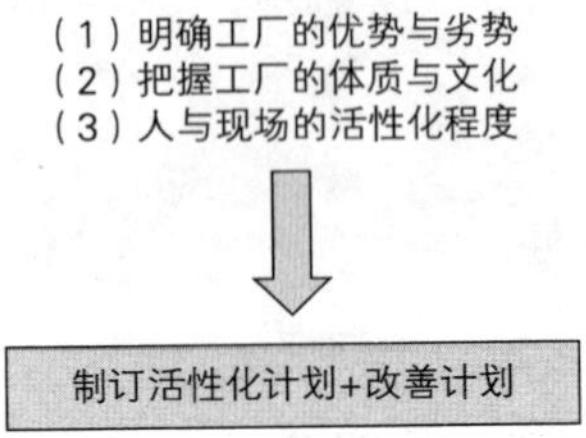

图 8-4　评价后所追求的目标

第 9 章

前期改善

第9章

[illegible]

9.1 前期改善是什么

前期改善（Kaizen in Advance）由以下5项活动组成：

①SE（Simultaneous Engineering）活动；

②质量保证活动；

③生产准备活动；

④制造准备活动；

⑤活性化活动（生产活动、TPS改善、降低成本）。

丰田把前期改善称为“生产准备活动”或者“制造准备活动”。过去的TPS是在生产开始以后才指出“这里有问题”“要改善设备”“要改变布局”等各种问题，然后再进行改善。

以生产线的布局为例。为了方便画图纸，多数的生产线被设计为直线形，但是直线形生产线往往无法灵活对应节拍时间的变化。因此在量产后，工厂常常将直线形生产线改造为柔性更高的U形或圆形。虽然通过改善使生产线更具备柔性，但仔细想想，如果在生产开始前就设计成这样的布局，就无须事后再做改善了。

生产开始前有以下 3 个步骤：

①产品的设计开发阶段；

②生产准备阶段（生产线的工序规划和设备配置、设计、设备筹备阶段）；

③制造准备阶段。

由于涉及工序和设备，因此生产线布局属于上述第二项——生产准备阶段的范畴。在这个阶段，制造部门向负责生产准备的生产技术部提出需求书，称为“PPC（Pre Product Check，需求书）”。PPC 是指在设计开发之前，制造部门向设计部门提出产品市场需求的制度，此后发展为各个部门针对本部门前工序提出的需求书。

在第二阶段中，如果按照 U 形或者圆形布局的生产线进行工序规划、设备布局，就可以避免在生产中特地停下生产来进行改造，同时还可以避免花费昂贵的成本。在接下来的制造准备阶段中，员工集中讨论规划的布局是否合理，并进行修改。

“制造准备阶段”是丰田用语，是指生产准备及量产之间的过渡阶段。在这一阶段，要进行质量、操作性等相关的准备和确认，笔者将会在后面作详细介绍。

前期改善的相关活动包括前文提到的五项。本章将重点讨论①~④，⑤活性化活动的相关内容请参照上册第 4 章。

在生产开始前就提前进行各方面的改善，这样就能在生产开始后节约大量的设备备件改造费。现在的丰田，通过前期改善降低成本，比开始生产后再进行改善的比例更高。而前期改善，也能够实现质量提升。

前期改善的概念，如**图 9-1** 所示，右侧圆圈内的部分是过去的 TPS。旧有 TPS 是生产开始后才进行改善，因此只有现地（生产线）、现物（产品等）是改善的对象。

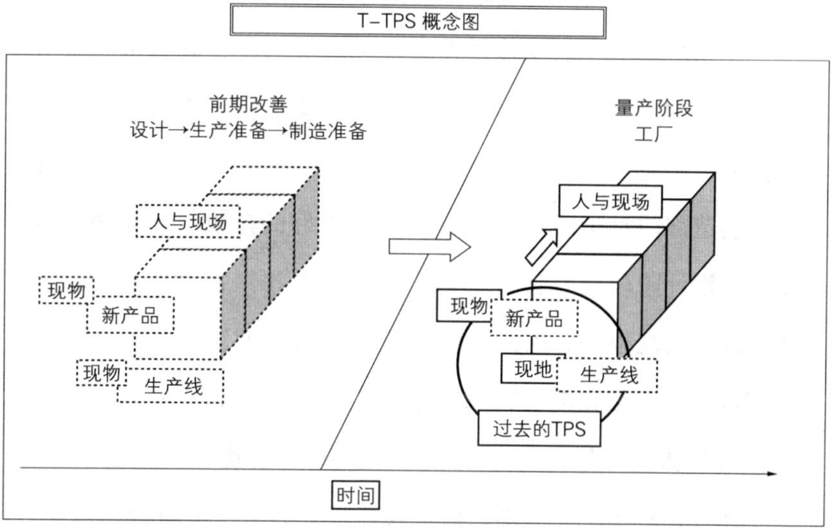

图 9-1　前期改善概念图

与之相对，T-TPS 在右侧圆圈内的量产阶段中主要开展的是以人与现场为对象的活性化活动以及其他改善活动。同时，如**图 9-1** 的左侧所示，在生产开始前的设计阶段就进行前期改善（设计、生产准备、制造准备等各阶段的改善）。

综合来看，T-TPS 囊括了图中左侧的“设计阶段改善”和右侧的“人与现场活性化活动”。实际上，前期改善的效果非常显著，最近丰田也逐渐将更多的精力用在前期改善上。

丰田开始致力于前期改善，也是由于 TPS 改善。生产开始后，制造部在进行 TPS 改善时发现质量、成本降低等改善活动有很多是必须追溯到设计阶段才能解决的，仅靠制造部的努力会遇到瓶颈，必须向设计部门反馈才能开展改善。

比如组装工序的操作性差，发生质量问题，制造部想尽办法也无法防止质量不合格现象的发生。要从根本上解决质量不合格的产生原因（即操作性问题），就需要更改设计图纸。再比如，制造部门对于降低成本提出了非常好的建议，但是该建议如果在设计阶段没有体现的话，就难以取得经济性的效果。类似这样的情况很多。因此制作改善需求书（即制造部的 PPC）、将制造部的意见和需求归纳起来向设计人员提出、在设计图纸中将这些意见和需求融入进去……这样的活动逐渐开展起来。

此外，对于工序规划、设备设计阶段的生产准备部门来说，由于量产以后故障很多，因此他们希望能改良设备。如果在量产之后再改良，那就要花费高昂的设备改造费用，而且到设备改良完毕的这段时间内，设备还会频繁停机。因此，制造部梳理了此前的问题点、改善点，向负责工序规划、设备设计的部门——生产技术部提交需求书（PPC）。

另外，生产技术部也可以从设备设计的观点提出相同的意见，以 PPC 形式向设计研发部门进行提案，使意见反馈到设计中。此后，质量相关的部门也开展了同样的活动。

以上述活动为契机，设计开发部门也会积极地对应各个部门提出的 PPC。使此项活动进一步发展的体系便是 SE 活动。

9.2 SE 活动

SE 活动是一种实现整车开发与设计业务高效运作的手法。在丰田，不仅仅是各部门的设计人员，生产技术部门、质量相关部门、制造部的人员都要参与 SE 活动。除了企业内部，企业外的零部件企业等相关人员也要加入。而使得 SE 活动高效开展的方式便是“开发的大房间方式”。

开发的大房间方式是非常高效的方法，可以缩短开发阶段的时间，大幅削减设计变更次数，还能帮助提升质量。如果要详细讲述这种方式的话，恐怕一本书也讲不完。因此，本书将从生产部门的视点来对 SE 活动进行介绍。

如**图 9-2a** 所示，量产开始的时间设定为 0，从“-18 个月”到“0 个月”进行的改善是前期改善。因此，大约在“-18 个月”的时候，PPC 活动开始。

在此期间的活动中，主要有以下 5 个项目：

①PPC 活动和结构探讨；

②DR（Design · Review）活动；

③VA（Value · Analysis）、VE（Value · Engineering）活动；

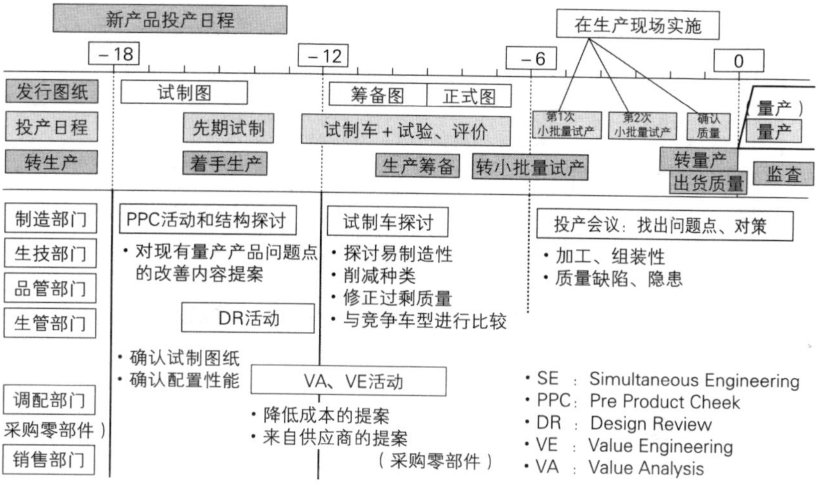

图 9-2a　SE 活动（面向设计部门）

④试制车探讨活动；

⑤投产会议。

其中①PPC 活动，是指对现在生产的产品质量、操作性、降低成本等问题进行改善提案。这一阶段的改善方案将会成为设计图的基础，生产技术部门和制造部门将会进行全方位的讨论（**图 9-2b**、**图 9-2c**）。

②DR 活动则是图纸讨论会。例如：制造部的意见 PPC 有没有体现在图纸里，新的设计会不会产生新的质量问题或者给现场的操作带来难度等（**图 9-2d**、**图 9-2e**）。

③VA、VE 活动，指的是在图纸阶段的降低成本活动。在生产中，制造部的各级别责任人（组长、班长）都要对各自负责的

	提出的项目	措施	结果
1	发动机室内零部件布局的通用化	通过ABS措施等，除了一部分以外，通用化已实现	○
2	右・左方向盘的零部件通用化	除了本体之外，已实现通用化 （投资额▲1.6亿日元）	○
3	无门汽车的模块构造通用化 （目前的量产车型由于在海外工厂生产，其构造分为两部分）	除了本体之外，已实现通用化 （投资额▲1.6亿日元）	○
4	手工焊接的点焊位置用油性笔做记号 （在少量生产的海外工厂中，防止漏焊）	在结构上可以做记号的部位已经采用 （实施率85%）	○
5	设定点焊的焊点数量目标	量产车型vs其他车型，进行比较，合理规定焊点数量	○
6	紧固车门中，采用自动调心的螺栓	海外工厂也确定实施无门对策	○

对活动结果进行评价和反省，使改善反映到后续项目中，这一点与提高设计品质紧密相关。

图 9-2b　车身提出项目的落实情况汇总（例）

- 生产准备部门、制造部门作为主体，对冲压/车身/涂装/组装等加工的难易程度进行判断，探讨最具操作性、确保质量，容易实现稳定性，尽可能降低成本的结构，并体现在设计图纸中。
- 这是一项全球性的活动，探讨的对象工厂，除了国内工厂，还包括海外工厂。

结合需求，让海外工厂的负责人、国内外主要零部件厂家也参与进来，这样的柔性运营很有必要。

图 9-2c　整车结构探讨

生产线开展日常的成本管理和成本降低活动。在这些业务中所获取的成本降低相关经验和知识要反馈给设计部门（**图 9-2f**）。

④试制车探讨活动，指的是将①到③阶段活动中进行提案，并体现在图纸的内容，通过实际的试制零部件或者整车进行确认。在图纸上难以理解的内容，也可以运用试制品进行明确讨论。由制造部组装零部件，制作试制车进行讨论。不过，随着当今CAD、CED 等软件的发展，工厂可以将三维图纸图像化，即便没

DR活动、图纸完善程度提升

（以设计变更减为零作为目标）

提升设计图纸的完善度，为后工序——生产准备能够着手开展，而不断修改、完善图纸的各种活动。

往往由于设计不够时间：
⇒在图纸还不完善时，就着手开始进行生产准备
⇒在中途阶段进行设计变更
⇒产生多余的费用（生产准备工时、投资额等）
⇒产生时间的损耗
⇒形成综合完善度很低的流水线

产品图纸决定综合成本

图 9-2d

在图纸探讨的各个阶段，对于提出的问题，探讨对策后，便输出下列的成果。然而，在正式图纸发布的阶段，新提案增加了80个，其中有50个是遗留问题。

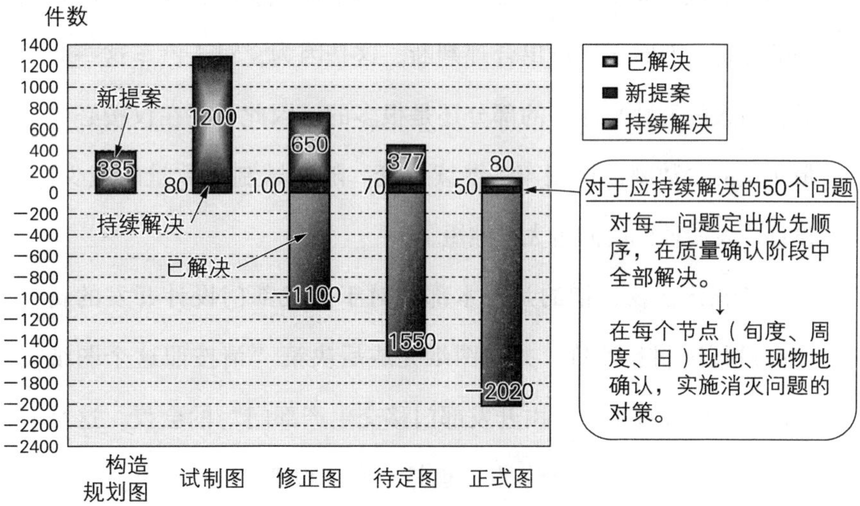

图 9-2e　提出项目的落实情况

（成本降低的实例）白车身结构探讨的着眼点

- 零部件的组合会不会过于勉强（作业性、安全性）
- 零部件数量是否能够削减
- 零部件是否可以一体化
- 焊点&焊接长度是否可以削减
- 涂装的ED涂料&隔水性是否得到确保
- 是否有需要新加工技术的零部件

注意点

由于经常出现各工序的利害会成反比，因此要进行效果与损失的对比来做出判断

图 9-2f

有试制车也可以对很多项目进行探讨。这一现象带来的结果就是试制车的数量非常少。但是如果完全不采用试制车，仅依靠电脑中的评价，有时无法做出合理判断。这是因为，对于汽车这一商品，由人的五感来评价的部分还是很多的。因此，现在仅按必要最小量的台数制作试制车，继续讨论。随着试制车数量的减少，设计研发阶段的时间也大幅缩短了。

⑤投产会议，指的是技术部门对于开发部门设计开发的新产品进行试制和评价，并在图纸完成后决策“请按照这个图纸（正式图）进行生产，由开发部门移交生产部门”的会议。这是新产品开发完成的一个节点，也是一个里程碑。

上述 SE 活动，如**图 9-2g** 所示，是在“SE 大房间”里进行的。SE 大房间是由一个开发设计部门的新车型综合负责人 CE

（Chief Engineer）来主持的。大会议室中聚集了车辆策划部门、设计部门、生产准备部门及制造部门等，并分整车各部分的总成（零部件的集合体），对整车构造、设计、成本、质量等问题进行讨论。

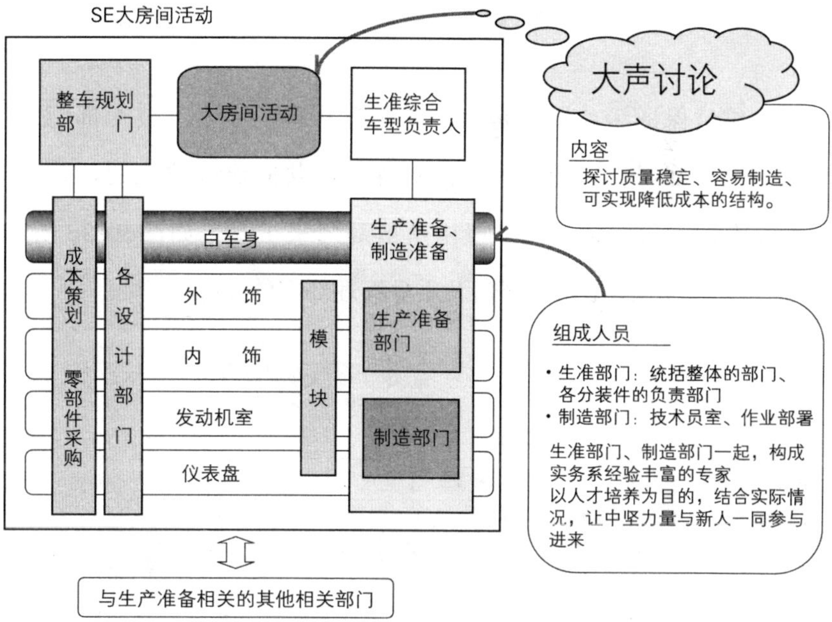

图 9-2g　SE 大房间活动

过去，从开始研发到生产开始大约需要超过 36 个月的时间。而现在，随着 CAD、CED 等软件的进步，再加上 SE 大房间活动的开展，现在仅用 18 个月就可以进入生产了，根据车型的不同，有时候只需要一年左右。

9.3 质量保证活动

质量保证活动指的是生产（制造）部门、生产技术部门、质量保证部门、质量管理部门等各部门共同保证质量的活动。全企业的质量保证活动一般由质量部门来主管，如**图 9-3a** 所示，展示的是质量保证部门及质量管理部门的业务。

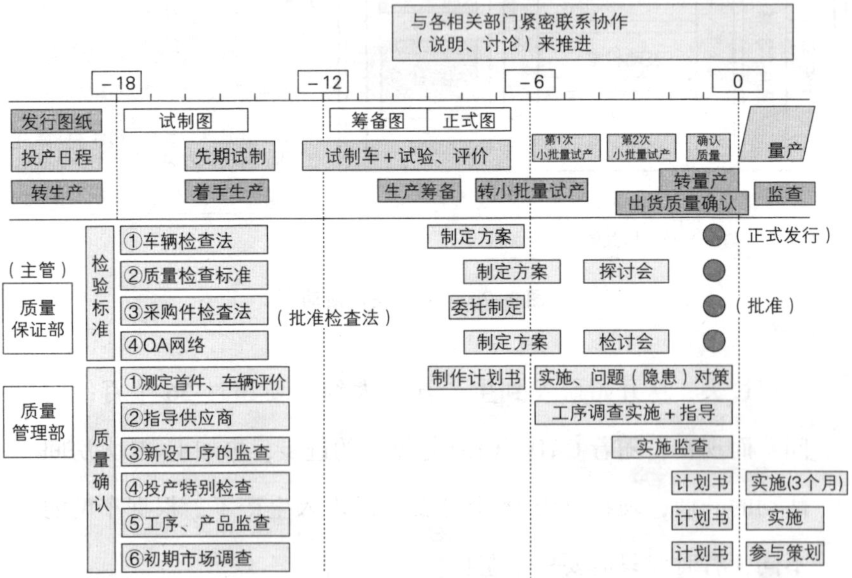

图 9-3a　质量保证活动

质量保证活动中聚集了车辆策划部门、设计部门、生产准备部门及制造部门等，并分整车各部分的总成（零部件的集合体），对整车构造、设计、成本、质量等问题进行讨论。质量保证以各工序的“自工序完结”为原则，因此在各工序各自的质量保证活动非常重要。质量指的是制造质量（设计质量 & 制造质量）和工作质量（工作价值）的综合。设计工序的生产技术部和制造部如果能把“确保质量是本职工作，质量保证活动是让自己和现场活性化的活动”升华到各员工都有所意识的层次，那就再好不过了（**图 9-3b**）。

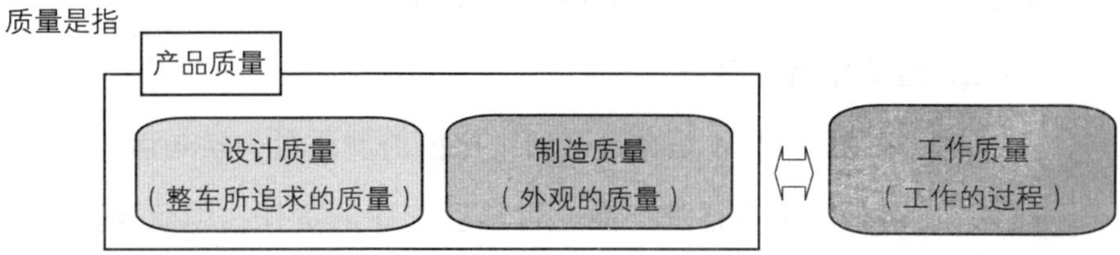

图 9-3b　质量的定义

车身（车体）生产准备阶段的质量保证活动

我们来看一看车身（车体）生产准备中的质量保证活动。如**图 9-3c** 所示，①是生产准备基本计划书，之后为保证车身工序的质量，制定②质量规划。

1. 在工序内造就质量

笔者在上册第 3 章“质量保证”中介绍过，在质量在工序内造就的 T-TPS 思路前提下，生产技术部和制造部制造保证质

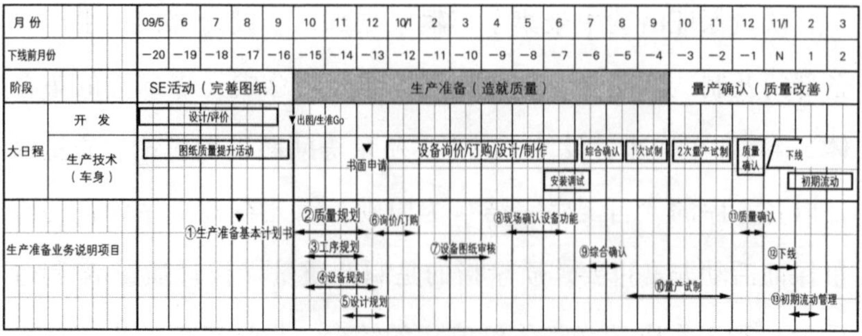

图 9-3c 整车车身生产准备阶段中的质量保证活动

量的工序及设备。制造部在制造工序的生产准备阶段，提出制造阶段质量相关的 PPC（此前生产中的问题点、改善项目中应反馈的项目），在工序和设备规划的阶段中展开。

2. 后工序就是客户

自工序完结的根本是在自己的工序内造就质量。换句话说，前工序有着把质量合格的产品交付给后工序的责任，因此要把后工序当做客户，尽可能地去满足其需要。

车辆的生产工序基本由冲压、装焊、涂装、总装组成。关于质量计划的确定，要充分横向连接各工序间，在进行必要的报告、联络、商讨的同时开展各自的工作（**图 9-3d**）。

3. 自工序完结的质量保证

自工序完结有两方面：①不制造质量不合格的产品；②将保证了质量和精度的产品提供给后工序。

如**图 9-3e** 所示，车身工序有着很多工位。各工序以及各分装工序（各工序中再进行拆分的工序，或者是零部件），以产品

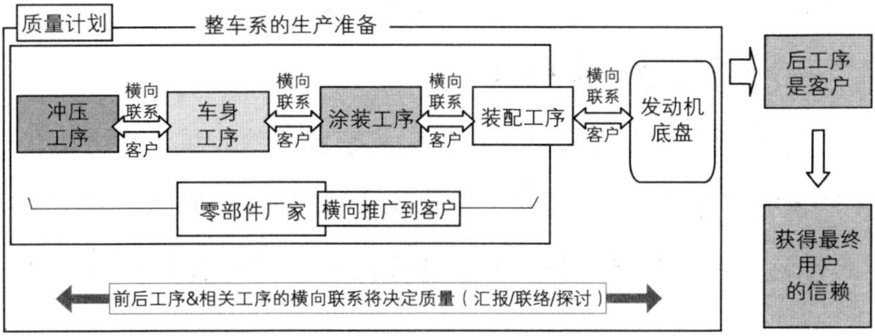

图 9-3d

组装的程度为单位保证质量，而后工序的涂装、组装的质量信息也会反馈过来，实现车身的质量目标。另外，工序内精度及分装精度的保障系统内有各种方法，比如说定时或者定量（定批量）的抽检、根据产品的重要度有时也实施全数检验。

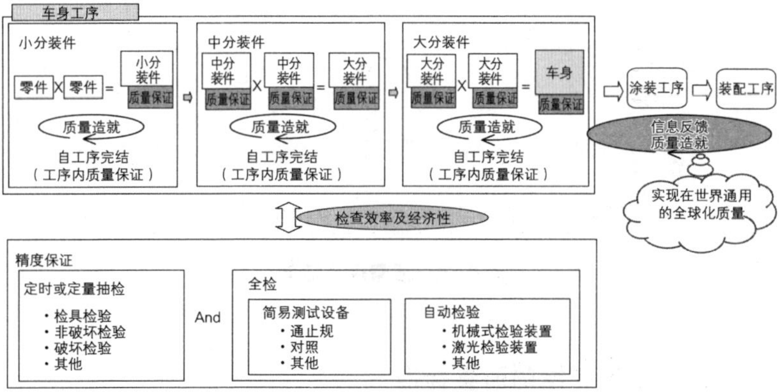

图 9-3e　车身工序的质量保证活动

检验精度的方法囊括了简易检验的设备和自动检验设备等，

范围很广，需要考虑如何最高效地配合使用。

4. 车身质量的检查项目

这里所说的车身质量指的是完成涂装后的质量。车身质量(冲压零部件质量、分装质量）的好坏将会极大地影响到车身的外观，因此在制作整车时，各部门需要实施各种探讨（**图9-3f**)。

车身质量检查项目

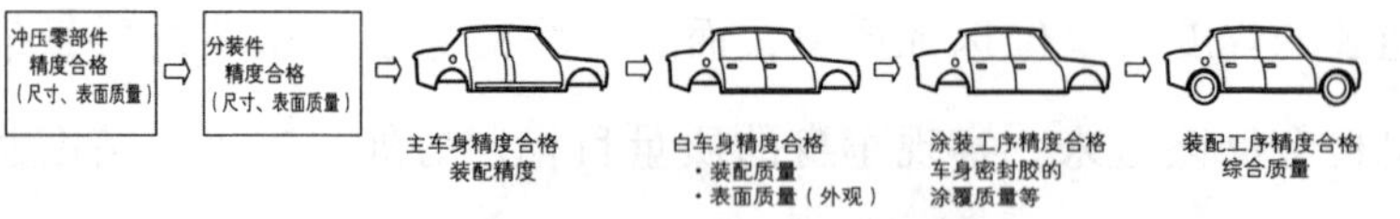

探讨项目

	质量探讨项目	内容	对象部位
1	合板质量	铁板贴合（合板）部分的贴合情况	①表面 ②边界 ③背切的干涉 ④板的缝隙
2	外观质量	贴合部分的褶皱等整车状态的外观	⑤棱线的 ⑥法兰超出 ⑦点焊的毛刺
3	密封胶涂覆质量	车身密封胶涂覆部位的法兰部分、间隙量	开孔、脱胶、涂装作业性
4	装配质量	外板仪表板装配部位的缝隙段差等	⑧缝隙偏差 ⑨表面段差
5	表面质量	外板仪表板的表面状态	⑩表面变形 ⑪准外板面的褶皱・凹凸

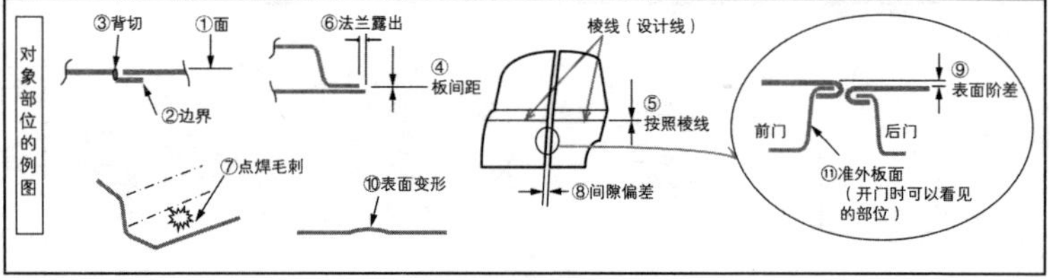

图 9-3f　质量保证活动

5. 自工序完结的质量标准

质量标准指的是在自身工序内和构成零部件设定的质量标准，丰田称之为“质量标准书”。“质量标准书”明确了冲压件、分装件（构成零部件）的产品精度，因此在造就质量中具有要规定单件的精度，确定公差以保证前后的配合，这就是质量标准。

例如，冲压时对铁板进行塑性加工，加工成产品的形状，至于如何才能减少弹性回复，使产品更接近正确的尺寸，这是一种经验。要完全消除弹性回复，可以大量增加工序数量（2~4个工序），但投资冲压的模具要花费几亿日元。因此，对于冲压工序无法完全消除的弹性，工厂采用在车身工序中焊接冲压件时进行校正的方法。但是焊接（点焊、氩弧焊）的热度又会使分装件发生形状变化，因此还存在与冲压配合时难以确保尺寸的问题。而描述冲压件、分装件等各公差的文件，称为冲压件质量标准书、分装件质量标准书（**图9-3g**）。

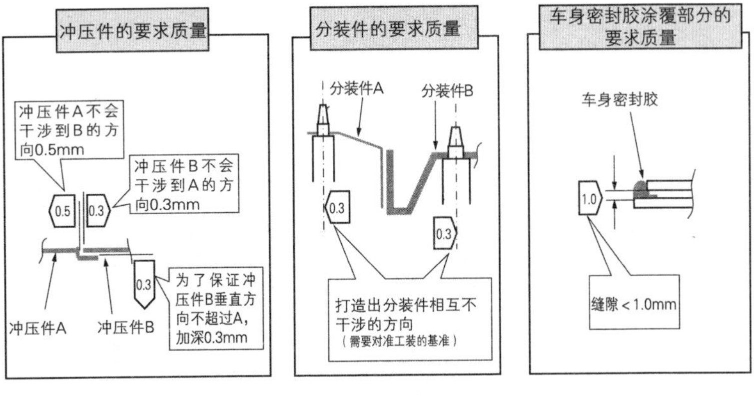

图9-3g　“合板的质量标准”的思路

6. 制造准备阶段的质量保证

在制造准备阶段中，以制造部为主体评价准备中的工序

（4M：Material，材料；Machine，设备；Men，人；Method，方法）是否保证了质量。如果出现问题，就要进行改善活动——量产试制（试量产）。在试量产中，要使用准备中的量产生产线、设备和近似于量产的零部件，实际制作产品，然后对制作出来的产品，从不同的角度进行评价和检验。

由于要确保稳定的质量需要标准作业，因此在这个阶段需要制定标准作业流程。为了制定标准作业要反复讨论布局（设备、零部件的布局）并加以改善，制定接近于最佳状态的标准作业，培训并训练作业人员。

9.4 生产准备活动

1. 生产技术（生产准备业务）和制造技术（制造准备业务）

生产准备业务（生产技术）指的是在开始制造新产品的时候，作为生产方式根基的工作（**图9-4a**），与制造准备业务（制造技术）一样，对制造工厂来说都是非常重要的业务。

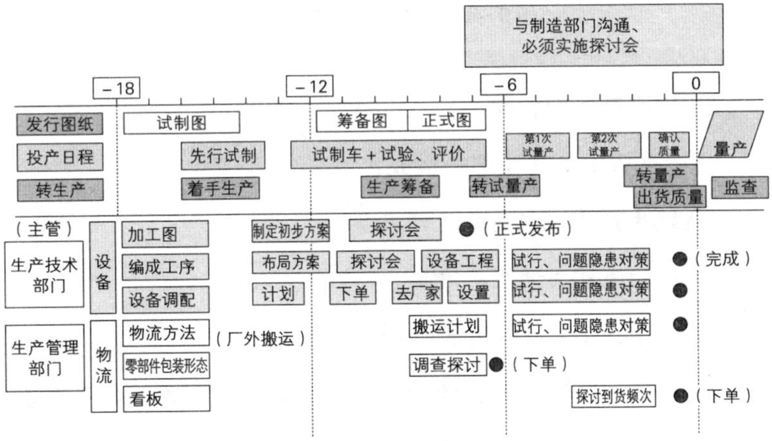

图9-4a　生产准备活动

生产技术和制造技术就如同汽车的车轮一样（**图9-4b**）。

为了实现好的设备、好的工序、好的质量等目标，生产技术部门和制造部门要互相配合，共同构筑一条较完善的生产线。因此，即便在生产准备阶段，工厂的人员（制造部的员工、保全人员、技术员）作为车轮的一侧，也要推进业务的展开。

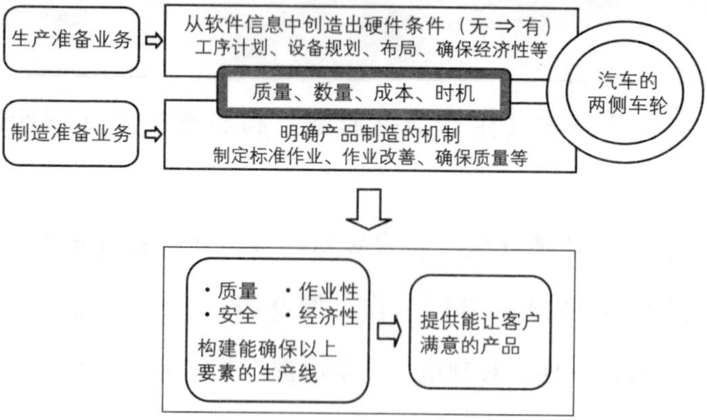

图 9-4b　生产技术与制造技术

2. 生产准备的种类

生产准备由下述 3 部分构成：

（A）生产管理相关的生产准备。

（B）物流相关的生产准备。

（C）生产工序、生产设备的生产准备。

（A）的生产管理相关的生产准备业务由以下 4 个项目构成：

①生产企划（内制、外协、国内、国外的生产分担、最优的生产方法）。

②从新车型开发到生产为止的准备日程计划和进度管理。

③生产工厂、各条生产线、各种原材料的供应、各个零部件（内制、外协）的生产计划。

④要构建把握生产指令及实绩等生产信息的管理机制。活用IT系统（Assembling Line Control）、准备看板等。

（B）的物流相关的生产准备业务由下述项目构成：

①工厂外的物流准备（原材料及零部件的供给和接收准备、向产品经销店进行供应的物流准备）；

②向海外供应产品及零部件的物流准备；

③各个工厂间的物流准备；

④各个工序内及各个工序间的物流准备。

关于（C）生产工序、生产设备的生产准备业务，笔者将在后面的部分进行讲解。

生产准备业务与生产管理部门、物流部门、采购部门、制造部门、质量保证部门等密切相关，还与作为上游工序的设计开发部门、外部的零部件企业、设备企业也有着密切的联系。如果这些部门之间能够切实地密切配合，那么生产准备、制造准备就会取得很大的成果。但是，据笔者调查，能够真正做到上述要求的企业无论在日本国内还是其他国家都非常少。因此要在世界范围的竞争中取胜，企业就要加强各个部门之间的密切联系与配合，尽早构建一条追求质量、数量、成本的生产线（**图9-4c**）。

接下来，我将对（C）生产工序、生产设备的生产准备进行

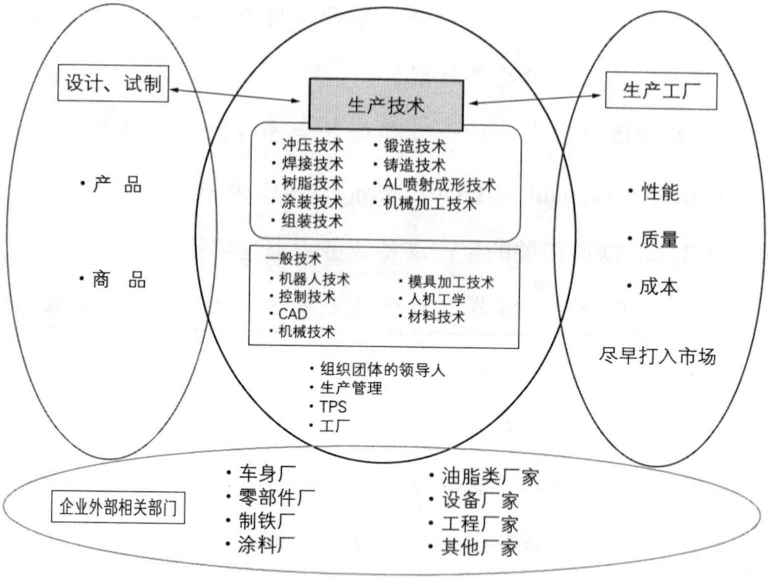

图 9-4c 设备计划

说明。该业务由生产技术部门负责，被称为“生产技术”，探讨的是冲压加工技术、铸造技术等全方位的技术组合，形成工序。有时还会开发新的生产技术，还有相应的设备。

业务内容由以下 5 个项目构成：

（1）工序规划。

（2）设备规划。

（3）设备筹备计划。

（4）质量标准的设定。为了保证质量，要设定各工序的质量标准。

（5）生产管理相关、物流相关的设备装置的准备，产品的多种多样化的推进，这就导致一条生产线会有多种（100种左右）生产种类和生产规格。

下面笔者将对（1）和（2）进行详细说明。

（1）工序规划

工厂生产线的规划决定了产品的质量、数量、成本。而庞大的设备投资金额和企业的运营有着密切的联系。正因为如此，完善决定产品质量、数量、成本的生产线和现场就很有必要。

（A）生产准备基本计划

首先，从生产准备基本计划（Production Design）开始就要对主要的重要事项制订计划。生产技术部门的工作，需要同是“车轮”的制造部门配合才能顺利进行，对生产线的布局也要双方共同探讨。

①上游工序：设计开发的信息

在T-TPS中，设计开发阶段的SE活动非常重要。通过SE活动，生产技术部和制造部收集新产品的新技术、新结构等生产准备、制造准备所需要的信息。

②制定生产线基本规划方案

以产品的设计开发阶段的信息（图纸、技术信息等）为基础，追寻生产线过去问题点的原因，制定对策，建立生产线的基本规划。要对问题点进行调查、比较、汇总，例如质量问题，生产数量方面阻碍稼动率的要因分析、生产准备日程中延迟的分析和采取对策等。此外，对旧有的工厂、生产线问题，通过

TPS 已经改善的项目（制造部提出的 PPC）也要包含在基本规划里。

③质量保证

“质量保证活动”一节中已经说明，即在生产工序中造就质量，追求的是保证质量的工序。

④生产成本的计算、成本的分析及成本规划（产品在型号切换期间）

设备投资额度的降低、人工费用的降低、原材料费用的降低等，要考虑工厂整体的成本，并追求改造出使之最小化的生产线。

⑤生产量的完成

把生产线的能力作为中期生产计划来考虑，但是计划毕竟只是一个预测，企业需要经常考虑到计划的变动，在出现变动时生产线能够根据生产数量灵活应变。生产线的这种柔性要在制造准备阶段进行试验和确认。

⑥确定生产准备日程计划

对于生产准备日程的决定，要和过去的生产线以及老产品的生产准备日程进行对比并加以讨论，尽可能地缩短准备日程。

（B）实施工序规划

从 4M（Material、Machine、Men、Method）的角度探讨，编制工序规划书。其中要明确原材料和零部件的使用、作业方法及作业时间，此外还要明确使用的设备和检具。

(2) 设备规划

设备规划指的是根据生产规模（生产数量、节拍时间、单班还是双班生产），按照下述步骤推进（**图 9-4d**）：

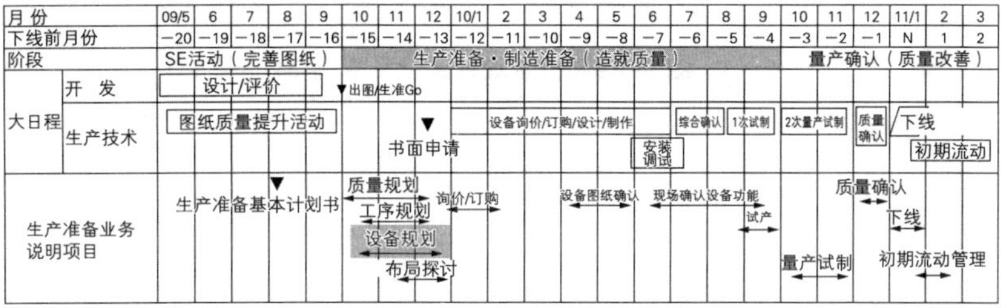

图 9-4d　设备规划

· 计算节拍时间。

· 规划加工成本最低，安全，易于操作，在保证质量的同时还不出故障的设备。

· 结合日程，适时采购。

由于车身生产线是由众多的设备构成的，因此如何进行优化组合就是一个很关键的问题（**图 9-4e**）。专用设备指的是对象工序专用的设备，仅用于一种产品。通用化设备指的是考虑了更换产品的设备，通过简单的改造就能使用。通用设备一般是市面上销售的标准设备。

图 9-4e　设备规划及设备构成

9.5 制造准备活动

在丰田，制造准备活动是由制造部来负责的。这曾经是生产技术部的工作，但如果由生产技术部主导展开制造准备的话，制造部在生产开始后就会发现很多问题，只能被动地采取对策。因此，丰田制造部开始致力于上游工作，即制造准备活动。

在生产开始之前的制造准备阶段，制造部就发现问题，不断地开展改善活动的话，制造部的能力和经验也会得到提升。随着制造部自身能力的提升，以前由生产技术部负责的工作由制造部全面接手（**图9-5a**）。

制造部的工作总结起来由两个部分组成：(1) 对上游部门的事前改善；(2) 制造部本部门的工作。

(1) 对上游部门的事前改善又由以下3个项目构成：

①SE活动

②质量保证活动

③生产准备活动

(2) 制造部本部门的工作由以下两项构成：

④制造准备活动

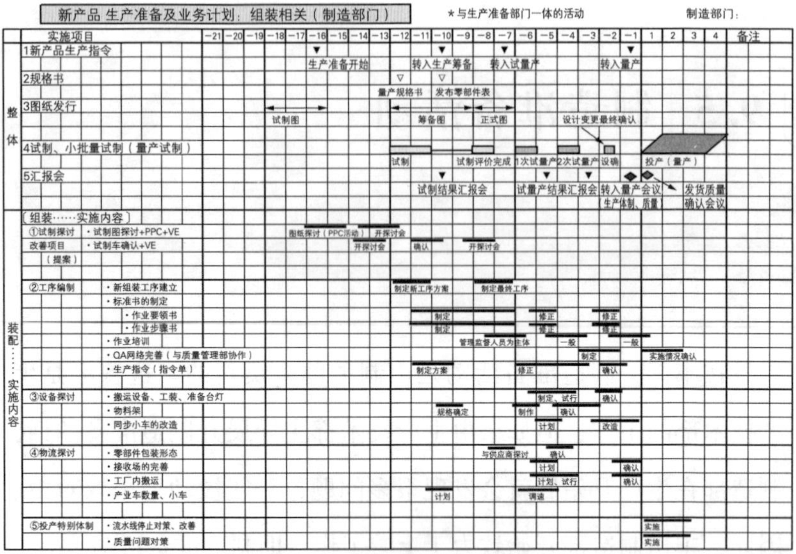

图 9-5a　制造准备业务计划表

⑤成本管理及降低成本

①～⑤项合起来称为“前期改善”。其中，①～③对制造部来说，是对上游部门的事前改善，而④和⑤是制造部自己的本职工作。

而③和④又统称为“生产准备活动”或者“生产准备”。正如前文所提到的，③生产准备与④制造准备正如汽车的两边车轮，缺一不可。

接下来围绕④制造准备活动进行介绍（**图 9-5b**）。制造准备活动由以下 10 个项目构成：

1. 生产准备人员的确定和生产准备业务团队的组建

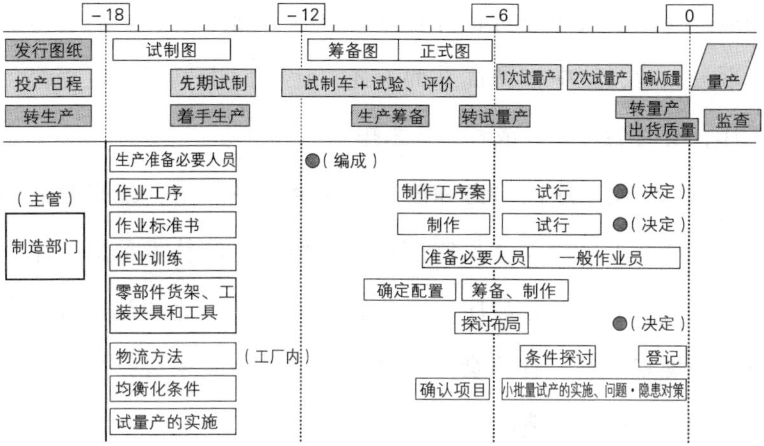

图 9-5b　制造准备活动

2. 作业工序的检讨和改善、确定工序

3. 作业标准书的探讨和编制

4. 实施作业培训

5. 制作货架和工装

6. 工厂内物流方法的确定，物流相关的备件、设备的制作

7. 均衡化条件（对生产管理部门提出作业工时的均衡化条件）

8. 试生产的实施（实施试量产）

9. 布局和工序的检讨及改善

10. 成本管理

其中，“1. 生产准备人员的确定和生产准备业务团队的组建”是要确保制造部门需要的生产准备和制造准备阶段的人员。

制造部在流水线中进行各种各样的改善，通过改善以后会节省一部分人员，从中抽调优秀的人才，让他们去负责难度更高的工作，有时会由班长或者组长来担当。

“2. 作业工序的检讨和改善、确定工序”中，如果是总装工序，那么工序规划就是制造部的工作。生产技术部的技术员往往无法合理地组合顺序，因此如果由熟知作业的制造部来负责工序规划的话，往往会事半功倍。就拿组装来说，生产准备阶段的工作也是制造部的工作。

在“3. 作业标准书的探讨和编制”到“8. 试生产的实施（实施试量产）”的阶段，制造部门通过实施试生产（量产试制），确立标准作业。试生产的工作有以下几项：

· 试生产日程计划与试生产步骤的制定（制定作业训练计划、物流计划）

· 质量要领书的编制

· 零部件和半成品、完成品的精度解析及对策指示

· 作业性与生产性、安全性的改善（零部件布局、设备、工具的作业性改善）

· 标准作业的探讨、改善、标准作业要领书的制定

· 量产试制的实施（质量确认与对策）

· 试生产结果的总结、评价

· 作业的训练和练习

保全相关的制造准备业务指的是工程筹备基本规划和工程

筹备计划的制订，实施下列内容：

·各种工序的筹备：指导安装调整、机械手调试、托盘·零部件架的筹备、生产指令的筹备

·保全计划：保全教育、设备的使用方法等培训的实施、点检指南、确认表的制定

·保全培训训练计划：保全组长培训，制定保全的基础培训计划

·设备备件：确立设备备件的管理方法

在制造准备阶段中，保全部门需要确认保全性，并致力于保全性的提升。此外，为了确认设备的可靠性、耐久性，有时候还需要实施设备的耐久度测试（500次）。

制造准备阶段的业务职责还包括进入量产前的确认，使进入量产后，质量、生产量等都不出问题，因此要进行前期改善。以下项目便是这个阶段所要做的工作：

①确认质量，即质量提高、改善；

②提高生产效率及生产量；

③确认成本和实施降低成本活动；

④确认其他生产所需要的准备；

⑤人才的培养与训练。

比起生产开始后再进行改善，这个阶段所进行的改善内容能够带来更显著的效果。对于质量保证而言，这也是至关重要的改善，丰田往往在这个阶段倾注很大的人力和物力，这个阶

段的工作以制造部为核心完成，当然生产技术部、质量管理部、技术部会进行支援，企业的各组织也会互相配合。

9. “布局和工序的检讨及改善”中，首先要考虑在生产量波动的情况下，以下项目如何展开：

①能够实行标准作业的生产线：反复操作；

②作业性好的生产线：作业点的凹凸等；

③没有停滞的生产线；

④实现少人化的生产线；

⑤考虑到信息传递的生产线：消除自动化设备的壁垒；

⑥考虑到搬运的生产线：空身搬运等；

⑦能够在工序内造就质量的生产线；

⑧考虑到保全性的生产线；

⑨考虑到安全、卫生问题的生产线。

生产线的布局一旦确定，再更改的话需要大量的时间和巨额费用。因此在设定布局之前，要从工序规划、设备规划的内容中制定出多种方案，在与相关部门进行协调的基础上，选出最优的方案。

探讨生产线布局的要点有以下几项：

（1）能够实行标准作业的生产线

这样的布局要以人的动作为中心，没有浪费的工作步骤，还要考虑到“标准持有量”，且能进行高效生产。标准持有量指的是可以反复按照同一作业顺序和动作完成操作，在工序内持有的最少限度的在制品。

(2) 能实现物体不停滞流动的生产线

这样的生产线能使人和物体毫无障碍、流畅且有节奏地移动。同时还考虑到工装的布局。

(3) 少人化生产线

在布局设备、布局工序的时候，要避免孤岛的出现。因为还要考虑到通过作业改善而削减人员，所以要推动实现工序和人员的集约化。

孤岛式布局

孤岛式布局会使作业人员的间距拉长，因此难以进行作业组合，无法实现少人化。

A 分装线~D 分装线的生产工序

如**图 9-5c** 所示，这是供应主干线的分装线，各分装线之间并没有横向的联结，各自都是独立的工序。

集中化布局

首先要把人和工序集中起来（**图 9-5d**），其结果是带来了如下效果：

· 增加作业组合的自由度

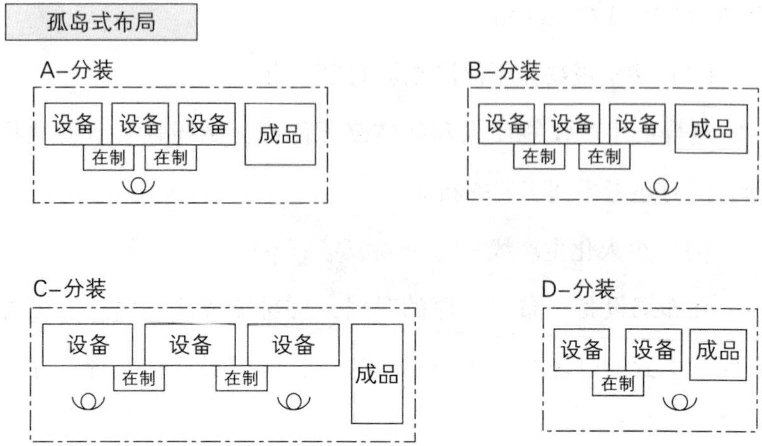

图 9-5c

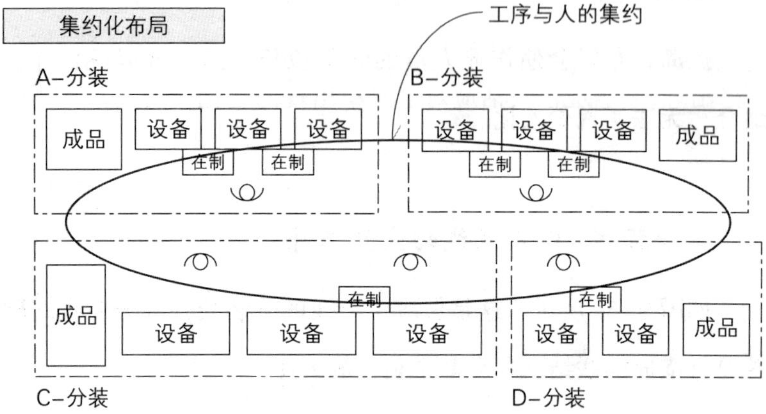

图 9-5d

· 保证各种改善作业的顺利进行

· 可以期待少人化带来的效果

· 能灵活对应生产量变化带来的循环时间变更

（4）在工序内造就质量

出现异常时，生产线可以马上停止，确保不合格品不流出到后工序。其中还融入了工序内的防呆与防错机制。

（5）良好的保全性

在设备出现故障时，要保证有足够的空间来进行保全对应（保全人员的动作范围、大型零部件的更换）。

（6）保证安全性

实施相应的保证安全对策，不仅是作业人员，即便是通道行人、搬运人员等碰到设备也不会受伤。

（7）避免设备的固定化布局

设备如果被固定的话（例如被埋在地下，在搬动的时候需要挖出来），就无法灵活应对生产中出现的变化。因此在布局设备的时候要考虑到设备的可移动性。

下面笔者将介绍一下基本的布局实例。

①U形布局

容易应对生产台数的变动（**图9-5e**）。

②通过两台设备进行对应

生产量多的情况下，有时候需要同时配置两条相同设备的流水线（**图9-5f**）。

③自动化设备的混合布局

将作业区域集约化，实现少人化（**图9-5g**）。

“10. 成本管理”是制造部的主要业务，因为改善的成果要通

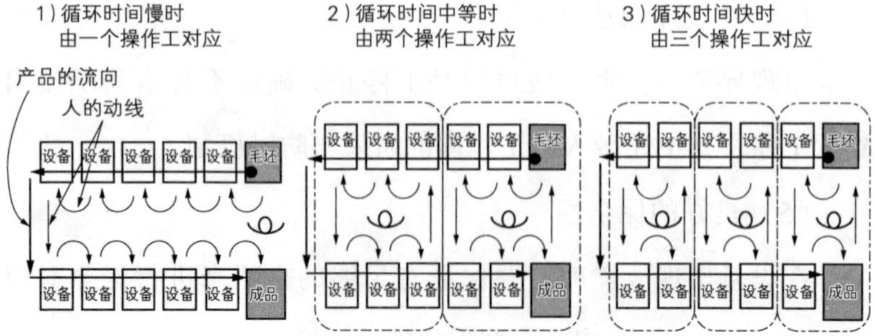

图 9-5e　U 字型布局

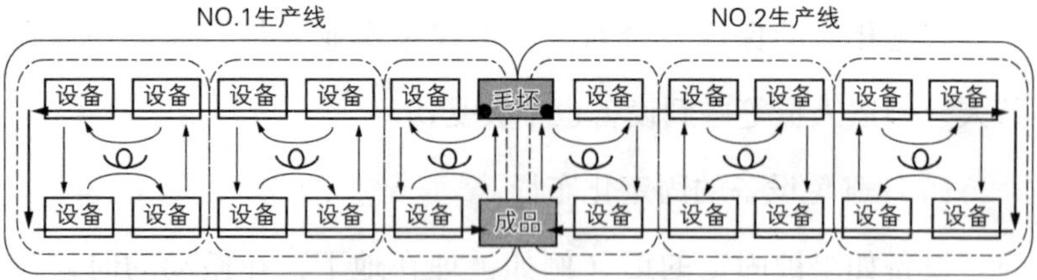

图 9-5f　双倍设备的情况下①

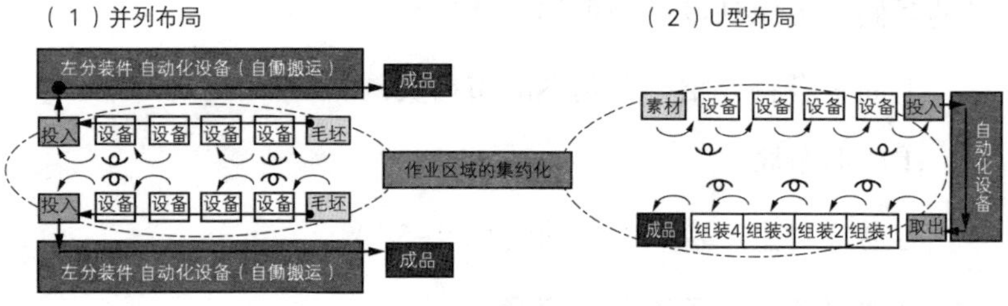

图 9-5g　双倍设备的情况下②

过成本反映出来。以前，产品的成本是企业的高度机密情报，不会向制造部的人员公开。然而，现在为了促进制造部的降低成本活动，激发制造部的干劲，成本已经最大限度地得到公开。不得不说，其原因是制造部对于质量改善的贡献实在是非常巨大。

9.6 小结

如**图 9-6a** 所示，每个员工的活动都非常重要。随着员工活性化活动的开展，员工的能力、士气得以提升，就可以逐渐地向更高难度的工作挑战。制造部的员工就是这样成长起来的。

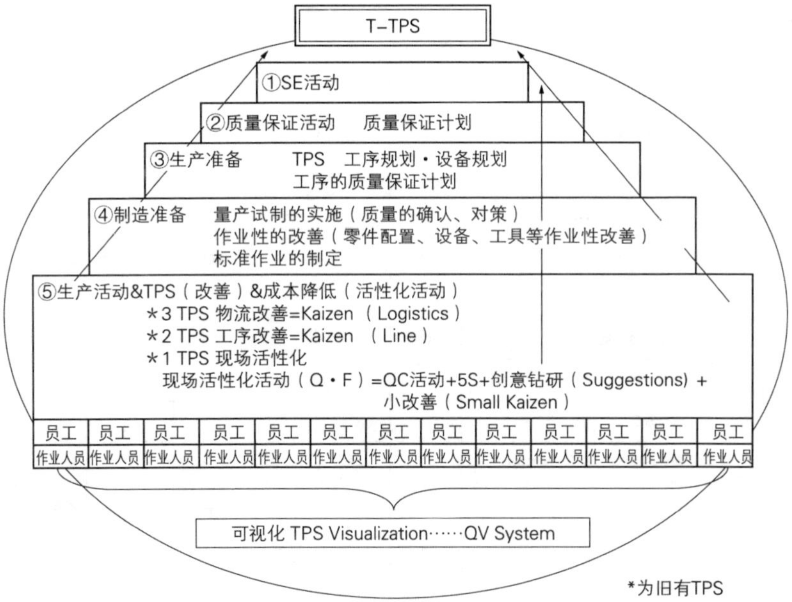

图 9-6a

请大家参照**图 9-6b** 所示的生产规划实例。为了生产开始后尽可能地减少改善，在生产准备阶段及制造准备阶段就要按照 TPS 的思想制订计划并实践。

为了使开始生产后的改善尽可能地少
在生产准备阶段、制造准备阶段就提前融入了TPS的思想进行规划、实践

			活动目标及计划					负责部门
			SE活动	质量	生产量	Cost	Schedule	
A	生产规划 Design	生产计划（包含人员等）	○	○	○	○	○	生产管理部
		自制外协的策划	○	○	○	○	○	生产技术规划部
		生产工序・设备的所有规划	○	○	○	○	○	
		物流规划	○	○	○	○	○	
B	质量保证	涉及企业全体的质量保证活动	○	○	○	○	○	质量保证部
		质量造就活动	○	○	○	○	○	
		质量管理	○	○	○	○	○	
C	生产准备	质量标准书的制定	○	○	○	○	○	生产技术部
		各工序计划	○	○	○	○	○	
		各设备、模具、工装等规划	○	○	○	○	○	
		设备采购		○	○	○	○	
		生产线的工序筹备	○	○	○	○	○	
D	制造准备	生产线的工序筹备 制作零部件货架等 制定作业标准书等	○	○	○	○	○	制造部
		产品质量造就	○	○	○	○	○	
		作业培训	○	○	○	○	○	
		保全规划	○	○	○	○	○	
E	生产活动&改善（TPS）	每天的生产（达成右侧的指标）	○	○	○	○	○	制造部
		现场活性化	○	○	○	○	○	质量管理部
	*	作业改善	○	○	○	○	○	
	*	物流改善	○	○	○	○	○	
		质量改善	○	○	○	○	○	

* 为旧有TPS

图 9-6b 生产规划（Production Design）的实例

第 10 章

T-TPS 的管理经营改革经验

10.1 TMS 经营管理方式

在本章节中，我将会向大家介绍 TMS［（Toyota&）Total Management System］，TMS 指的是以 T-TPS 为基础的间接部门经营管理方式。

在上一章中，笔者介绍了以工厂（制造部等）为中心的 T-TPS（即全面丰田生产方式），其原点就是人的价值（工作的意义、活性化等）及人类团队的现场经营管理方式。工厂中的很多工作是马上能看出结果的，容易做到可视化，因此工作方式、改善方法、经营管理等是否合理，是比较容易判断的。

相比之下，间接部门的业务、企业的管理、经营、工作本身及工作成果很难判断，原因是把业务性的工作可视化比较难，而且其工作成果往往很难在短时间内体现出来。

因此，对于“间接部门的业务、企业的管理、企业的经营应该是怎么样的”这样的问题无法找到答案，导致许多管理经营人员都是按照下述方式工作的：

1. 下属被上司的命令所束缚，领导禁止下属做自己指示以外的工作；

2. 上司经常训斥下属，导致士气低下；

3. 只凭借自己的经验来管理；

4. 目光短浅，没想过企业的中长期发展；

5. 看不清下属的工作意义及价值；

6. 争权夺势，派系斗争成为唯一的工作；

7. 自认为下属可以很好地理解并执行自己的指示。

笔者在前文中花费了 9 个章节所介绍的 T-TPS，是各种各样普遍思维及原理。笔者也反思过，T-TPS 的思路是否能用于间接部门、管理和经营，得出的结论是：即便是间接部门和管理经营工作，T-TPS 的原理和手法依然非常有效，它能够提高员工的成就感、工作价值，从而进一步提升业务的质量和效率。

10.2 间接部门的“人与现场活性化”

本节将通过对间接部门和工厂的比较来对“人与现场的活性化”进行说明。如**图 10-2** 所示，图中左边一栏表示的是工厂的活性化活动，右边是间接部门（管理、经营）相应的活性化活动项目。

运用人与现场活性化的管理经营方法

T-TPS（工厂）	管理、经营（白领）
人与现场的活性化	人与现场的活性化
①5S	①5S
②QC小团队活动	②工作的定义=日常业务+改善业务
③创意钻研	③创意钻研
④专业技能制度	④专业技术、专家认证制度
⑤自主的TPS活动（工序改善、物流改善）	⑤自主的改善活动（工序改善）
⑥成本降低活动	⑥成本策划、成本规划、成本降低
⑦人才培养制度（工厂）	⑦人才培养制度
⑧质量改善	⑧业务的质量改善
⑨前期改善（Advanced Kaizen)	⑨前期改善（Advanced Kaizen)

图 10-2

其中，工厂的“②QC小团队活动”相当于间接部门的“改善业务”，即工作现场所有问题的改善业务。仅仅开展日常业务会使人墨守成规，员工会逐渐丧失能力与积极性。无论是一般员工还是管理人员都需要向新业务、新工作挑战。我个人特别推荐改善业务率（改善业务率=改善业务的时间/全部业务）的逐步提高。而且，在所有业务中，改善业务内容的增加必须要求缩短日常业务的时间，因此也能促使日常业务的效率提升。

在间接部门的“④专业技术、专家认证制度”中，明确一般员工与管理人员所需要的专业技术和专业知识是很重要的。

出人意料的是，很多企业对于各业务所需的知识没有实行可视化，培训制度也不够充分。促进员工掌握技术和知识的方法有很多，设置认证制度是其中一种。

间接部门“自主性的工序改善”所强调的，与其说是由上级来传递工作，不如说是由工作的上游工序（其他组织）来传递。一般来说，工作是由各组织共同完成的。各工序（各组织、各负责人等）员工要意识到“后工序就是客户”，务必要把本职工作做好以后再移交给后工序。自工序的改善，还有与前后工序联结部分的改善便是流程改善。

与工厂相比，虽说间接部门的“⑥成本企划、成本规划、成本降低”业务会带来更显著的成果，但间接部门对成本相关工作的关心程度很低也是一大问题。所有的员工，无论以什么形式，都应该为成本相关的业务贡献力量。

10.3 T-TPS 的管理经营改革经验

企业间接部门从工厂和 T-TPS 中吸取经验，不仅学习工厂的“人与现场活性化”，还学习其他管理经营方法。也就是如**图 10-3a** 所示，“4 成本企划、成本规划、成本降低”“5 管理方式—下属”“6 管理方式—上司”等，提高下属能力、激发下属热情这类工厂的管理方式在间接部门中同样运用。

	T-TPS(工厂)		管理：经营（白领）
1	人与现场的活性化	1	人与现场的活性化
2	改善　日常业务+改善业务	2	工作的定义：日常业务+改善业务
3	标准作业的设定	3	工作的标准化、最优化
4	成本降低	4	成本策划、成本规划、成本降低
5	管理方式：下属-自主研究活动、自发改善	5	管理方式：下属-自主研究活动、自发改善
6	管理方式：上司-发挥能力，以培养和褒奖为原则	6	管理方式：上司-发挥能力，以培养和褒奖为原则
7	工序与业务流程，工序完结（QA Network）	7	各业务的质量提升 各业务的衔接精度提升
8	前期改善	8	向前工序反馈 各业务的衔接精度提升
9	改善的大房间	9	经营的大房间
10	专业技能认证制度	10	专业技术认证制度
11	多技能工化	11	专业技术培养制度
12	可视化	12	可视化的经营 可视化的业务 可视化的成本管理

图 10-3a　运用 T-TPS 的管理经营方法

同样地，“9 改善的大房间”被延伸成“9 经营的大房间”（**图 10-3b**）。经营人员最了解工作的实际状态，对于经营人员，要经过几个层级的职位才能获取信息，而信息随着时间推移或者有意图地加工，往往与事实相去甚远，经营层便成为“穿着新衣的皇帝”。要解决这个问题有一个方法，那就是经营的大房间，也就是将 SE 的大房间方式、改善的大房间方式运用于经营人员使用的大房间。

同时，还有一种运用了工厂管理方式的方法，那就是“12 可视化”。

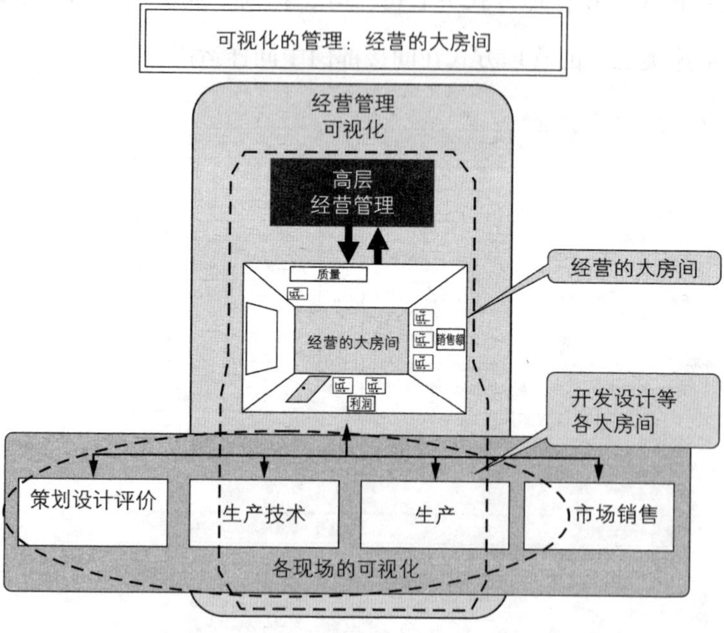

图 10-3b　从 T-TPS 学习管理经营

上述的以 T-TPS 为基础的间接部门的经营管理方式称为“（Toyota&）Total Management System”，即 TMS。

图 10-3c 为上述内容的总结。将推行 T-TPS 过程中挖掘出的人才、组织的经营管理经验、工作的经营管理思路和手法运用到各项业务。

〔TMS:(Toyota&) Total Management System〕

贯穿新产品开发、生产准备、现场运营、质量进行指导

项目（Model）	活动内容（Activity）	丰田的原则（TMC Principle）	支援组织、企业（Support Organization）
TMS	企业经营 企业管理 （Cooperate Management）	TMS （Total Management System）	（株）丰田经营管理研究所
TDS	产品的开发关系 （Product & Process development）	可视化：QV System （Visualization）	丰田工程技术（株） （Toyota Engineering Co.）
Total TPS	质量、成本、生产、 生产技术、物流相关 （Quality.Cost.Production. Production engineering & Logistics）	自工序完结 零不良（Zero Defect） QA Network	
TSS	销售、市场 （Marketing & Sales）	人与现场的活性化 （Quickening Company）	丰田市场（株） （Toyota Marketing Co.）

图 10-3c　TMS 指导

1. 前期改善（生产准备）、生产业务领域的 T-TPS（Total Toyota Production System）；

2. 产品的设计开发业务的 TDS（Toyota Development System）；

3. 市场销售相关业务的 TSS（Toyota Sales System）；

4. 企业整体经营和管理的 TMS(Toyota Management System)。

图 10-3d 所示的就是上述关系的模式图。企业的管理方式在很长时间内是以欧美管理经验为基础的，而且以此为世界的基准。但现如今，以“物”与“金钱”为中心的管理方式需要转换，需要革新为以“人”为中心的管理模式。特别是美国特有的以钱、物为中心的合理主义管理方式，对于社会和人类不一定有效。与之相对，TMS 还提倡追求人与社会的幸福感。

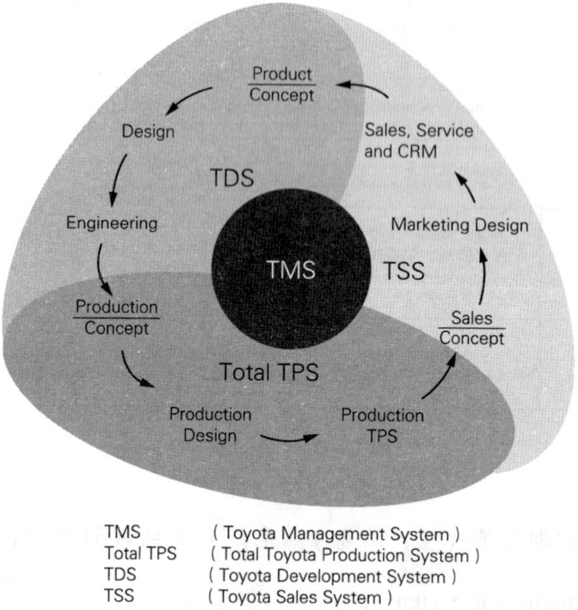

图 10-3d

TMS 的基础与 T-TPS 相同，如**图 10-3e** 所示。

企业的业绩(Output)为下述公式
经营就是要将下述公式中“Output”最大化。

$$\text{Output} = \sum_{i=1}^{n}(\text{ Personality：个性 })_i \times(\text{ Ability：能力 })_i \times(\text{ Motivation：动力 })_i$$

员工数量 n = Workers + Staff

图 10-3e

10.4 未来的全球性经营管理方式

笔者希望，TMS 不仅在日本国内得到推广，还要在世界范围的经营管理中发挥作用。TMS 的应用能够实现全球化标准是笔者的梦想（**图 10-4a**）。

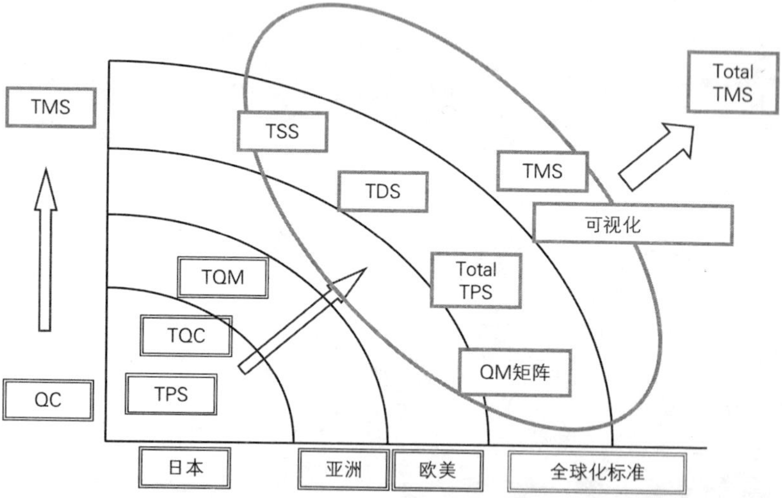

图 10-4a TMS 的全球化标准

为了开展上述方式的普及活动，笔者成立了如**图 10-4b** 所示的公司，开展了相应的活动。在本书的最后部分，我将把

T-TPS在全球范围内的导入案例作为结尾介绍给大家。

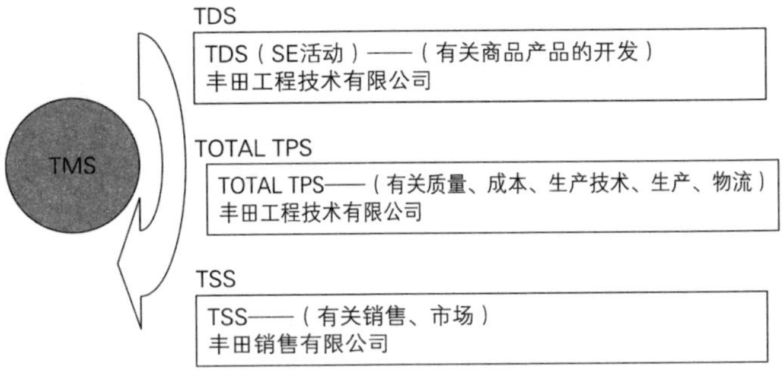

图 10-4b　TMS：经营管理

第 11 章

T-TPS 在世界各地工厂的导入案例

11.1 中国的智能手机工厂
取消传送带，生产效率提高了45%以上

11.1.1 以跻身世界前三为目标

本章第一个要介绍的，就是以绝无仅有的热情开展 T-TPS 并取得巨大成果的中国 A 企业的事例（**图 11-1-1a**）。A 企业主要生产智能手机、平板、电话，年销售额达 300 亿日元。随着生产量的持续扩大，A 企业将在中国、美国等世界主要市场中跻身生产量全球前三定为目标，如何能够高效地扩大生产量成为该企业的课题。

●对象工厂	智能手机、平板电脑 手机设备的制造工厂
●企业名	A企业（简称）
●所在地	中国
●年销售额	约300亿日元

图 11-1-1a　A 企业概要

导入 T-TPS 的背后，是“为促进企业成长，革新生产方法，导入与经营目标相适应的生产方式”这一强烈决心。A 企业原本生产的是手机终端，品种多，产品生命周期短，因此速度是最核心的竞争力。要实现最快的速度，就需要通过 T-TPS 活动缩短过程周期时间。

A 企业的团队在很早以前就对 T-TPS 很感兴趣，并通过内部培训、实践获得了一定程度的理解，但是还未达到体系化理解的程度。因此该企业通过专家协助，致力于确立 T-TPS 精髓的生产方式与管理方式的确立。

T-TPS 的精髓，或者叫基本原则，到底是什么呢?

那就是“在必要的时候，将必要的物品，仅按照必要的数量制造出来”，具体来说，就是要实现：

①以良好品质为前提的生产效率提升；

②仅按照必要的数量进行制造，不过量制造；

③造物即育人，建立一个通过现场活性化实现工作价值的现场。

……

T-TPS 便是以这些事项作为目标，有机地展开活动。

实际开展活动时的第一步骤，是由笔者团队设计的“工厂实态评价指标［GBM（Global Bench Marking）］来评价工厂实力。

GBM 从①现场活性化、②标准书、③人、④物流、⑤设备、

⑥质量这六个项目，用五分制进行评价。（**图 11-1-1b**，参考第 8 章“全球工厂评价体系‘GBM’”。）

①现场活性化	5S、可视化、自主改善活动
②标准书	标准作业票类的完善
③人	人的动作、标准作业的遵守
④物流	存放区、库存管理、物流
⑤设备	保全、换产
⑥质量	质量的自工序管理

图 11-1-1b　构成 GBM 的六个项目

首先，对象工厂具备什么样的实力？有什么优势和劣势？准确把握这些方面是开展活动的出发点。运用 GBM 评价时，一定要实际到访制造现场，现地现物地评价。

接下来，要根据评价后的工厂实力，制订 T-TPS 的导入方案。实际的计划方案如**图 11-1-1c** 所示。

		第1年 2013年1月～	第2年 2014年1月～	第3年 2015年1月～
TOTAL TPS→A企业生产方式		TOTAL TPS（初级）	TOTAL TPS（中级）	TOTAL TPS（中级）
改善推进的组织		改善的大房间方式构建 改善小组，约9个小组	改善的大房间方式 开始向科室展开	新设A企业生产方式推进部新设生产运营部
改善的展开方式	工厂（科技园、手机事业部）	从9个点（改善小组）开始改善过程周期时间的现状调查	从点到线的展开（科长业务）过程周期时间的缩短	从线到面的展开（部长业务）
	事务部门（计划部、采购等）	生产计划的改善	拉动式生产计划	拉动式生产计划 生产计划的IT（APS系统）的全面修订

图 11-1-1c　T-TPS 导入计划

接下来，企来要结合制订好的计划，完善组织体制。首先设立直接由总经理管理的改善推进总部（**图 11-1-1d**），该部门是导入 T-TPS 的司令塔。改善路径以“改善的大房间方式（**图 11-1-1e**，也可参考第 6 章“改善的大房间方式”）与“可视化管理”为中心。包括了整理、整顿、清洁、清扫的“4S”，加上素养的“现场 5S 改善”也迅速开始了。这一系列活动在自主活动的现场活性化中展现出巨大效果。

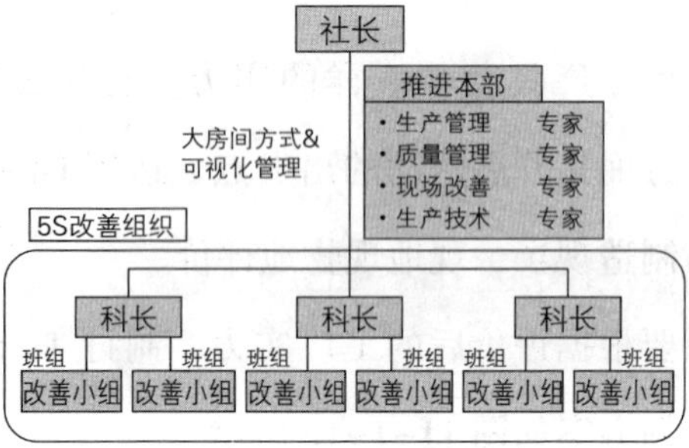

图 11-1-1d　直属社长管理的改善推进本部

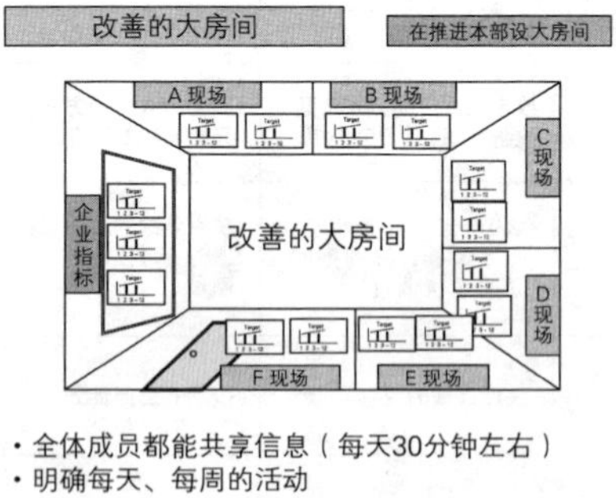

图 11-1-1e　改善的大房间方式

A 企业在 2013 年 1 月开始导入 T-TPS，共计三年，实际由改善指导人员进行指导的时间为 2013 年 4 月起的两年时间。指导频率是每月一次，每次一周。指导人员为一名，是在丰田汽车关联企业工作了 30 年以上、曾经指导过制造部门的指导师，每个月的具体活动内容是：

· 制作并事先提出每月的活动计划

· 总结活动内容，制作报告书，在每月活动结束时进行汇报

· 根据汇报内容，布置下次指导前的课题

11.1.2 取消传送带，生产效率提升45%以上

本节将介绍具体的改善内容。A 企业面临的最大课题是要高效地实现生产量的扩充，因此主要改善分为以下 6 个方面：

(1) 通过废除流水线提高生产效率；

(2) 通过活用生产管理板等提高生产效率；

(3) 强化管理监督人员的现场管理活动；

(4) 通过实施早会实现现场活性化；

(5) 零部件配送的顺畅化；

(6) 消灭工序内不合格。

以这六项为主要改善的内容为中心，A 企业制订了每个班次的生产量扩充目标，如图 **11-1-2a** 所示。

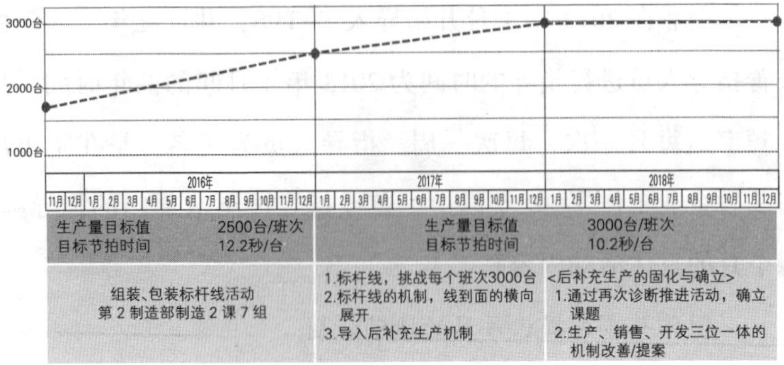

图 11-1-2a　每班的生产量目标

（1）通过废除流水线提高生产效率

A 企业的移动终端组装线一般用的是皮带式的传送作业（**图 11-1-2b**）。但是，分析流水线作业的实际状态以后，指导师发现分配给每个作业人员的作业量波动特别大。将作业内容转化成山积表后，如图 **11-1-2c** 所示。

图 11-1-2b　皮带流水线操作

装配工序作业时间的山积表

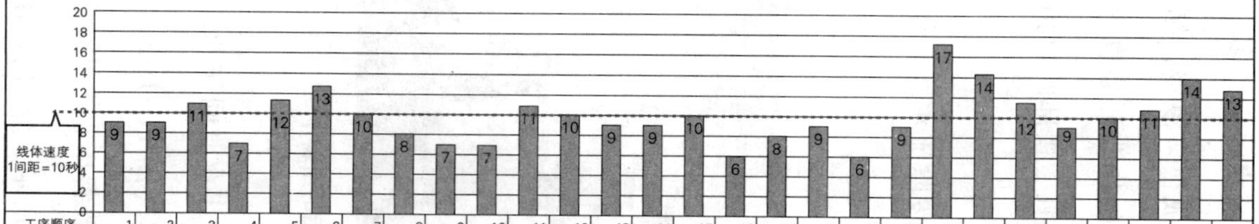

工序顺序		1	2	3	4	5	6	7	8	9	10	11	12	13	14	15	16	17	18	19	20	21	22	23	24	25	26	27	28
工序(原序号)		2	3	4	5	1	6	7	8	9	10	12	11	13	14	15	16	17	18	20	21	22	23	24	25	26	27	28	29
品名		触摸屏	触摸屏	触摸屏	触摸屏	单板	单板	单板	单板	单板	单板	触摸屏	机头	机头	机头	子板	机头	机头	机头	机头	机头	机头	机头	机头	机头	机头	机头	机头	机头
作业内容		检查前壳、撕背胶	装触摸屏	压触摸屏	装光感FPC	压焊	装摄像头	装光感支架	贴石墨片	贴导电布	贴铜箔	贴背胶	装LCD	单板、触摸屏合装	装FPC	子板分装、预加工	装子板	装后壳	打螺钉，紧固后壳	装摄像头镜片	外观检查	功能检查	电流测试	CDMA耦合	LET耦合	WBG耦合	贴防拆装饰条	写号	下载
流动批量(个数)		1	1	1	1	1	1	1	1	1	1	1	1	1	1	1	1	1	1	1	1	6	1	1	1	1	1	1	1
标准在制品(个数)		1	1	1	1	1	1	1	1	1	1	1	1	1	1	1	1	1	1	1	1	6	6	8	6	6	1	4	16
作业时间 每个完成时间	手动操作	9	9	7	7	13	11	10	8	7	7	11	10	9	9	10	9	6	9	6	9	121	6	10	13	11	11	11	8
	自动运转	0	0	4	0	10	2	0	0	0	0	0	0	0	0	0	0	0	0	0	0	0	80	95	80	50	0	45	200
	合计时间(秒)	9	9	11	7	23	13	10	8	7	7	11	10	9	9	10	6	8	9	6	9	121	86	105	73	61	11	56	208
作业时间 人、工装台数		1	1	1	1	2	1	1	1	1	1	1	1	1	1	1	1	1	1	1	1	7	6	8	6	6	1	4	16
作业时间 每个平均时间		9	9	11	7	12	13	10	8	7	7	11	10	9	9	10	6	8	9	6	9	17	14	13	12	10	11	14	13

图11-1-2c　组装工序作业时间皮带流水线操作

不同的作业人员，操作时间会有很大差别。而且作业人数达60人之多，在以一定速度流动的流水线中，多个员工以不同的作业时间进行操作的话，就会造成很多浪费，结果就是生产效率和质量双双恶化。此外，员工的作业姿势也存在问题，目前的坐姿作业方式很不合理，对内脏、腰部的负担很大，作业的启动动作也因此变得缓慢。

对于这些问题，改善对策就是废除流水线。作业人员按照工序顺序排列，进行操作（**图 11-1-2d**）。

图 11-1-2d 改善后的组装作业

最重要的是，为了让各工序的作业时间作业量持平，企业要将每个工序的作业进行最合理化（**图 11-1-2e**），实施“作业改善”“瓶颈工序的重新审视”“改善作业的可操作性”等。

改变后的流水线如**图 11-1-2f** 所示。此前的60名作业人员已减少到28人（包含班长），生产效率提高了约45%。

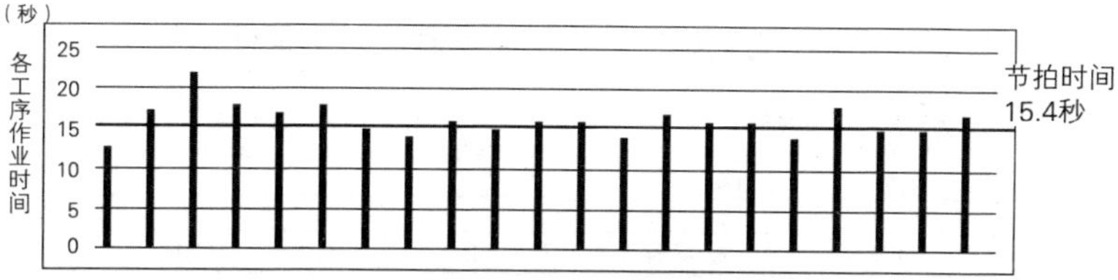

图 11-1-2e　各工序的作业时间波动

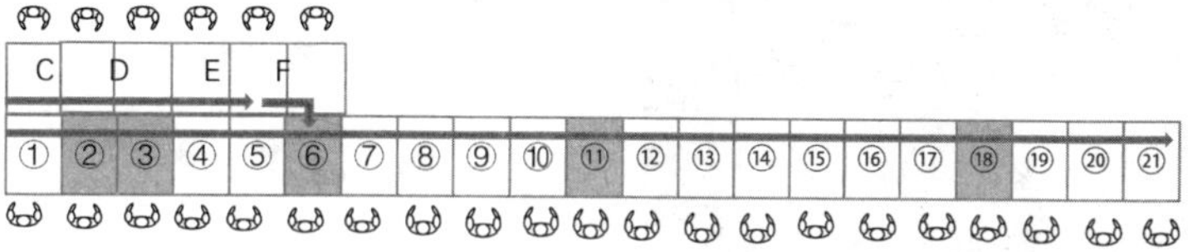

C～D是液晶相关的工序编号，①～㉑是单板的工序编号，这些工序需要的作业人员为27人。加上班长，一共28人。

图 11-1-2f　改善后的流水线

(2) 通过活用生产管理板等提高生产效率

第二大改善就是活用生产管理板，目的在于切实达成每天的生产目标。活用生产管理板，可以直接提高生产效率。具体的做法是运用生产管理板，进行“每小时的产出管理”与“生产时问题点的可视化”，通过问题点对策方案管理板，管理“针对问题点研究改善方案及采取的对策”（**图 11-1-2g**）。

(3) 强化管理监督人员的现场管理活动

要想让现场的管理监督运营顺利开展，首先管理监督者要达成共识，因此 A 企业实施了以管理监督者为对象的“五大任务培训”（**图 11-1-2h**）。为了能切实实施这五大任务，企业制

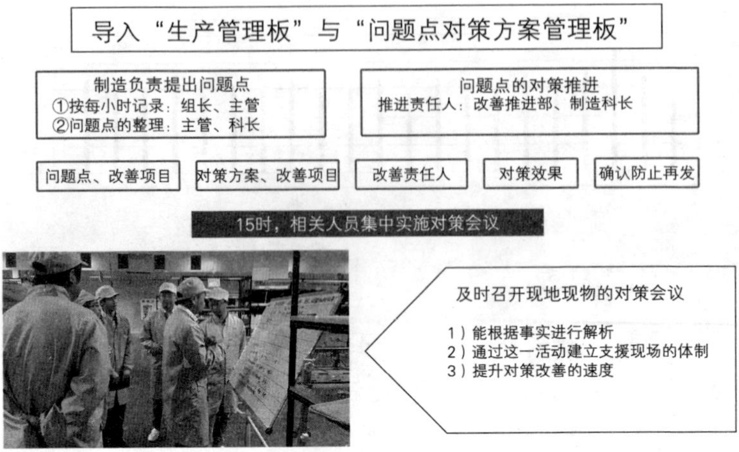

图 11-1-2g　改善标杆工序后的流水线

作明确出管理监督者一天行动的“管理监督者行动表”，确认每天的行动（**图 11-1-2i**）。

①生产量、交货期	→确保生产量、交期
②确保质量	→维持、提升质量
③成本	→提高生产效率、降低成本
④安全卫生	→安全要优先于所有作业
⑤现场活性化	→5S改善、小团队活动、多能工培养

图 11-1-2h　现场管理监督者的五大任务

（4）通过实施早会实现现场活性化

开始工作前召开全员参与的早会，目的在于让全体作业人员意识到今天的行动目标。早会除了现场的活性化之外，对于形成现场的一体感也有非常好的效果。但如果早会时间太长就会成为负担，需要预先整理出传递的事项、指令的内容，在短

时间		No	基本项目	详细内容
开工前后		1	职场体操	・预备操、确认作业人员的身体状况
		2	早会	・联络事项的传达、指示
				・跟唱《今天也要努力》
		3	作业人员出勤情况的把握	・缺勤、迟到人员的把握，异常时向上司汇报
		4	记录作业开始时的装配编号	・记录装配编号、加工编号等
作业中	上午的基本工作	1	开工点检	・日常点检项目的确认（工装夹具、设备等）
				・作业人员开工点检情况的确认与指导
				・（首件检查）
		2	作业人员的动作确认	・新人、需要留意的工序的作业步骤、安全遵守事项等
				作业情况的确认
		3	质量确认	・昨天发生不良的工序的作业确认与对策
				・规定的质量项目的测定、调查（划伤、打紧……）
				・标准作业的遵守情况
		4	小停止（休息时间）	・会议的实施
				传达、指示事项的再次贯彻
				质量情况的说明、不良品的说明
				当天及周度计划内容的说明
		5	物料的确认	・物料库存情况的确认
				标准库存数量、缺件、超出的确认对策
				・空箱的确认（无剩余物料）
		6	职场5S的确认	・根据点检单进行点检、指导
				重点实施发生源对策
		7	改善的确认	・探讨问题工序的对策方法，实施对策
				作业方法、步骤等“七大浪费”的改善
		8	（看板的回收）	・（按照规定的时间、规定的张数，回收看板）
	下午的基本工作	9	改善的实施	・向作业人员听取改善的实施情况、改善后的意见
				・改善方案和问题点的指出与改善
		10	物料的确认	・物料库存情况的确认
				标准库存数量、缺件、超出的确认对策
				・空箱整理
		11	质量确认与物的整理	・今天发生不良的工序的作业确认与对策
				・质量波动“4M”的确认与对策
		12	小停止（休息时间）	・全员休息
		13	职场5S的确认	・职场5S实施情况的确认与对于作业人员的指示
		14	加班的指示、传达	・加班（作业内容、时间）的指示与传达
				・向上司汇报加班人员的姓名与时间
		15	向上司汇报、交流	・质量情况与对策内容的汇报
				・请教职场运营方面的问题点与应对方法
				・上司指示事项的确认
		16	（看板的回收）	・（在规定的时间回收看板）

图 11-1-2i　管理监督者行动表

时间内结束早会（**图 11-1-2j**）。

梳理事先应该说的事，短时间（5分钟之内）结束

①传达事项→从上司、相关部门获取情报
②指示内容→生产机型、生产量、质量等

触摸和呼叫的实施

开始操作时，就团队的行动目标让全体人员形成共识
（团队全体成员围成一圈，负责人说目标，每个人手指目标应和）

图 11-1-2j　包装 B308 组全员参与早会

(5) 零部件配送的顺畅化

在（1）中提到的取消后的流水线中，指导师发现了新的问题。周一早上开始操作时，由于零部件的配送不及时，产生了空手等待的时间（**图 11-1-2k**）。为此，A 企业实施了零部件顺畅配送的改善，具体的措施是将零部件配送作业标准化（**图 11-1-2l**）。通过这一举措，确立了让流水线不停止的零部件配送方式。

(6) 消灭工序内不合格

（1）中改善后的组装线还实施了消灭不合格的改善。基本

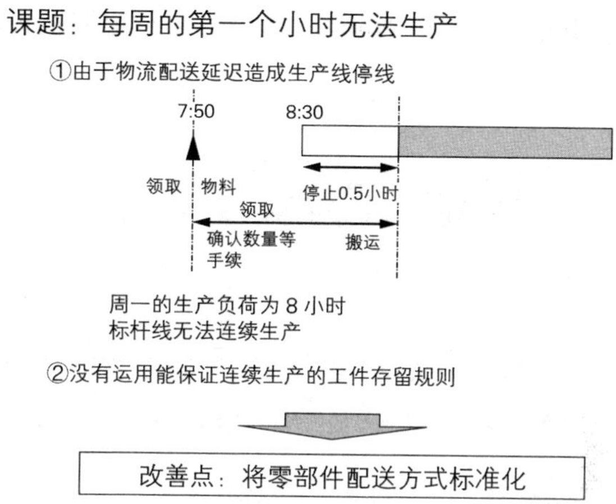

图 11-1-2k　组装流水线产生 1 小时的等待时间

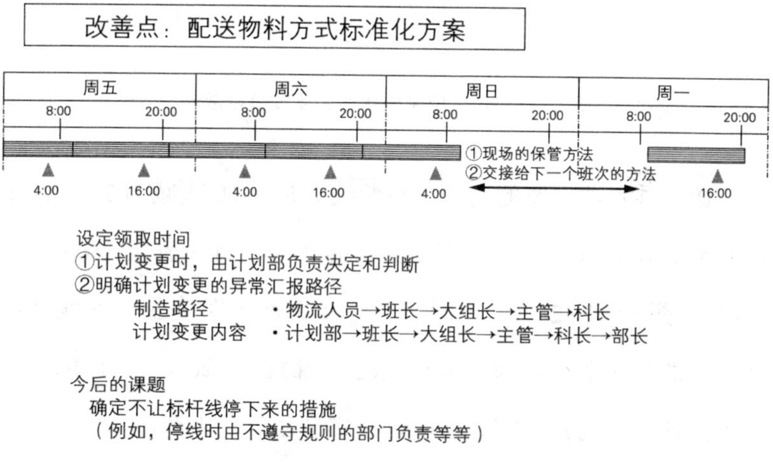

图 11-1-2l　零部件配送方式的标准化（方案）

的思路是：明确出在工序内产生不合格时的对应规则，明确工序内各职能应该开展的行动，针对每天生产活动中产生的问题实施对策会议，确认对策实施情况及防止再发。具体来说，A

企业实施了IPQC（工序内检验人员）每小时定期检查活动（**图11-1-2m**）。

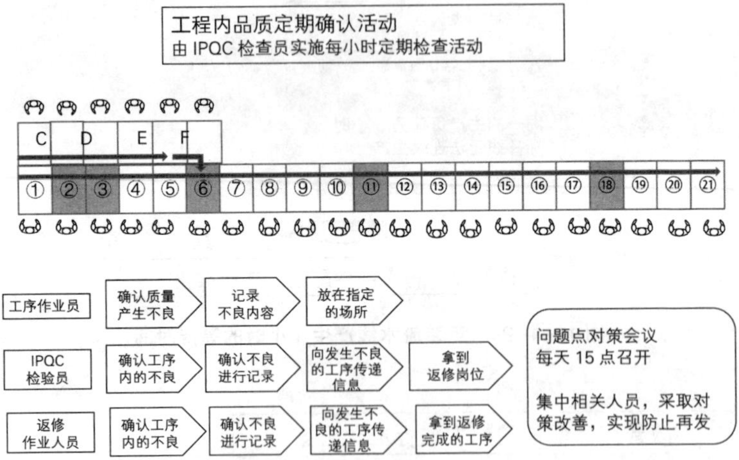

图11-1-2m　组装流水线的降低质量活动

通过这六项主要的改善，组装线人员从60人减为28人，生产效率提升了约45%，实现了最初的“一个月一班次2300台的产出”（**图11-1-2n**）。同时，下一步课题也明确了，那就是生产开始的第一个小时的产出有波动（**图11-1-2o**）。今后的目标是消除这个波动，研究如何改善，实现稳定化生产。

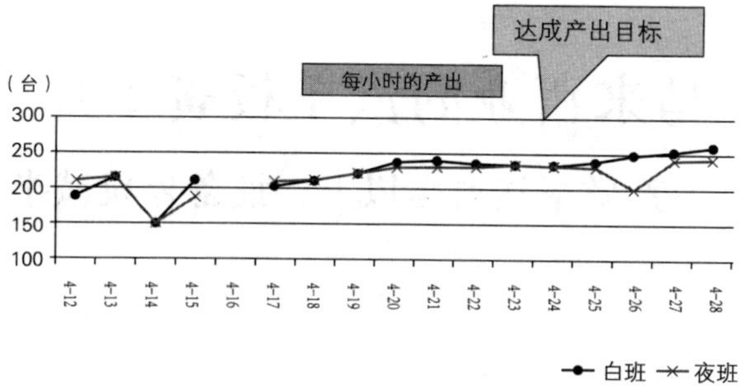

图 11-1-2n　每个班次的生产量达 2300 台

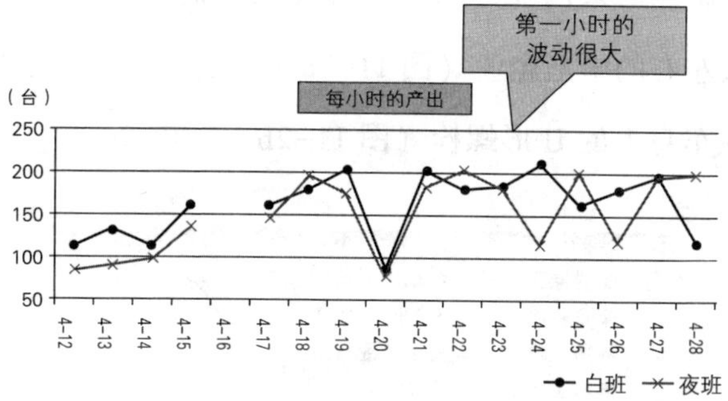

图 11-1-2o　生产开始时的波动成为新课题

11.2 马来西亚的汽车板簧工厂

生产效率达两倍以上，设备停机减半

B 企业是马来西亚的汽车零部件供应商，是一家员工人数为 300 人左右的中坚企业（**图 11-2a**）。主要的产品是线圈弹簧和固定在车身上的 U 形螺栓（**图 11-2b**）。

●对象工厂	汽车用弹簧制造工厂
●企业名	B企业（简称）
●所在地	马来西亚
●员工人数	约300人

图 11-2a　B 企业概要

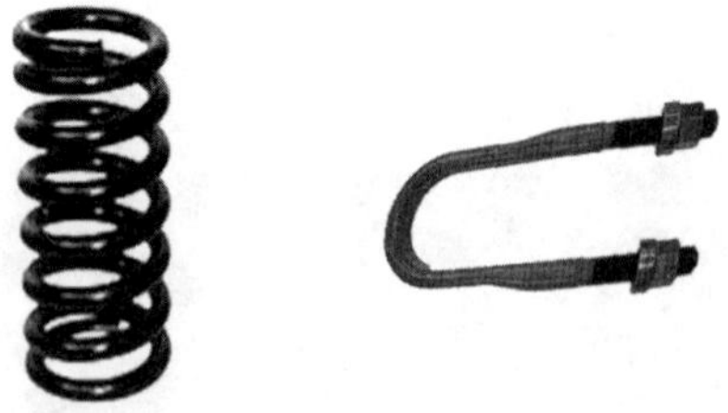

图 11-2b　B 企业的主要产品概要［线圈弹簧（左）与 U 形螺栓］

近年来，随着国际竞争日趋激烈，主机厂强烈要求降价，降低成本活动势在必行。此时，B 企业参与了由马来西亚政府主导的改善活动项目。这一项目，是由日籍改善指导师到访工厂，进行指导，每周两天，在 5S、生产效率、质量、降低库存、缩短换产时间等多个领域进行改善，活动持续了半年。

B 企业首先实施的是确立推进改善活动的体制。直属于工厂的高层成立多人的专职改善小组，成为全企业活动的排头兵（**图 11-2c**），改善活动以他们为核心逐步展开（**图 11-2d**）。在活动之初，为了让全体人员团结起来，让活动活跃起来，B 企业举办了一场盛大的启动大会，管理高层也一同出席了此会。

作为具体活动的第一步，指导师实际查看工厂，制作了“物料信息流动图”，以此为基准，大致把握哪个地方存在什么问题（**图 11-2e**）。另外，咨询师还要权衡问题内容和工作量，确定改善的优先顺序，制订改善计划。

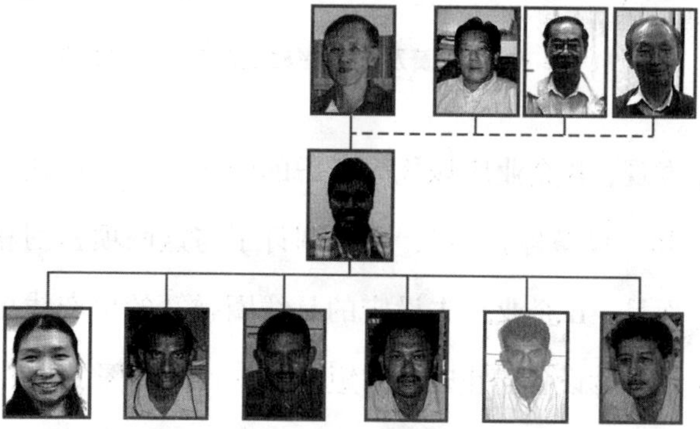

图 11-2c　由多名专职改善成员组成的改善班

图 11-2d　以改善班为中心开展活动

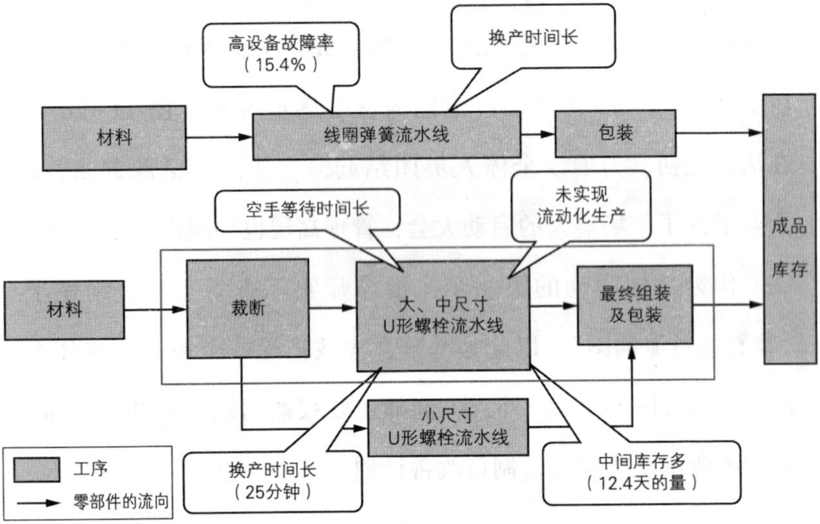

图 11-2e　线圈弹簧及 U 形螺栓生产工序、问题点

结果发现，B 企业应该优先考虑的问题是“生产线中生产效率低下”和“设备停止多”，于是制订了与这两项密切相关的改善项目。而且，B 企业首先设定的是线圈弹簧的生产线提升 85% 生产效率、月度设备停止时间缩短 50%的目标（**图 11-2f**、**图 11-2g**）。下面笔者将为大家介绍实现目标的具体改善活动。

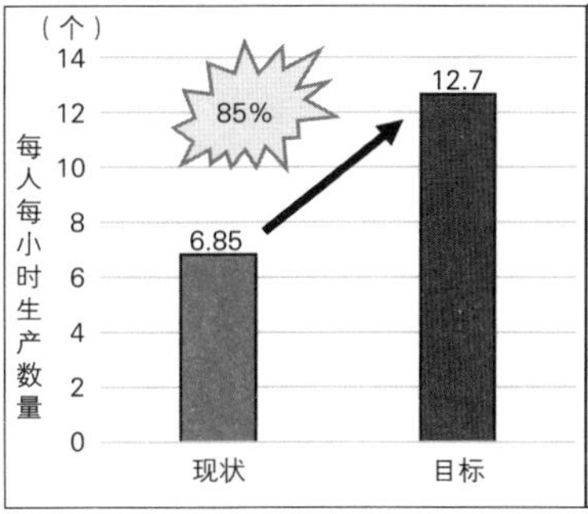

图 11-2f　生产效率的改善目标

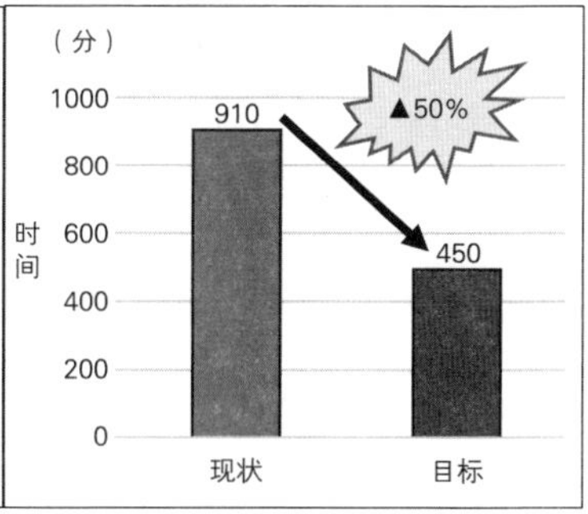

图 11-2g　设备停止时间的缩短目标

具体的改善内容

要使改善活动取得成功，基础培训是不可或缺的（**图 11-2h**）。改善活动如果只局限在一部分的负责人和员工范围内，是很难持续的。包含作业人员在内的全员参与是迈向成功的必要条件。因此，为什么要改善？改善应该如何推进？有什么好处？企业需要让全体人员理解这些问题。加深员工对于这些问题的理解，便是基础培训的目的。

图 11-2h　开展对改善活动加深理解的培训

在实际的改善基本培训中，除了在课室内的讲座和演习之外，还要到生产现场现地现物地学习改善的经验，提升全员改善能力及改善的积极性。在B企业，这类基础教育取得了非常好的效果。全员能力和改善士气得到了提升，其中还涌现出了卓越的改善提案。让我们一起看看实际改善的内容。

首先是生产效率的改善。改善前，每人每小时生产的线圈弹簧数量低于6.85个。为了分析为什么这么低，B企业将各个作业人员的作业时间总结成了山积表（**图11-2i**）。这样一来，就能看出有很多等待时间，原因也就显而易见了。由于作业台的布局不合理，产生了不必要的步行距离。也就是说，“孤岛”造成了浪费。因此，要重新看待布局，彻底消除布局的浪费，将等待时间大幅度降下来。

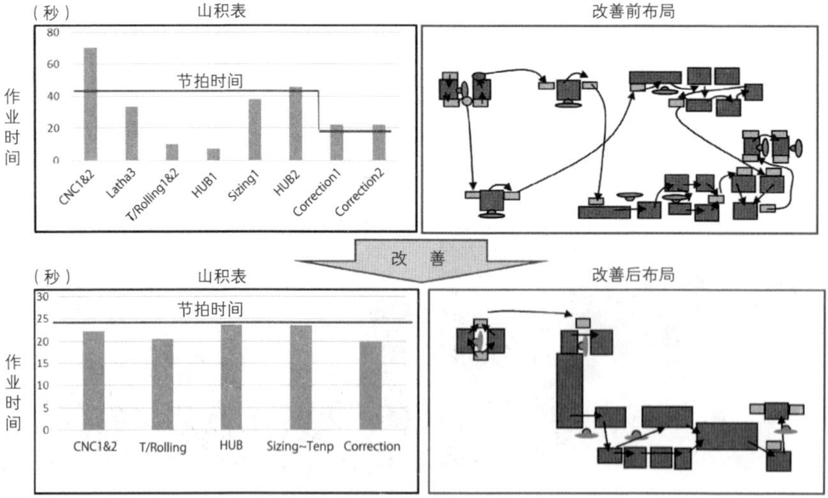

图11-2i 开展对改善活动加深理解的培训

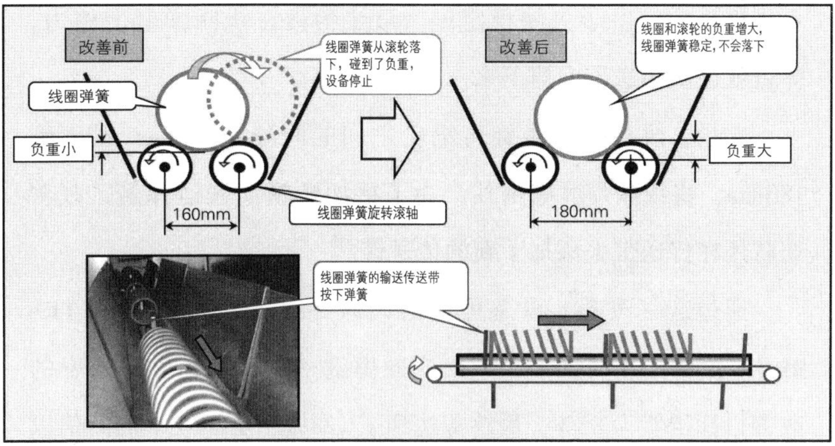

图 11-2j　弹簧传送带的改善

改善的结果是，每人每小时的生产数量达到了 12.7 个，改善前仅为 6.85 个，换算成生产效率的话相当于提升了 85%，实现了当初制定的生产效率目标。

接下来是缩减设备停止时间的改善。这一改善是在线圈弹簧的传送带上实施的(**图 11-2j**) 。

首先，为了调查设备停止的原因，需要用摄像机把工序拍摄下来。结果发现，线圈弹簧从流水线掉下时，设备常常会停止。这一原因造成的设备停止达到整体的 65%，为了明确这一原因，改善团队反复确认线圈弹簧从流水线掉下来那一瞬间的画面。

在流水线上传送线圈弹簧时，流水线上的两根旋转滚轮和弹簧自带的螺旋形状会产生一个推动力。但是，反复看视频会发现，两个旋转滚轮之间的间隔很窄，传送带上的弹簧放置得不是很稳定。由于欠缺稳定度，只要稍微在线圈弹簧上施力，弹簧就会从传送带上掉下来。

于是，改善团队将旋转滚轮之间的间隔从 160mm 扩大到 180mm，将线圈弹簧稳定住，为了更加顺畅地搬运弹簧，改善团队还在传送带上添加了新的传送带。

通过这一改善，设备停止时间减少了 56% 以上（**图 11-2k**）。设备停止时间减少，生产效率进一步提高，生产效率的改善目标虽然为 85%，最终却达到了 128%，是原效率的两倍以上（**图 11-2l**）。

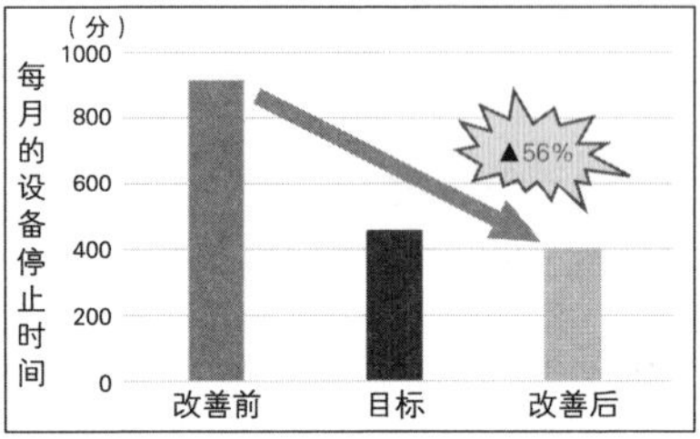

图 11-2k　开展加深改善活动理解的培训

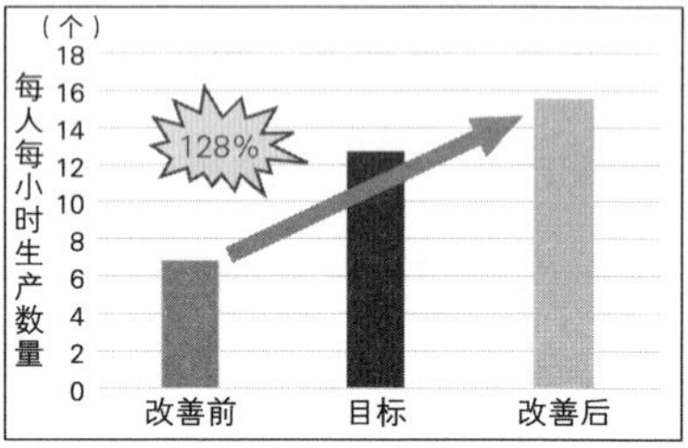

图 11-2l　效率提升到两倍以上

在本次改善活动中，改善小组成员的改善能力得到了提升，作业人员的士气也随之提高。为了让所有人都能看见改善情况，B 企业还特地设置了可视化角落，对改善活动的固化起到了积极作用（**图 11-2m**）。目前，由作业人员提交的改善变得更多了，现场与人的活性化也在大幅推进。

图 11-2m　在可视化角落进行讨论的员工

11.3 马来西亚的汽车用轮毂工厂

在改善活动中锁定原因，不合格品急剧减少

马来西亚的 C 企业是主要制作汽车轮胎轮毂的中坚企业（**图 11-3a、图 11-3b**）。C 企业以前存在严重的质量不合格问题，自创立以来，经历了约十年的初创期，技术力量薄弱，质量改善一直没有开展。最近，由于主机厂客户的产量增加，铝制轮毂进一步普及，C 企业的发货数量增加了近两倍。

●对象工厂	汽车用轮毂的制造工厂
●企业名	C企业（简称）
●所在地	马来西亚
●员工人数	约250人

图 11-3a　C 企业概要

图 11-3b　C 企业的主要产品铝制轮毂

铝制轮毂的铸造工序设备能力可以超过订单数量，但是质量问题没有得到解决，不合格率一直高居 20% 左右，因此设备能力难以全部发挥出来，常常造成延迟发货的情况。

这时候，C 企业遇到了铸造经验丰富的指导师，于是决定尽快接受指导。在接下来半年的时间里，C 企业让指导师每周到访工厂两天。为了切实推进活动的开展，C 企业首先选择几名专职改善人员，成立由工厂高层直接管辖的改善班组，负责推进全企业的改善活动（**图 11-3c**）。

在指导师的指导下，改善小组顺着生产工序梳理出问题点。C 工序的生产工序流程大致可分为**图 11-3d** 中的几项。改善小组梳理问题点后发现，铸造工序与漏气测试工序是导致质量问题的元凶。铸造工序中外观不合格，在漏气测试工序中，由于切削加工，表面的针孔导致漏气，不合格率增加到 20% 以上（**图 11-3e**）。

大部分不合格来自使用空气的漏气测试工序。但是，追溯

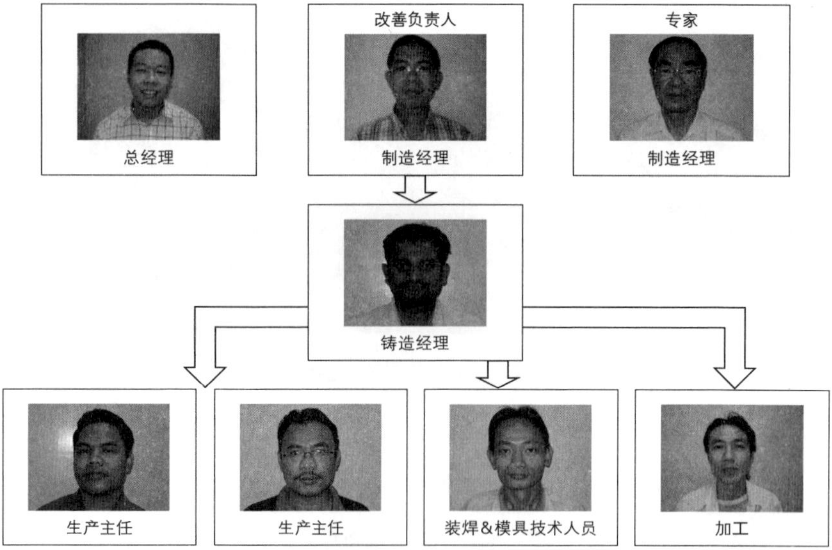

图 11-3c　组织改善团队

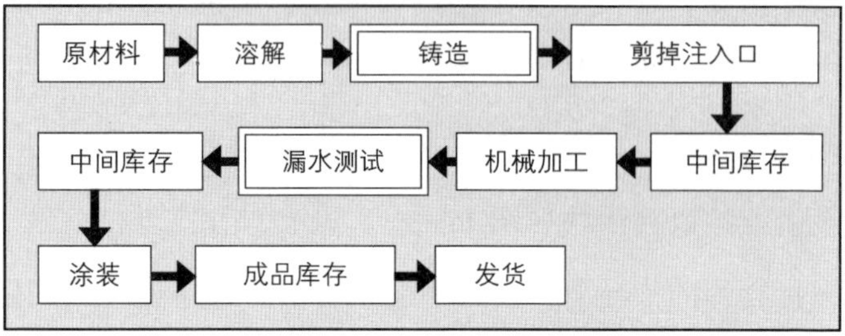

图 11-3d　C 企业的生产工序概要

这些不合格产生的根本原因，会发现铸造工序有问题。在铸造工序里，铝制轮毂内部产生的气孔在机加工工序进行表面切削加工时出现在轮毂的表面，这些针孔导致漏气测试不合格。

C 企业对所有不合格品进行统计确认，观察针孔通常出现

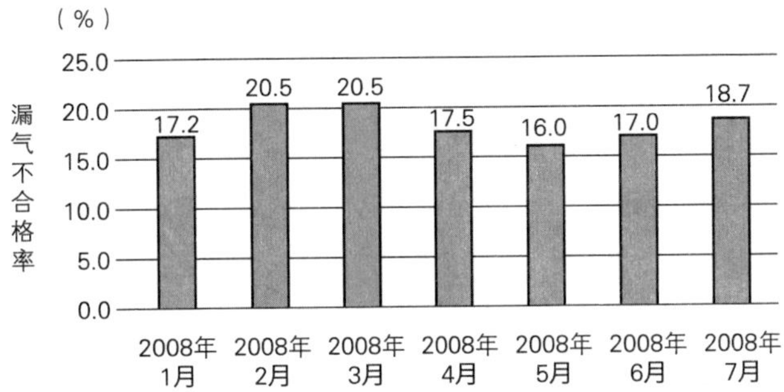

图 11-3e　平均将近 20%的漏气不合格率

在哪个位置。确认的结果是，**图 11-3f** 中圆圈包围的部分占到 95%。为什么针孔会集中在这个部分呢？经过进一步详细分析，人们发现是凝固过程出现了问题。在铸造工序中，从注入口注入铝液时模具中就开始凝固铝，一旦凝固就会出现收缩，补充收缩部分的铝液就会从注入口和产品表面部分进行新的补充。但是如果是改善前的方式，如**图 11-3g** 所示圆圈部分率先凝固，就无法对收缩部分进行铝液的补充，因此产生了气孔。

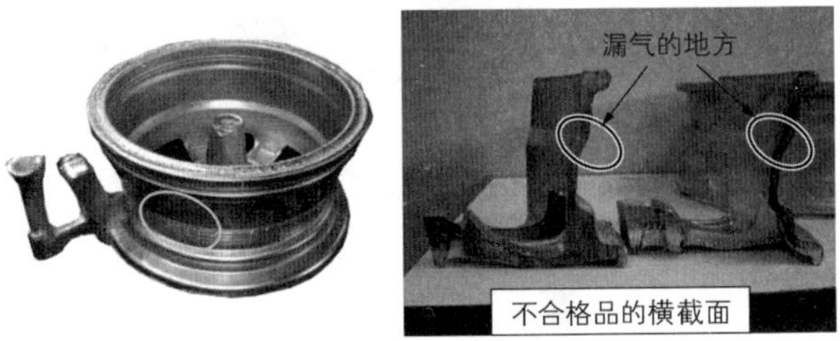

图 11-3f　不合格问题集中在某个部分

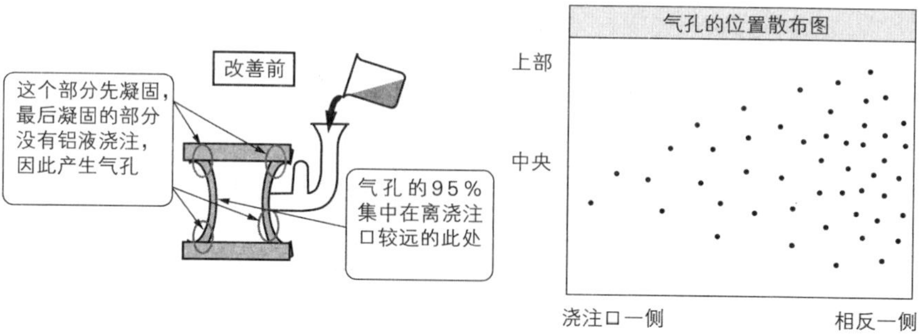

图 11-3g　分析凝固时的现象

根据这一调查结果，改善团队发现，如果让铝制轮毂的中间部分先凝固，就能防止针孔的出现。具体地说，在铝液注入完毕后，为了保证铝制轮毂的中间部分先凝固，增加吹气管加速冷却(**图 11-3h**) 。这些部分凝固之后，其他部分的铝液还处于熔化状态，此时就可以对收缩部分注入新的铝液。改善结果是，原本平均 20%的不合格率下降到 5%（**图 11-3i**）。

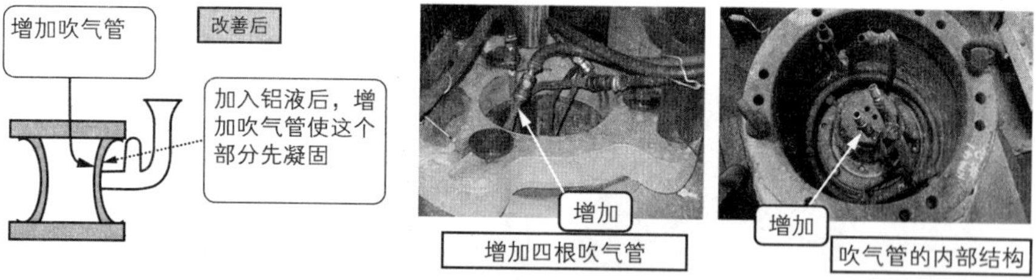

图 11-3h　增加吹气管

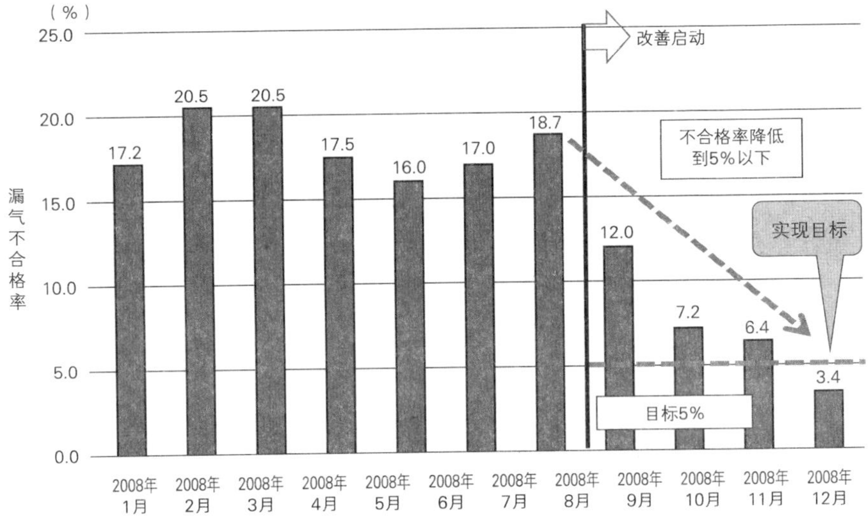

图 11-3i 通过改善减少漏气不合格率

11.4 马来西亚的车载空调零部件工厂

换产时间从16小时缩短到82分钟

马来西亚的 D 企业是一家生产车载空调零部件的中坚企业，员工达 400 人左右（**图 11-4a**、**图 11-4b**）。D 企业希望通过改善活动解决成本上升等问题，因此委托指导师进行指导。指导师每周两天到访工厂指导改善，指导时间为期半年。

●对象工厂	车载空调零部件工厂
●企业名	D企业（简称）
●所在地	马来西亚
●员工人数	约400人

图 11-4a　D 企业概要

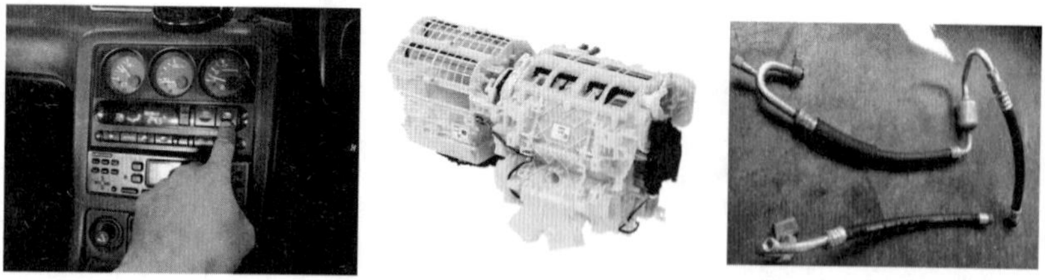

图 11-4b　D 企业内部改善小组

在指导开始时，指导师就对 D 企业经营高层提出以下两点要求：

（1）成立直属于高层的改善团队，安排 5~8 名的专职成员；

（2）设置大房间，张贴出改善内容、进度情况，要放在所有人都能看见的位置。

D 企业高层按照指导师的要求开展改善活动。D 企业先在内部成立了改善小组（**图 11-4c**），在指导师的指导下，通过“物料信息流动图”对工厂整体进行调研，梳理出哪个地方有什么问题。

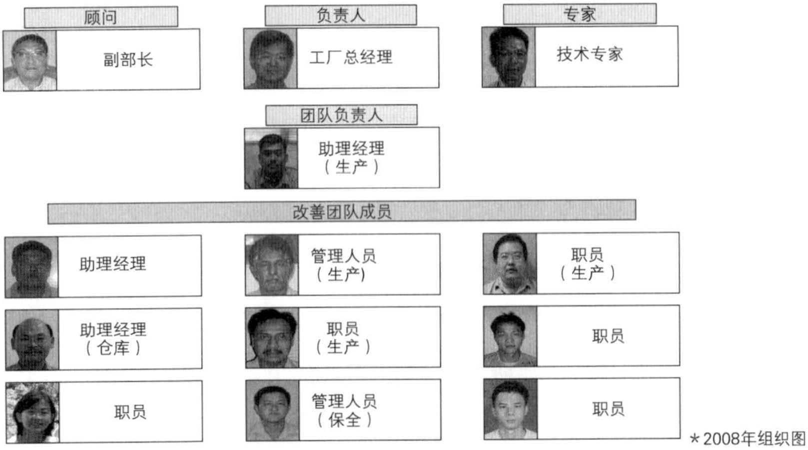

图 11-4c　D 企业内部改善小组

结果，改善小组发现了三个主要问题：①换产时间长，不得不大批量生产，造成庞大的半成品库存；②庞大的库存妨碍

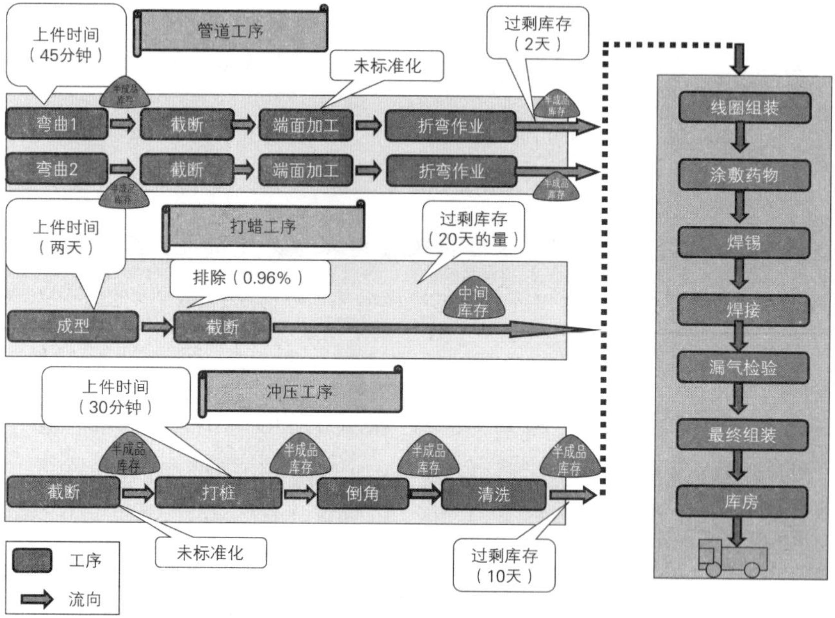

图 11-4d

了生产效率的改善，产生了许多浪费；③各工序都出现了质量不合格情况（**图 11-4d**）。

明确问题之后，就要思考如何推进改善活动（**图 11-4e**），改善小组基于基本计划，把握管道工序、打蜡工序、冲压工序等工序现状，明确问题所在，确定改善的方向（**图 11-4f、11-4g、11-4h**）。

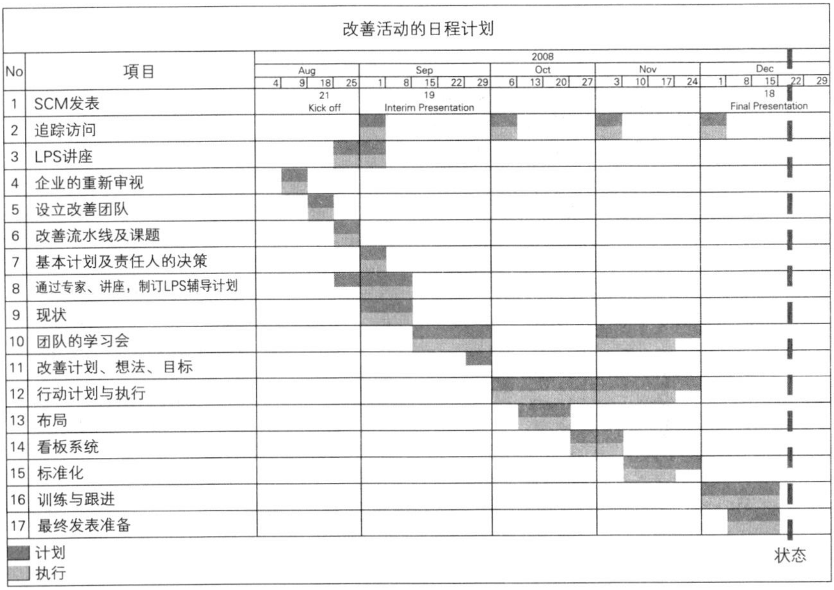
改善活动的日程计划
No
项目
2008
Aug
Sep
Oct
Nov
Dec
4 9 18 25 1 8 15 22 29 6 13 20 27 3 10 17 24 1 8 15 22 29
1 SCM发表
21 Kick off
19 Interim Presentation
18 Final Presentation
2 追踪访问
3 LPS讲座
4 企业的重新审视
5 设立改善团队
6 改善流水线及课题
7 基本计划及责任人的决策
8 通过专家、讲座，制订LPS辅导计划
9 现状
10 团队的学习会
11 改善计划、想法、目标
12 行动计划与执行
13 布局
14 看板系统
15 标准化
16 训练与跟进
17 最终发表准备
计划
执行
状态

图 11-4e

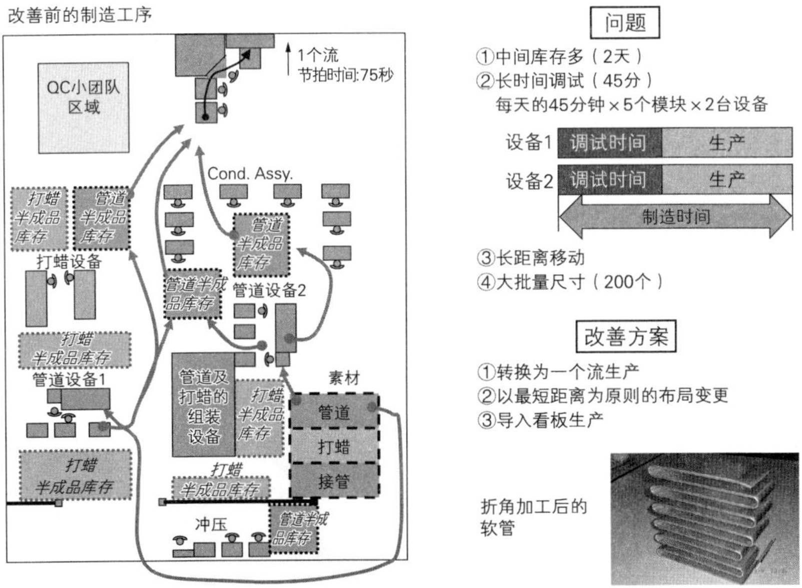
改善前的制造工序
QC小团队区域
1个流
节拍时间:75秒
Cond. Assy.
打蜡半成品库存
管道半成品库存
打蜡设备
管道半成品库存
管道设备2
打蜡半成品库存
管道设备1
管道及打蜡的组装设备
打蜡半成品库存
素材
管道
打蜡
接管
打蜡半成品库存
冲压
管道半成品库存
问题
①中间库存多（2天）
②长时间调试（45分）
每天的45分钟×5个模块×2台设备
设备1 调试时间 生产
设备2 调试时间 生产
制造时间
③长距离移动
④大批量尺寸（200个）
改善方案
①转换为一个流生产
②以最短距离为原则的布局变更
③导入看板生产
折角加工后的软管

图 11-4f

改善前的状况

问题

①中间库存多（10天）
②长时间调试（30分钟）

改善方案

①导入看板生产
②削减调试时间
③铸造底板的标准化

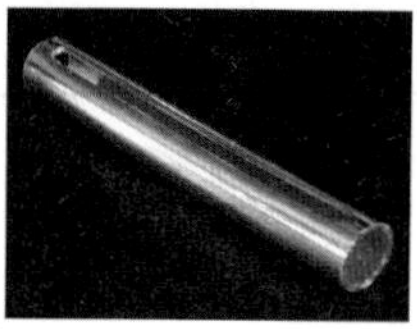

冲孔管

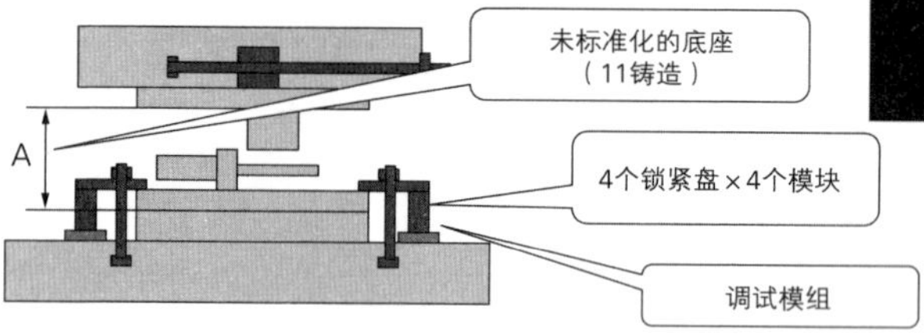

图 11-4g

改善前的制造工序

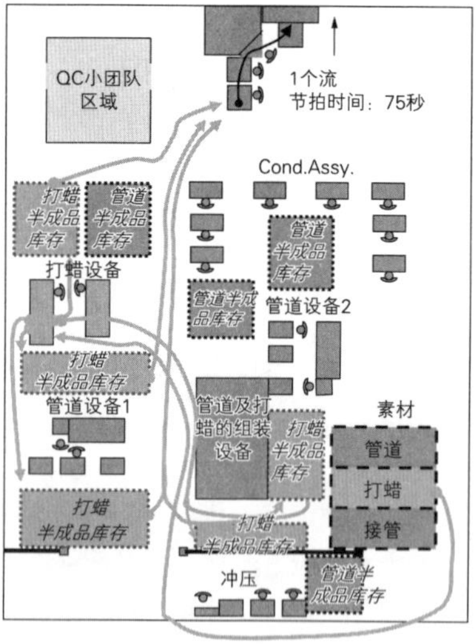

问题

①中间库存多（2天）
②长时间调试（16小时）
③长距离移动
④不合格率高（0.96%）
（截断问题）

问题

①削减调试时间
②距离最短的布局
③导入看板生产
④先进先出货架收纳
⑤截断流程的标准化

打蜡设备

截断问题

图 11-4h

制定改善的方向与设定目标

接下来笔者将分工序介绍 D 企业的改善内容。首先，在管道工序的改善中，D 企业采取了下述措施。改善前的管道工序换产时间是 45 分钟/次，也就是说，如果每天生产 5 个品种，那么每天仅换产时间就要耗费长达约 4 小时。因此，为了不降低生产效率，D 企业减少了换产次数，增加了生产批量。结果，半成品库存增加到了 2 天的量。为此，D 企业制定了削减库存的改善方向，主要有三个：①通过缩短换产时间，实现“一个流”生产；②改变布局，实现最短搬运距离；③导入看板方式，实现合理库存。

下一步便是制定冲压工序的改善方向。冲压工序中从换产时间的长度到半成品库存，占据了 10 天的时间，毫无疑问会导致过剩库存。于是，D 企业制定了缩短换产时间的改善方向。

打蜡工序的换产时间特别长，需要花费 16 个小时之多，半成品库存达到 20 天，感觉就像在堆积如山的库存中工作。因此，D 企业将改善方向定为缩短换产时间，通过布局变更实现最短搬运距离。该工序的库存存放区改造为先进先出，导入看板方式，实现库存降低。

下一步，D 企业根据现状和制定的改善方向确定具体的改善课题，每个课题都要明确现状水平和改善目标（**图 11-4i**）。改善目标设置为相当高的水平，为了实现这个目标，D 企业实施了很多改善措施，并获得了许多成果。

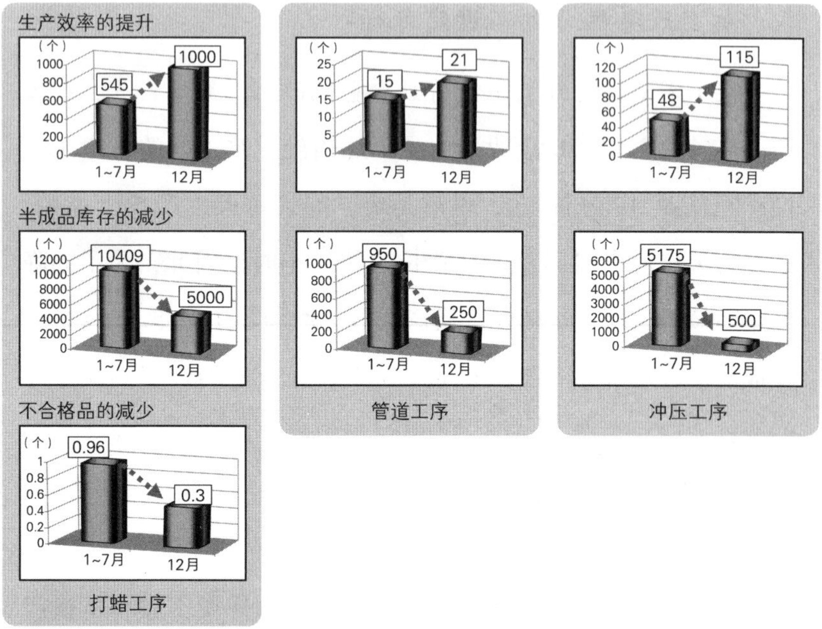

图 11-4i

具体的改善活动

具体的改善活动要以改善成员为中心，切实地开展实践。下面我们来看一下管道工序、冲压工序、工序顺序的改善内容和成果。

改善前和改善后的管道工序生产线对比如**图 11-4j** 所示，图的右下方整理了改善的实施事项与效果，换产时间从 45 分钟缩短到了 5 分钟。此外，由于布局变更消除了搬运的浪费，改善后还削减了两名作业人员。通过实现“一个流”生产，半成品库存从 950 个减少到 10 个，因此空出了 120 平方米的空间。

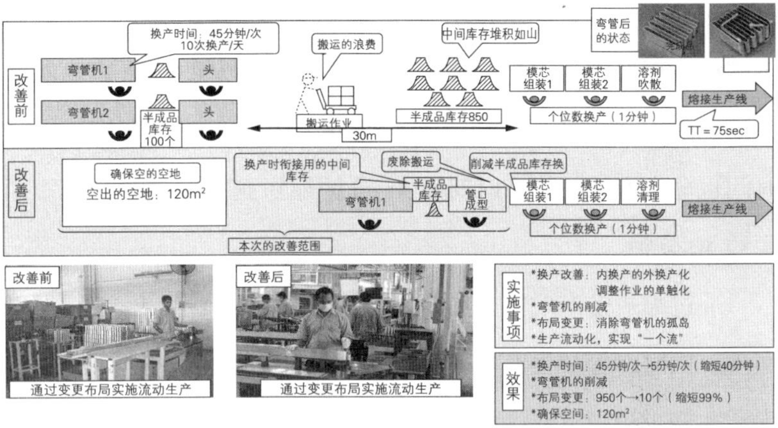

图 11-4j

换产改善内容如下。首先，D 企业实现了内换产的外换产化，改变了弯曲管材的模具导轨、定位块安装方法（**图 11-4k**）。

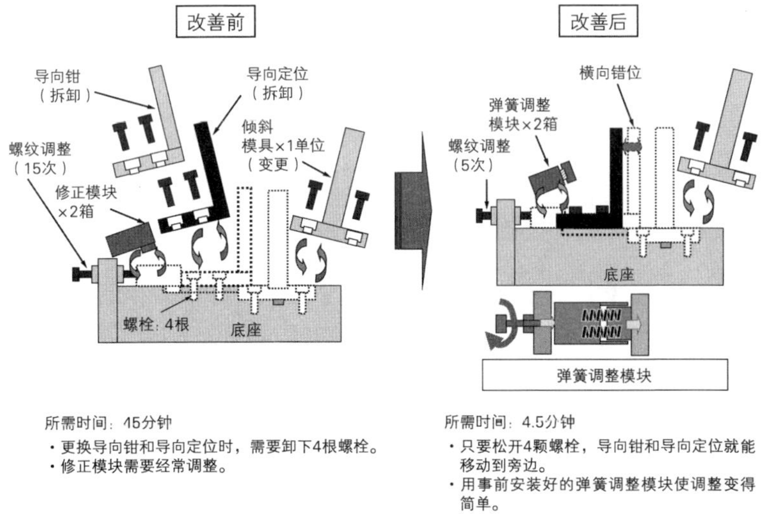

图 11-4k

改善前，导轨、定位块是用螺栓固定，因此更换时需要卸下螺栓，更换整体。D 企业将这种结构改变为松开螺栓就能使其滑动的方式，从而完成更换。另外，用弹簧调整来缩短换产时间也非常有效，换产时间从 45 分钟缩短到 4.5 分钟，缩短了大约 40 分钟。

通过缩短换产时间，小批量生产（“一个流”生产）得以实现。同时，管材生产效率从每人每小时 15 个增加到 21 个，实现了 40%的改善（**图 11-4l**）。

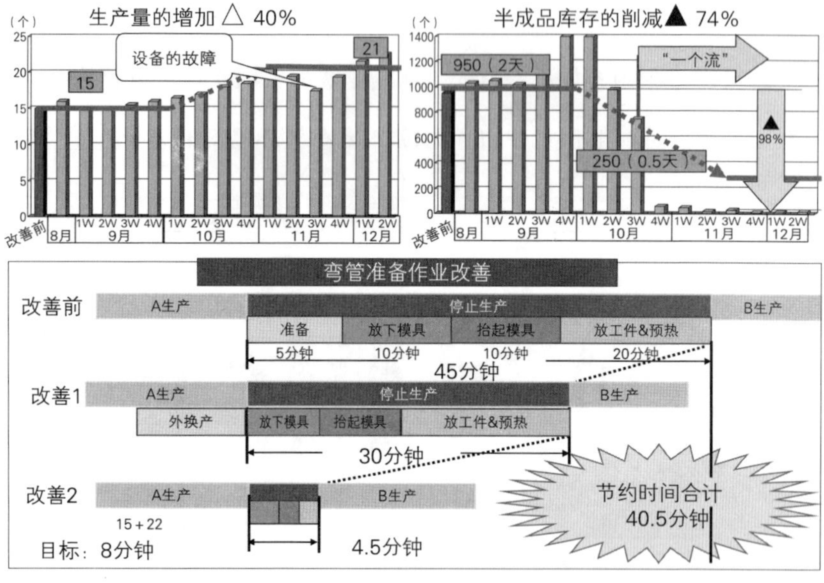

图 11-4l

接下来，笔者将针对冲压工序的改善进行说明。冲压工序从换产时间到半成品库存占用的时间都很长，这些都是问题的根源。

因此，D 企业实施了“将内换产进行外换产化”，改变模具固定方法等（**图 11-4m**）。结果，换产时间大幅缩短，实现了小批量生产。与此同时，半成品库存从 5175 个（累积 10 天）急剧减少至 500 个（仅 1 天），生产效率大幅上升；冲压件一小时的生产数从 48 个涨到 115 个，大约增加了 1.4 倍（**图 11-4n**）。

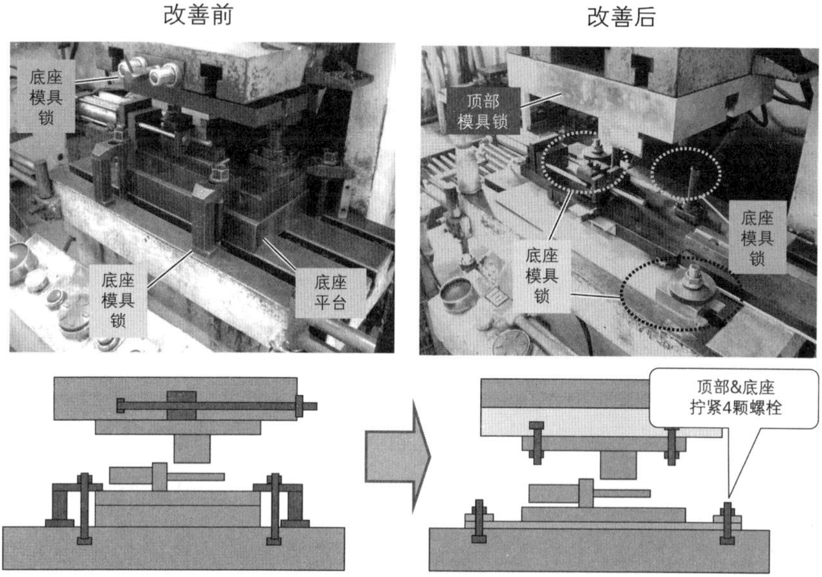

图 11-4m

下面笔者将介绍散热片成型工序的改善。这一工序最大的问题是换产时间长达 16 小时（960 分钟），导致半成品库存异常地多，达到 20 天左右。为此，指导师仔细观察了工序的换产作业，发现虽然很多已经改成外换产了，但是仍然有一部分是内换产。于是，在指导师的指导下，D 企业通过推进外换产化将

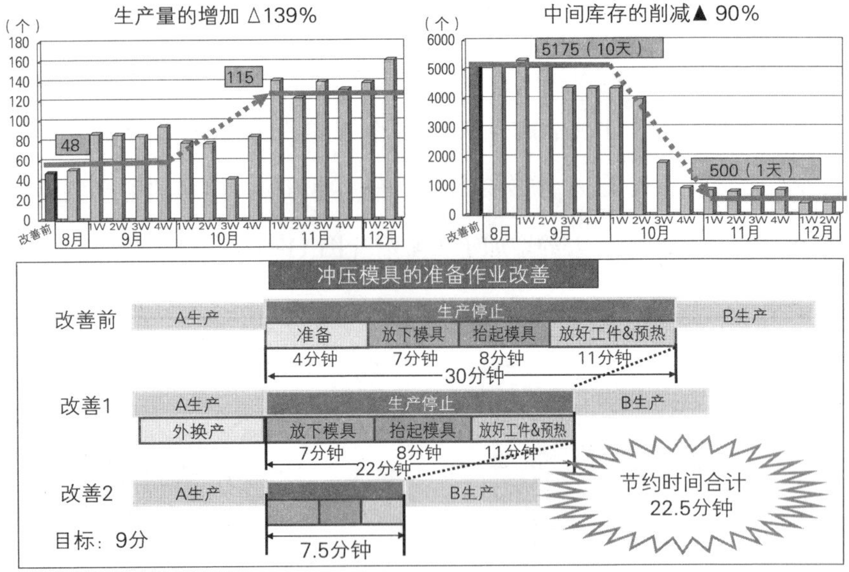

图 11-4n

换产时间从 16 小时一下缩短到 82 分钟，使生产效率提高了 83%，半成品库存减少了一半（**图 11-4o**）。

本次的活动成果如**图 11-4p** 所示。改善活动在库存削减方面的成果显著，由于缩短换产时间，实现了小批量生产，工厂内整体实现看板生产。D 企业还树立了一个典范，那就是经营层的干劲是推进改善的巨大原动力。经营管理者在大房间将活动内容可视化之后，提高了包含作业人员在内全员的参与意识，这也是 D 企业取得巨大成果的原因之一。

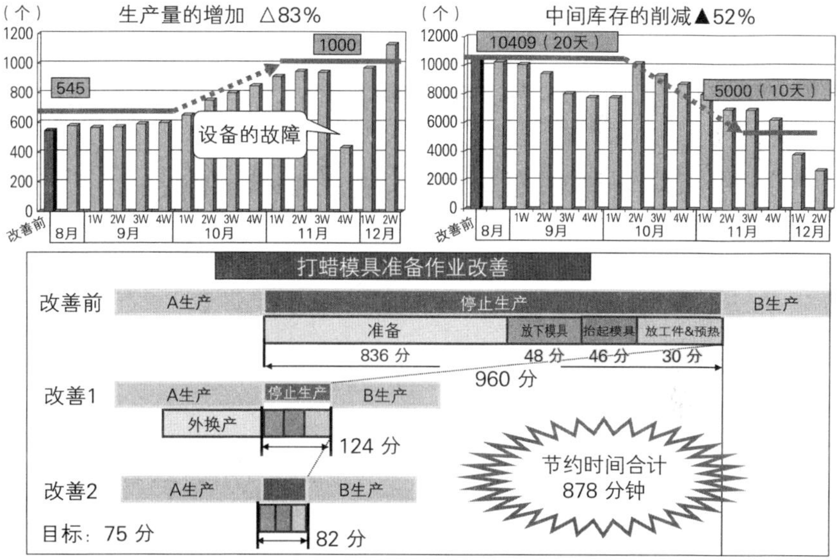

图 11-4o

内容		改善前	目标	现状
生产效率的增加 （个/人・小时）	管道工序 冲压工序 打蜡工序	15 48 545	21 115 1000	22.6 161.5 1128.6
削减半成品库存	管道工序 冲压工序（准备） 打蜡工序（准备）	950 5175 10409	250 500 5000	20 420 2734
不合格率的降低	打蜡工序	0.96%	0.3%	0.28%
削减预热时间	打蜡工序 管道工序 冲压工序	45 30 960	8 9 75	4.5 7.5 82
削减空间（m^2）		—	—	288
减少周转箱		825	—	400

▒：实现　　▓：未实现

图 11-4p

11.5 中国的发动机工厂

从超过7%的不合格率大幅降低至0.02%

11.5.1 兼顾生产效率与质量，物流也实现了效率化

E 企业是一家中国的发动机制造商，主要生产船舶、大型起重机、卡车的柴油发动机（**图 11-5-1a**），员工数量大约 4 万人。E 企业希望通过导入 T-TPS 提高生产效率和产品质量并实现物流的效率化，增强竞争力。2011 年 1 月，E 企业接受了第一次工厂量化评价——GBM（Global Bench Marking：工厂的实际状态评价指标）。根据评价的结果，E 企业从 2011 年 5 月开始开展 T-TPS 的改善活动，到 2014 年 6 月为止实施了 37 个月，做了很多改善。

●对象工厂	柴油发动机工厂
●企业名	E企业（简称）
●所在地	中国
●员工人数	约4万人

图 11-5-1a　E 企业概要

活动范围包括：两名指导人员每月实施 10 天的支援活动。其他现场管理监督人员参加 T-TPS 的研修（5 天）、接受基础培训。E 企业还为现场管理监督人员、改善成员组织了三次赴日研修（每次 4 天，于 2011 年 12 月、2012 年 7 月、2013 年 5 月实施）。赴日研修的内容主要是参观包括丰田在内的、导入 T-TPS 的标杆工厂，从而让员工实际体验 TPS，加深理解。

具体成果

尽管笔者应考虑行文的顺序，但还是想先为大家介绍活动取得的成果。活动成果要从定性评价和定量评价两方面来看。定性评价可以参考 GBM 得分的变化（**图 11-5-1b**、**图 11-5-1c**）。第 1 次（2011 年 11 月）的评价中得分为 1.33，非常低。第 2 次是 2.29，第 3 次是 3.04，2014 年 5 月的第 4 次达到了 3.63。日本工厂中超过 3 分的都很少，3.63 足以说明 E 工厂已经达到了很高的水平。

	第1次（2011年1月）	第2次（2012年4月）	第3次（2013年6月）	第4次（2014年5月）
现场活性化	1.40	2.54	3.26	3.38
标准书文件的整备	1.33	2.92	3.10	3.60
人（工作动力、人才培养）	1.00	2.30	3.10	3.70
物（物流、库存）	1.25	1.77	2.90	3.50
设备（换产、保全）	1.40	1.96	2.80	3.60
质量（自工序完结）	1.60	2.24	3.10	3.60
评分	1.33	2.29	3.04	3.63

图 11-5-1b　GBM 评分的变化

内侧起为第1次、第2次、第3次，最外侧是第4次

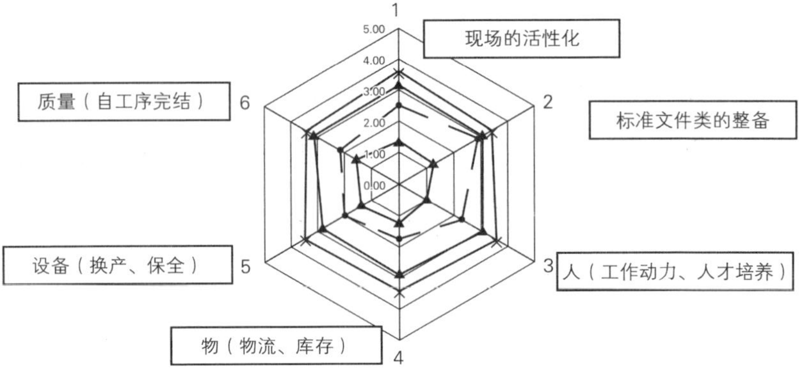

图 11-5-1c　GBM 评分的雷达图变化

下一步要从生产效率、不合格率、库存金额等定量评价来看工厂的变化，如**图 11-5-1d** 所示。从图中可以看出，每人每月的生产台数从 2011 年 5 月的 11.2 台达到 2014 年 3 月的 15.1 台，市场不合格率（市场投诉的发生率）从 7.21%降到 0.02%，

生产效率的提升（台）	2011年5月	2012年3月	2013年3月	2014年3月
生产台数	16804	14755	18867	19762
作业人员数量	1496	1485	1464	1308
每人的生产数量	11.2	9.9	12.9	15.1

E/G测试发现不良（%）	2011年5月	2012年3月	2013年3月	2014年3月
全不良率	4.65	5.14	1.96	1.51
供应商责任	2.90	4.69	1.72	1.32
工厂责任	1.75	0.45	0.24	0.19

市场投诉	2011年5月	2012年3月	2013年3月	2014年3月
销售数量（台）	不明	4975	10133	36824
不良数量（台）	不明	290	76	6
市场投诉发生率（%）	7.21	5.83	0.75	0.02

图 11-5-1d　生产效率、不合格率、库存金额的推移

库存金额减少了 76%~92%。我们再看一看更详细的数据。在生产效率的变化（每人每月生产台数）方面，虽然 2012 年有所下降，但在 2013 年，E 企业的生产效率大幅上升（**图 11-5-1e**）。

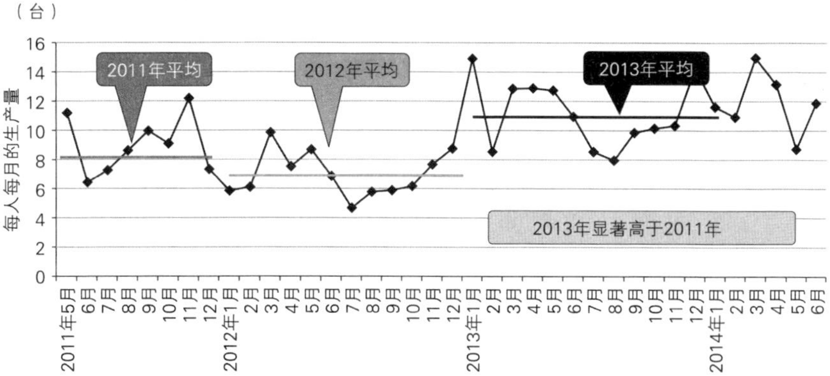

图 11-5-1e　每人每月生产台数的变化

“质量在生产工序内造就”，作为反映实力的一方面，发动机测试中的不合格发现率是一项重要指标。观察数据的变化趋势，可以发现不合格率每年都在下降（**图 11-5-1f**），意味着“质量在生产工序内造就”这一状态正逐渐固化。另外，本部门责任的不合格率也呈现出同样趋势（**图 11-5-1g**）。

市场投诉的发生率（市场中的不合格率）也有了大幅改善，这意味着不合格品流出企业外部的现象几乎完全被阻断了。市场投诉在 2011 年平均达到 4.77%，当时是 E 企业面临的严峻课题。但是，在 2012 年以后，投诉率大幅下降（**图 11-5-1h**）。市场的不合格对产品、企业的信用带来了巨大的伤害，因此这

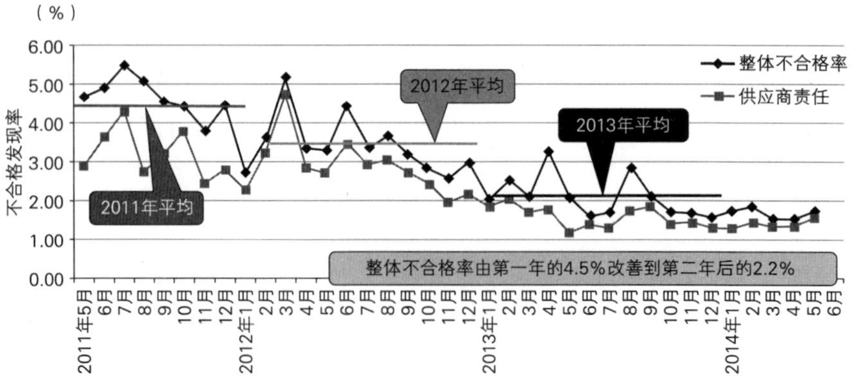

图 11-5-1f　发动机测试中不合格发现率的变化

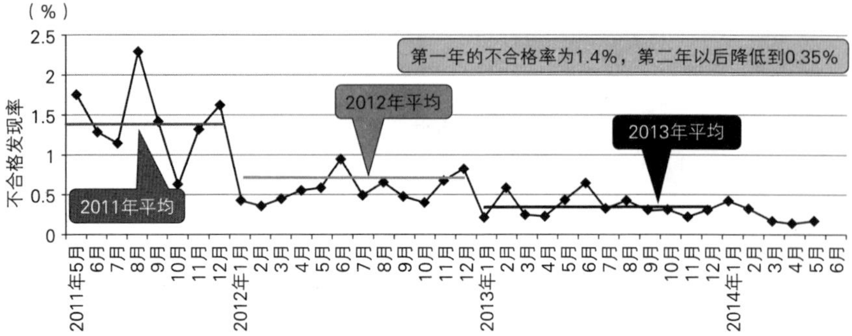

图 11-5-1g　发动机测试中本部门责任的不合格发现率变化

方面的改善会取得很大成果。

11.5.2　从六个角度开展改善活动

E 企业通过导入 T-TPS，在提高生产效率、改善产品质量方面取得了显著成果。那么，E 企业在实际中到底做了哪些具

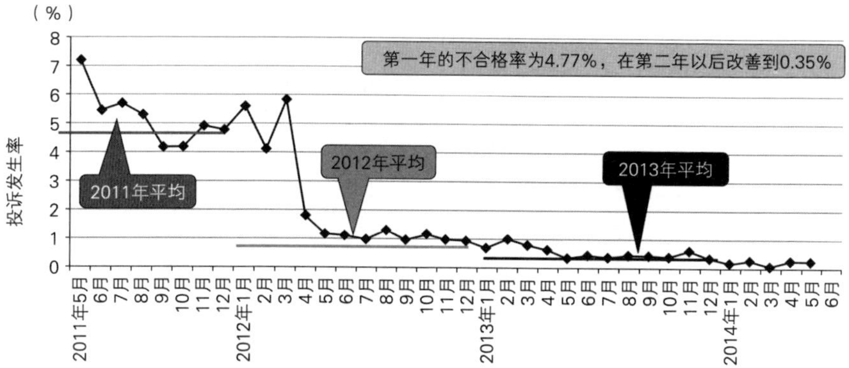

图 11-5-1h　市场投诉的发生率（市场中的不合格率）变化

体改善呢？我们通过下文来了解一下。

首先，我们从六个方面简单了解一下改善前的情况，分别是：①工作现场的活性化；②标准文件的完善；③人；④物；⑤设备；⑥质量。

①工作现场的活性化

从工作现场活性化的角度来看，会议和公告栏是展示改善前状况的主要途径。虽然改善前就有早会制度，但那时的早会定位并不明确。例如，在过去的早会上，操作人员、生产量、变化点等必要信息都没有可视化出来，因此无法实现信息共享（**图 11-5-2a**）。

在信息共享方面，员工对于公告栏上的内容问题意识还不够。虽然看到了公告栏，但是目的并不明确，也没有定期更新（**图 11-5-2b**）。

图 11-5-2a　操作开始前的会议

图 11-5-2b　公告栏的范例

②标准文件的完善

表单管理水平主要体现标准文件的运用情况，任何一个工厂、工序都如**图 11-5-2c** 所示，处于一种难以称之为管理的状态。没有按作业分类，需要参考时还要花时间找，也没有明确的管理责任人。

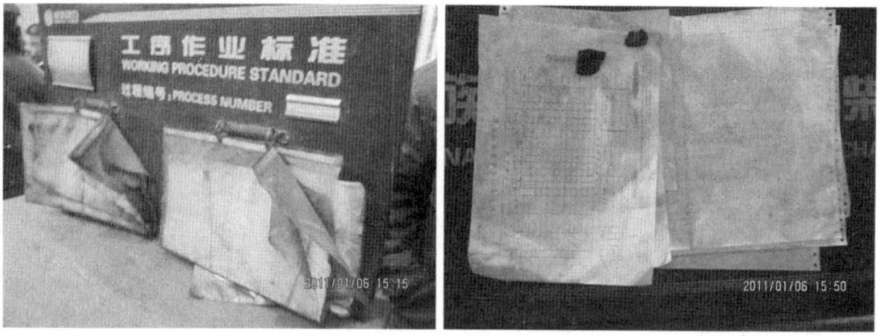

图 11-5-2c　杂乱无章的表单

③人（激发员工的工作动力与人才培养）

在改善活动之初，作业人员改善现场的热情似乎并不高涨。个人主义思想泛滥，不同员工的工作方式有很大差异，团队协作开展工作的意识非常淡薄（**图 11-5-2d**）。

图 11-5-2d　当初感觉不到操作中的团队协作

④物（物流、库存）

零部件等存放区没有编号，随意地放在空地上——这是典型的推动式生产。目之所及，中间库存堆积如山（**图 11-5-2e**）。中间库存过剩，占用大量空间，对整理整顿造成了极大的障碍。

图 11-5-2e　半成品库存堆积如山

⑤设备（换产、保全）

换产时间的缩短，是从设备的角度切入提高生产效率的课题，但 E 企业的作业人员只是按照指导师的方法进行换产（**图**

11-5-2f），感觉不到自发改善的积极性。设备保全是由专业部门负责，因此在保全工作结束之前，员工处于空手等待的状态。

图 11-5-2f　换产

⑥质量（自工序完结）

如**图 11-5-2g** 所示，员工没有“质量在工序内造就”的意识，只做被分配的工作。

通过改善成为中国顶级工厂

接下来笔者将结合照片为大家讲解具体的改善事例。通过这些改善，E 企业的工厂在生产效率和质量方面都达到了中国顶级水平。虽说现场活性化的基础是 5S 活动，但在生产线旁设置了信息角、会议区休息室也是非常有效的举措。这个空间是信息共享的场所，也是供大家思考的场所（**图 11-5-2h**）。

1 号工厂和再生发动机工厂则在整理整顿方面有了显著进

图 11-5-2g　生产现场虽然有确定的规则，但员工的质量意识还很薄弱

步，这是生产效率和质量提升的基础。

2 号工厂与零部件工厂的 5S 活动也逐渐固化了下来，工作效率得到了提高（**图 11-5-2j**）。某个作业人员在参观完丰田工厂后，模仿用树脂管制作的零部件货架，自己进行制作。这就是自主、自律活动慢慢固化下来的表现。

铸造工厂通过导入 5S 活动与看板方式，使得中间库存大幅削减（**图 11-5-2k**）。

通过导入 T-TPS 构建保全机制，装备品工厂实现了换产效率化，换产时间从 1 小时缩短到 10 分钟以内（**图 11-5-2l**）。再生发动机工厂通过 5S 活动制定库存量的基准，明确长期未使

图 11-5-2h　信息角以及会议空间兼休息区

用产品的废除基准，通过使用劣化品防止问题的发生。

1号工厂的活动情况

设置安灯

休憩所

设备的4S

排气管也要做4S

再生发动机企业

成品发动机及拆解零部件

旧型、二手发动机存放区

图 11-5-2i

2号工厂的活动情况

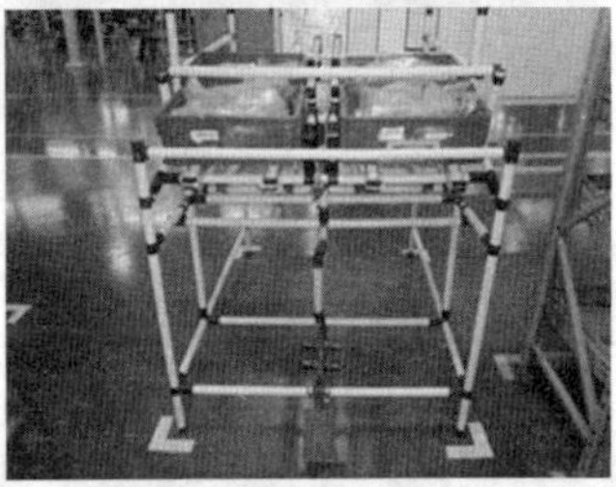

零部件企业的活动情况

图 11-5-2j

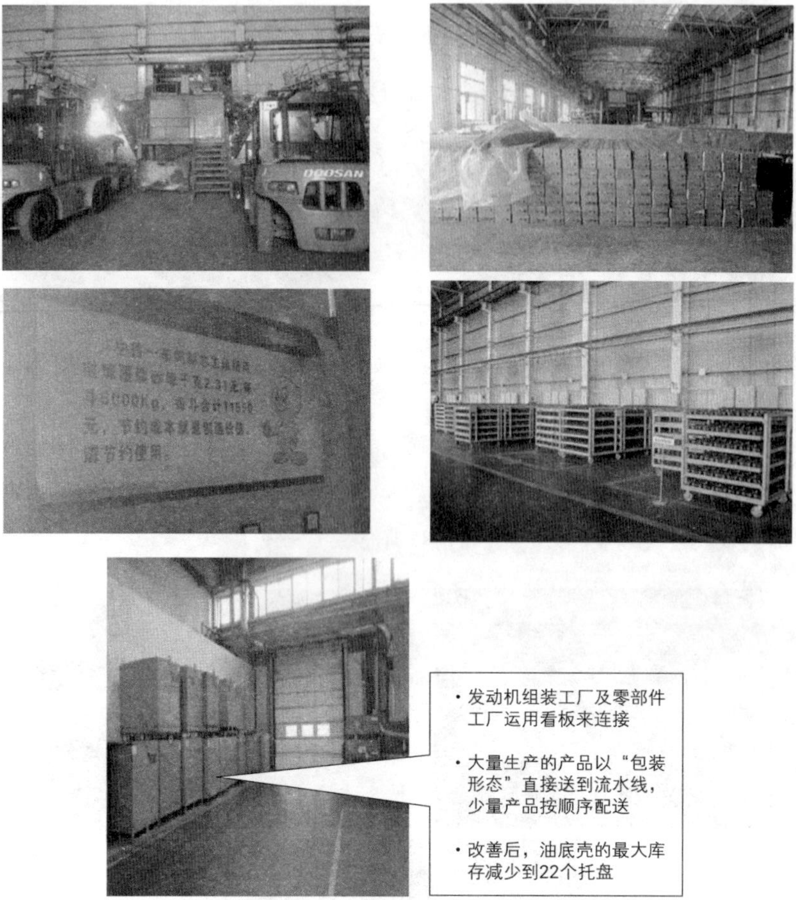
·发动机组装工厂及零部件工厂运用看板来连接
·大量生产的产品以“包装形态”直接送到流水线，少量产品按顺序配送
·改善后，油底壳的最大库存减少到22个托盘

图 11-5-2k

装备品工厂

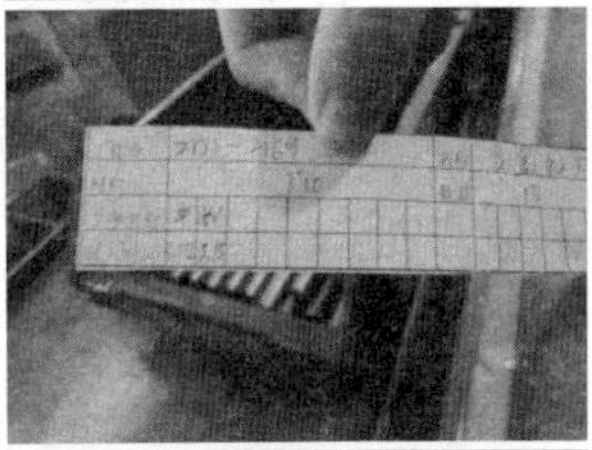

生产指令记录

冲压模具用零部件

冲压模具用零部件

生产进度可视化

再生零部件工厂

零部件库存货架

零部件库存货架

从回收发动机上卸下来的零部件

零部件库存货架存放区标识

图 11-5-21

值得强调的是，这些改善案例中的主任等现场管理监督人员开始自主行动了。例如，他们会自发地开展主任观察会（**图 11-5-2m**），在观察会上提出很多改善想法，大家就这些想法进行讨论并实施。

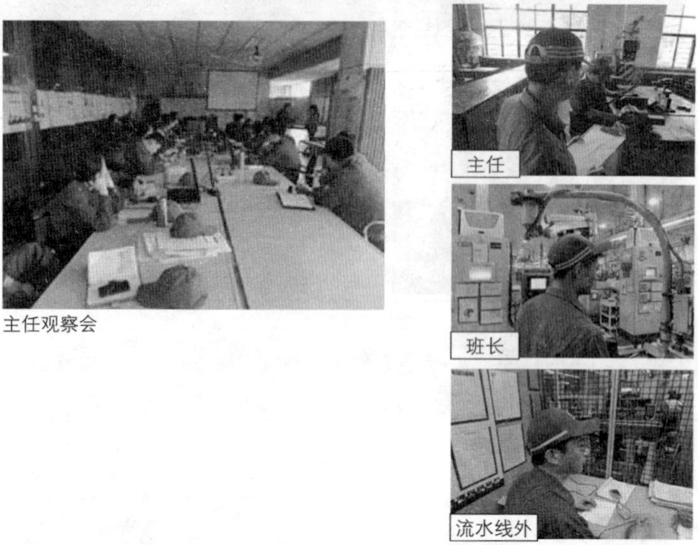

图 11-5-2m

除此之外，大家可以通过照片了解现场的最新情况。明确"先进先出"原则和叉车保管场地的完善、安全管理、检具类管理、不合格品展示等防止再发活动，以互相提升竞争心为目的，自发地开展改善活动实绩展示等活动（**图 11-5-2n**）。

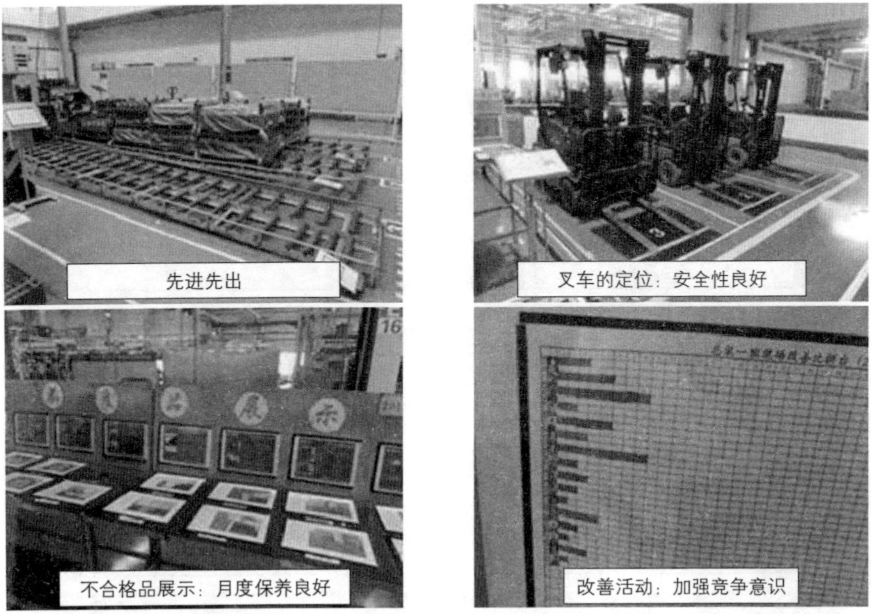

图 11-5-2n

不合格展示：月度保养良好

全体4S达标

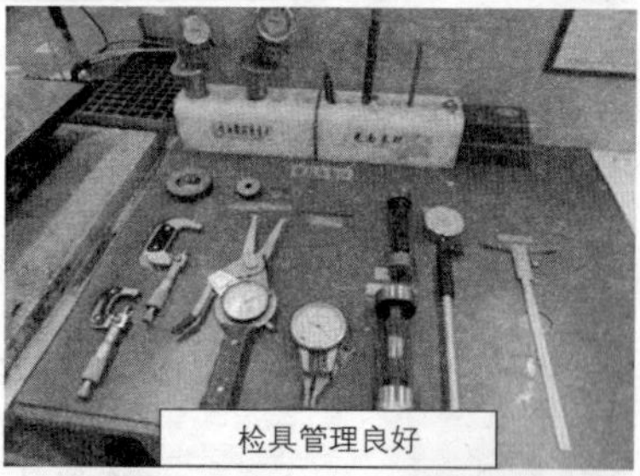

检具管理良好

异常可视化

明确“先进先出”原则

地面的4S

4S做得好，但如果能有工序标识就更好

去掉外包装的“清爽化”

图 11-5-2n

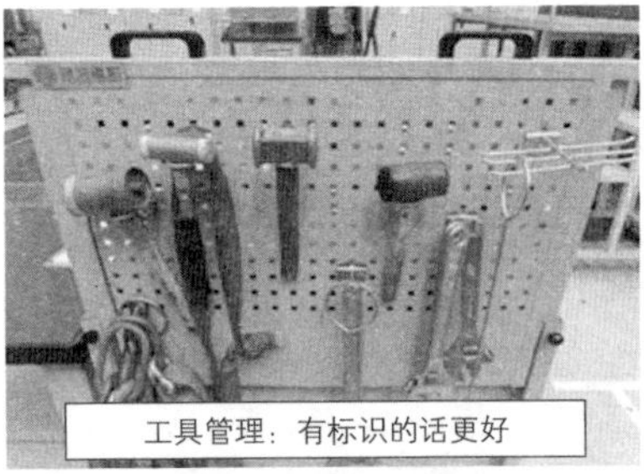
工具管理：有标识的话更好

灾害与质量不良的可视化

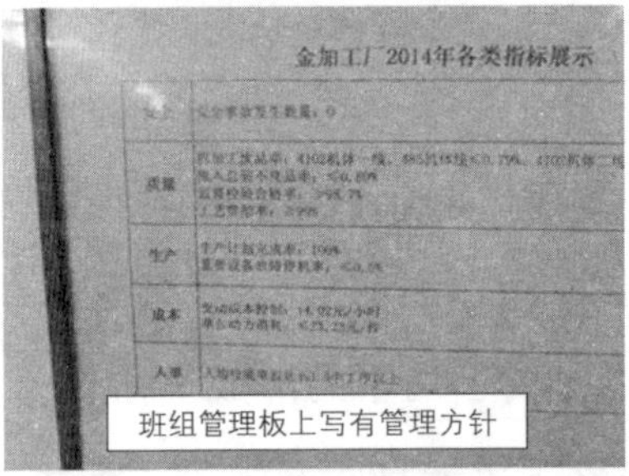

班组管理板上写有管理方针

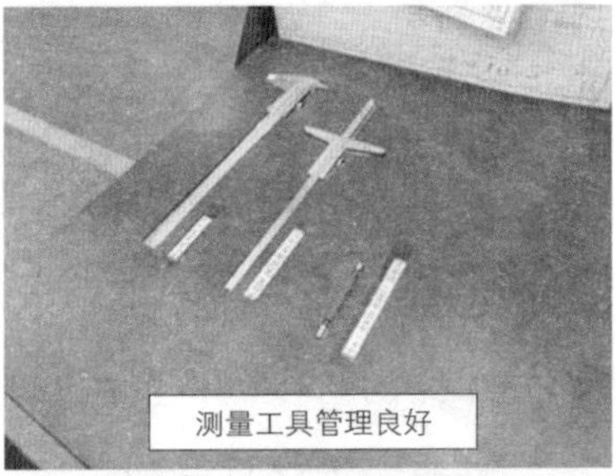
测量工具管理良好

品质检验场所

首件检验

设备后面的4S做得很彻底

图 11-5-2n

11.6 日本的建筑材料厂家

降低了1亿日元成本，从倒闭的边缘复活

F 企业是在日本国内制造泡沫混凝土的建筑材料厂家（**图 11-6a**）。笔者与 F 企业的经营高层面谈时得知该企业已经到了穷途末路的阶段。F 企业的高层说："搞了几年的降成本活动，今年还是有 1 亿日元的赤字。再这么下去就只能倒闭了。通过 T-TPS，希望能在一年的时间里扭亏为盈，一年内能降低 1 亿日元的成本。"

●对象工厂	泡沫混凝土面板工厂
●企业名	F企业（简称）
●所在地	日本
●员工人数	约300人

图 11-6a　F 企业概要

笔者观察了 F 企业的每一个角落，当时就发现一个问题：现场的工作和 10 年前几乎没什么变化。科长等管理监督人员、现场的作业人员都和 10 年前一样，用相同的方法干着相同的工

作。现场的人放弃了思考，认为这就是工作，每天重复做同样的事情。看到这种状况，我只能想到“墨守成规”这个词。作业人员的眼睛里没有光，眼神中没有活力。现场的互动对话也很少，笔者感觉这并不是一个适合降成本的时候。

泡沫混凝土工序大致分为以下几步：将放入发泡剂的混凝土材料混合在一起，加入钢筋，就能形成巨大的立方体；用钢琴线将立方体切段，形成泡沫混凝土板的形状，类似于做豆腐的过程，形状也像高野豆腐。尺寸则要根据顾客需求来制定，然后在高温、高压的窑里进行冶炼，最终成为成品。

制造过程中需要人员操作的工序越来越多，这是装备产业的一个特点。实际上，制造设备的初期投资是非常大的，但即使是 F 企业这样的例子，运营企业的依然是人，即使使用再高级的设备，生产效率与质量仍然取决于人。

成本降低的主角不是高层，因为成本的产生在于每一名现场的作业人员，所以成本能不能降下来也取决于每一名作业人员。笔者反复思量如何能在短时间内降低成本，决定分成三个阶段来推进降成本的活动。第 1 阶段是“改善的准备与计划”，第 2 阶段是“启动改善的大房间方式”，第 3 阶段是“实施具体的降成本活动”。

第 1 阶段：改善的准备与计划

大部分的作业人员都能理解降低成本对企业很重要。但是，他们在内心深处却没有真正认识到这件事情的重要性，也就是没有发自内心认可，没有转化成改善的行动。或者说，即使他们行动了，但由于积极性不高，活动在中途就夭折了（图 **11-6b**）。

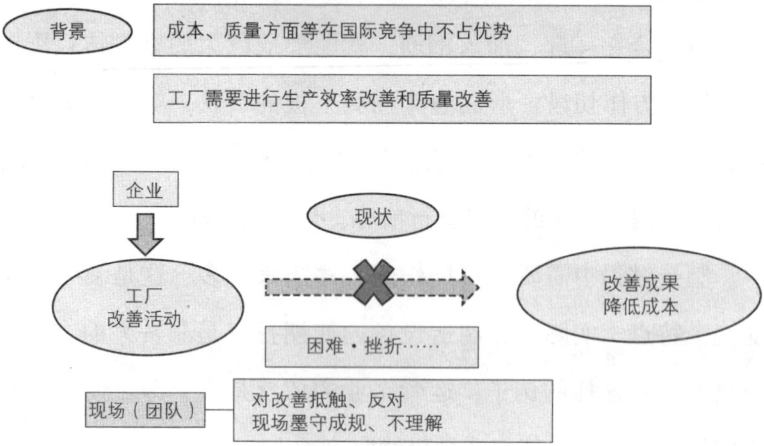

图 11-6b　改善活动没有步入正轨的原因

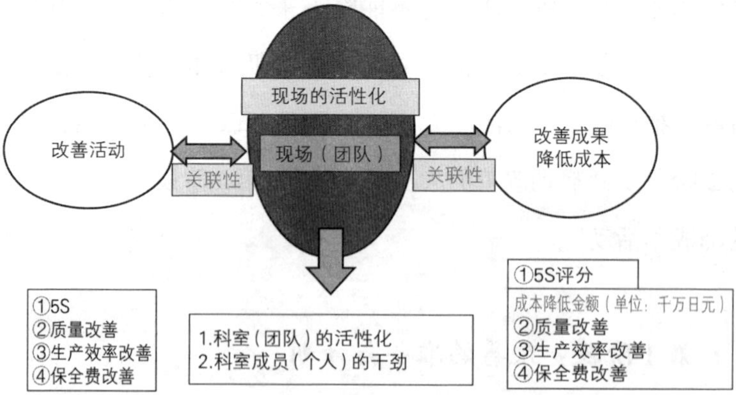

图 11-6c　人与现场活性化使改善活动步入正轨

打破这种情况只能通过培训，通过 T-TPS 的培训，员工从内心接纳“改善活动对企业、对自身都是有好处的”。做好了这一基础之后，再开始现场的活性化活动，构建活性化的现场，改善活动走上了正轨，自然能牵引出巨大的成果（**图 11-6C**）。

让现场活性化的方法如**图 11-6d** 显示的那样，有很多种。企业要结合现场现状，找到适合现场的方法。

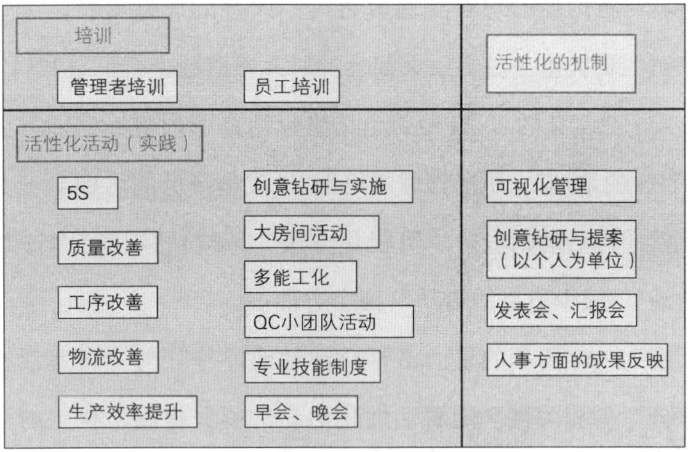

图 11-6d　现场（团队）活性化的路径

为了明确现场活性化活动与士气的关系，F 企业对每个人的活性化状态做了测定。具体分为“科室成员的干劲”“作业人员与科长的关系”等问卷调查，以分析活性化活动如何影响积极性的提升，上司（科长）与部下（作业人员）的关系如何变化（结果将在后文中揭晓）。

第 2 阶段：启动改善的大房间方式

为了让 T-TPS 渗透到全体员工，F 企业设置了改善的大房间，加强了 T-TPS 的培训（参考第 6 章用于改善的“大房间方式”），具体内容是将 5S 活动等各项改善计划的进度、情况张贴在大房间，在现场设置可视化管理板，张贴相同的资料。现场负责人每天早晨在管理板面前开早会，早会内容有操作上的注意事项，根据新的想法实施改善等。改善的成果反映到大房间内张贴的资料里，员工每天都会针对改善情况进行汇报和讨论。

F 企业实施的 T-TPS 活动具体包括以下内容：培训方面有“T-TPS 的培训”“质量管理的培训”“成本降低的培训”三大方面；活性化活动则包括“可视化方法”“资料的制作”“5S 培训及活动”“减少不良的活动”四个方面。

图 11-6e 所示的是“活性化活动的评分”与“科室活性化的评分”的相关性。随着活性化活动的得分提高，科室的活性化的评分就会提高。虽然图中没有展示出来，但其实个人活性化的得分与科室得分的轨迹几乎是一样的，活性化活动进展与科室活性化有着强相关性。通过活性化活动，科室、人员也会提升干劲，现场整体也得以活性化。这样一来，比较困难的课题——如降成本活动所需要的人才和团队就能在这个过程中培养出来，然后再开展下一阶段的工作。

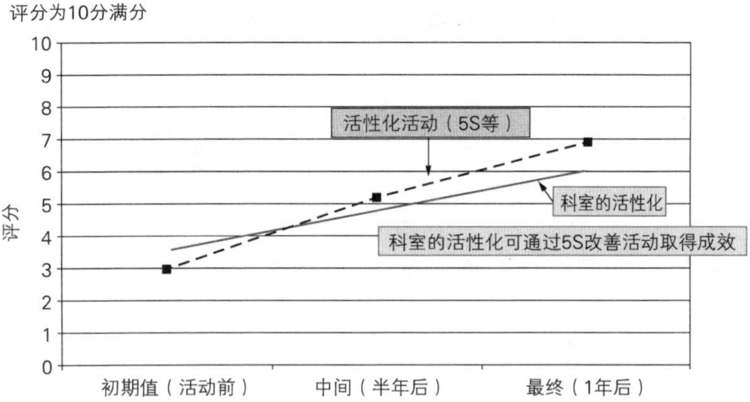

图 11-6e　“活性化活动的评分”与“科室活性化的评分”的相关性

第 3 阶段：实施具体的降成本活动

开始实施降成本活动的时候，企业要实施与成本相关的基础教育。这里笔者要介绍另一家企业的降成本案例，相信能为大家提供不少降成本的提示。降成本活动开展得如火如荼，是因为现场和人的活性已经达到很高的程度。没有活性化的人与现场，是开展不了降成本活动的。只有走到第 2 阶段，实现了一定程度的活性化，才能开始有自主自发的活动。

与成本降低相关的改善活动具体分为以下几个内容：①材料成品率的提升；②降低不合格率；③削减不合格品的维修费用；④削减叉车作业等物流费用；⑤减少设备保全费等等。

降低成本的效果往往不会马上出现，像 F 企业，也是在开展改善活动半年后才出现了成果，大约在一年后才达到了当初的目标，即降低 1 亿日元成本（**图 11-6f**）。F 企业的业绩开始上升，所希冀的盈利也实现了，可以说摆脱了倒闭的危机。

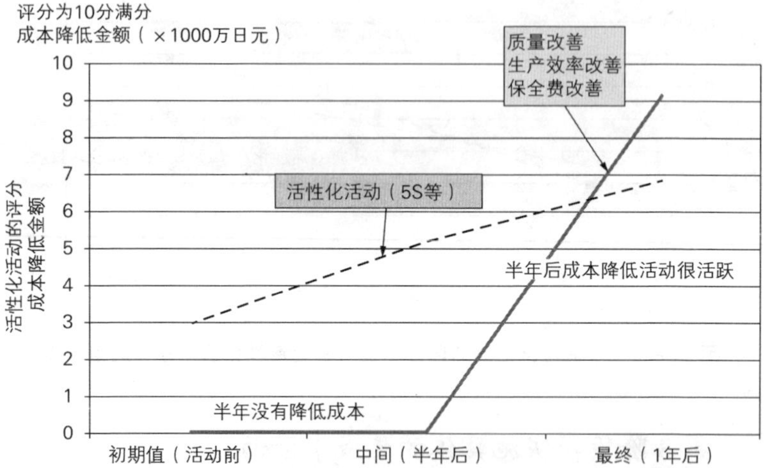

图 11-6f “活性化活动的评分”与“成本降低金额”的相关性

内心深处的重要性

笔者刚开始指导时，F 企业的大部分现场工作人员是很抵触的，因为改善必然要改变他们十年以来都没有改变过的工作模式。人与现场都是保守的，不喜欢变化，无法通过讲道理说服他们。尽管他们认为这些道理都对，但内心深处还是很抵触。“人”这个物种，只有大脑理解是不行的，要发自内心认可了才会开始接受，进而转化为行动。做到这样，自主改善活动就是水到渠成的事情。

要撬动人的内心情感是极其困难的事，但是通过周全的活性化活动，就一定能让人的内心和情感发生改变。活性化活动让人有成就感，当目标实现时，上级要及时地表扬员工，让大家真切感受到改变现状的工作是如此精彩。就像前文提到的“科室成员的干劲”的调研结果，通过活动的开展，员工积极性大幅提升（**图 11-6g**）。

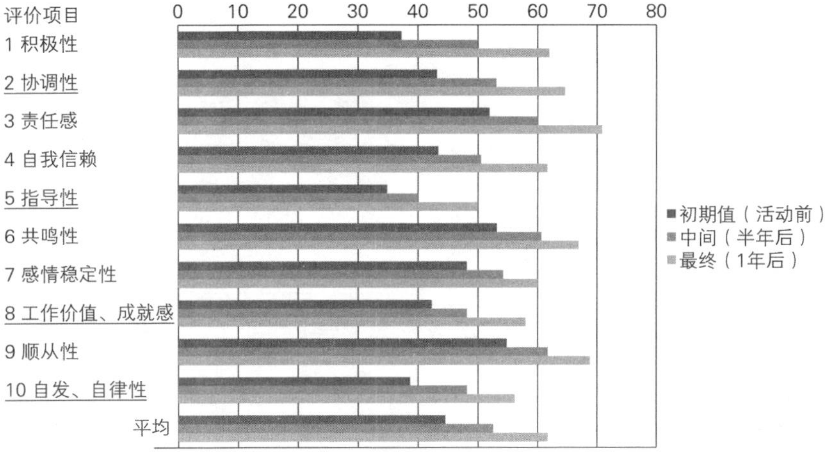

评价项目中画线的部分偏差（标准偏差）在扩大。

图 11-6g　全体科室成员的工作动力变化情况

即使是很小的改善，企业也要给作业人员示范实际操作，与他们一起思考，这样的话，感兴趣的人就会越来越多。这些增加的同伴就是改善的推进人员，这样一来能让周围的保守的人也渐渐发生改变，开始积极地看待活性化活动，并愿意去协助，然后逐渐变成自主开展活动。人与现场的状态只有发生这样的改变，才会开始实施改善。

F 企业之所以能降低成本，是因为通过 T-TPS 的改善活动实现了员工的活性化。这是全体员工开展活动的结果。F企业最大的改变就是让所有员工感觉到了工作的价值和成就感，开始变得神采奕奕，眼睛里有了光芒。

11.7 俄罗斯的汽车零部件工厂 生产效率与质量显著改善，还建设了新工厂

11.7.1 一个人无法管理两百人

2008 年，受设置在俄罗斯下诺夫哥罗德的日本中心邀请，笔者开始对 G 企业开展导入 T-TPS 的改善。G 企业的老板开口就念叨着：“我读了好几本‘Lean Production’（T-TPS 的英文）的书，但实际做起来，还是会发现有很多不明白的地方，感觉很困惑。希望您为我们指导 T-TPS 的实际内容。”他还希望能够请真正在丰田实践过 T-TPS 的人进行指导。笔者向他说明了自己常年在丰田实践 T-TPS，之后又创立了丰田工程技术株式会社，支援 T-TPS 导入的经历。

G 企业是俄罗斯汽车零部件厂家，员工人数约为 1100 人，主要生产仪表板、车门后视镜等汽车零部件（**图 11-7-1a**）。

笔者和 G 企业迅速成立了一个由 20 人组成的 TPS 导入中

●对象工厂　汽车零部件工厂
●企业名　G企业（简称）
●所在地　俄罗斯
●员工人数　约1100人

图 11-7-1a　G 企业概要

心，还举行了启动会，介绍改善团队，明确高层的意志，说明改善计划（**图 11-7-1b**）。T-TPS 改善活动正式开始是 2008 年 3 月末。

图 11-7-1b　TPS 导入启动会

笔者在指导前观察了制造现场，发现工厂的生产效率、质量、5S 水平特别低，量化评价工厂实力的 GBM（Global Bench Marking：工厂实际状态评价指标）得分为 1.1 分（参考第 8 章“全球工厂评价体系‘GBM’”）。无论哪一个工序，都有很多体重 100 公斤以上的女员工坐在椅子上进行作业，完全感受不到作业员工有工作动力。改变这种状态需要一定的时间，所以需要长期开展活动。于是，TPS 改善小组先制订了三年的改善计划，获得高层认可后由两位经验丰富的指导师开始进行指导。

2008 年是指导的第一年，G 企业除了现场的实践指导之外，还非常重视 T-TPS 的培训。G 企业的问题集中在两个，一个是操作人员的技能非常低，还有一个是作业人员没有活力。G 企业一直没有进行作业人员的培训和培养，所以出现这种情况是必然的。每一个负责人要管理 200 名作业人员，因此没有用于培训和改善的时间。现场的作业人员每一个自主、自律地进行改善固然理想，但恐怕就连负责人都没有一点时间去做这些事情。

因此，针对第一项，即技能低的问题，改善小组决定在管理人员下面设立组长等管理职务，最终用三年的时间建立了一名组长管理 20 名员工的体制，以组长为核心磨炼技能。

从笔者的经验来看，每个人能管理的人数上限为 20 人。在丰田，由组长带领班组是十分重要的，班组是创造出成果的原动力。笔者认为，班组才是工厂的核心组织，核心组织越强，工厂一定会很强。

但是，G 企业的社长（二把手）强烈反对设立不进行直接操作的组长岗位，认为这样做会降低生产效率。因此，G 企业一开始并不马上指定组长，而是先提升生产效率，实现了省人化之后，再利用富余的人员增加组长。也就是以生产效率提升的一定比例，分阶段形成组长机制，在这样的方式下诞生的组长能进一步推进改善。

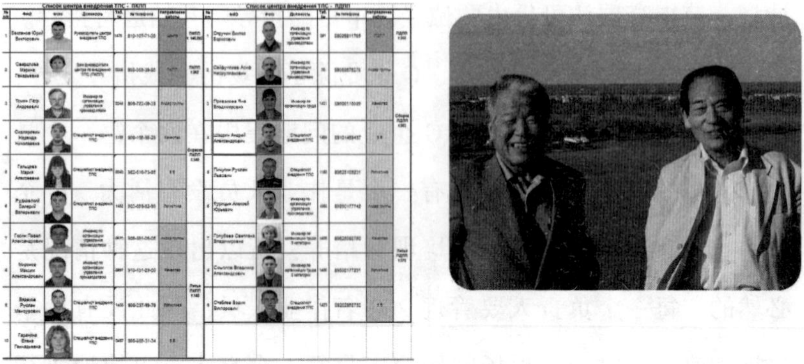

图 11-7-1c　G 企业的改善成员（左）与指导改善的丰田工程技术株式会社的蟹指导师和狩野指导师（右）

实现省人化的人数达到组长人数的 5 倍以上，这时社长开始同意增加组长。运用 T-TPS 进行的改善活动，成为以组长为核心的现场活动。生产现场的工作往往很容易被认为“仅仅是生产”，但是 T-TPS 中生产现场的工作是生产、改善、质量保证、降低成本、培养人才。所以，核心组织的班组需要完善能开展这些工作的体制。

11.7.2　通过5S 激发干劲

还有一个问题，就是员工没有干劲。针对这个问题，笔者考虑以 5S 活动作为突破口。5S 活动是现场的活性化活动中最容易开展的活动。通过 5S 活动实现工作现场的活性化，以班组作为核心组织提高干劲是本节中主要介绍的方法。

开展改善活动以前的工厂没有进行整理、整顿，很难称一个整洁的工厂（**图 11-7-2a**）。2008 年 4 月最开始实施时 GBM 中 5S 的得分为 1. 16 分，很低。根据这一现状，指导师为 G 企业建立了三年达到 3. 0 分的目标（**图 11-7-2b**）。

图 11-7-2a　改善前的工厂

	4月	5月	6月	7月	8月	9月	10月	11月	12月	1月	2月	3月
评分目标	1,16	1,29	1,43	1,56	1,7	1,83	2	2,1	2,2	2,3	2,4	2,5
实际评价												

	4月	5月	6月	7月	8月	9月	10月	11月	12月	1月	2月	3月
评分目标	2,53	2,6	2,6	2,6	2,7	2,7	2,7	2,7	2,7	2,8	2,8	2,8
实际评价												

	4月	5月	6月	7月	8月	9月	10月	11月	12月	1月	2月	3月
评分目标	2,8	2,8	2,86	2,9	2,9	2,9	2,94	2,96	2,98	3	3,02	3,05
实际评价												

图 11-7-2b　设定 5S 的改善目标

一开始，改善推进小组的 20 人中有 4 人专门负责 5S，他们的职责是要将现场 5S 化。活动开始步入正轨以后，减为 1 人专门负责 5S，剩余 3 人负责其他的改善活动（**图 11-7-2c**）。

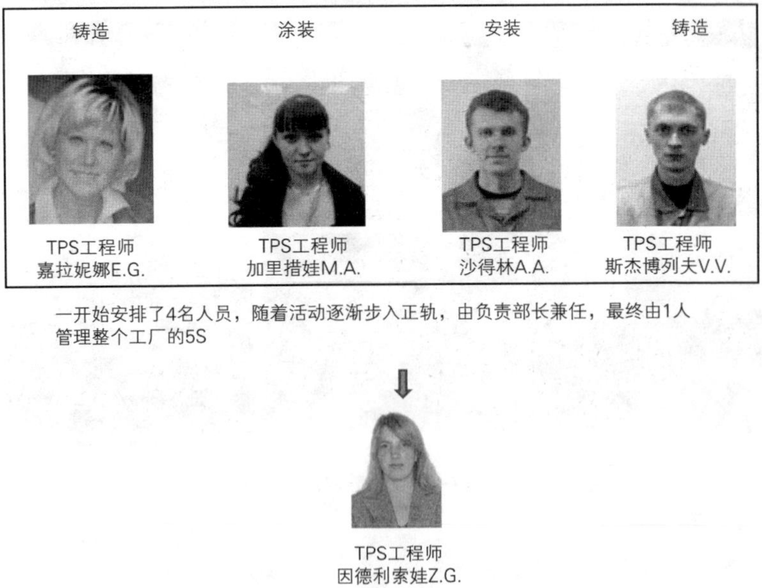

图 11-7-1c　当初由 4 名专职人员负责 5S，后来减为 1 人

5S 活动的成果如**图 11-7-2d** 所示。虽然有一段时间总是无法实现计划，但是大致上还是一步一步地提高了得分。取得这样的成果，最重要的是在每个节点都对优秀的现场以班组为单位进行表彰。“只要认真开展活动就能受到表扬”这一点很重要。如果没有评价制度，活动就不能活跃地开展。**图 11-7-2e～图 11-7-2g** 中展示了生产现场实施的具体的 5S 活动的内容。图中的“BRIGACHILA”在俄罗斯语中是“组长”的意思。

向优秀的小组颁发蛋糕

图 11-7-2d　5S 评分的变化

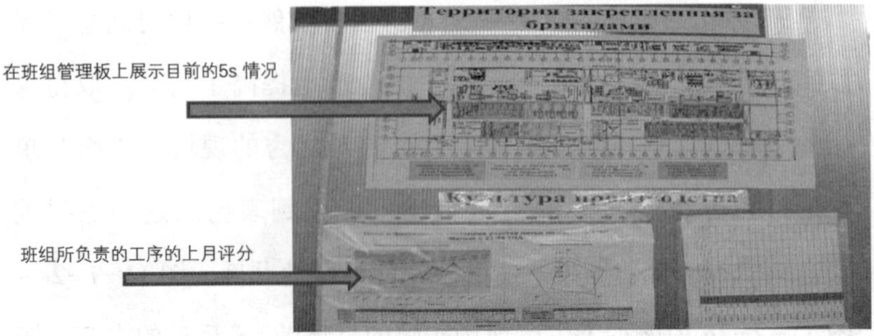

从2010年11月其实施培训，让组长们自己进行5S评价

图 11-7-2e　5S 活动信息在管理板上可视化出来

TPS导入中心的负责人定期巡视工厂（第一年是每周，后来是每月一次）、不需要的物品移动到“不需要区域”，这叫“红牌作战”。一定期限内，不需要物品的区域中存放的物品将被丢弃。

移动的物体→3358个
其中废弃的物体→2542个
返回作业工序的物体→816个
金属屑→黑色金属53t
非铁金属→485kg

图 11-7-2f　丢弃生产现场不需要的物品，进行整理整顿

各班组管理板上标示出月度问题确认表（4S 的 7 件）。表格由组长进行记录，表格中会体现月末的目标。

标杆工序则体现出问题信息、改善对策。

问题数量的计算及目标达成率的管理表单。

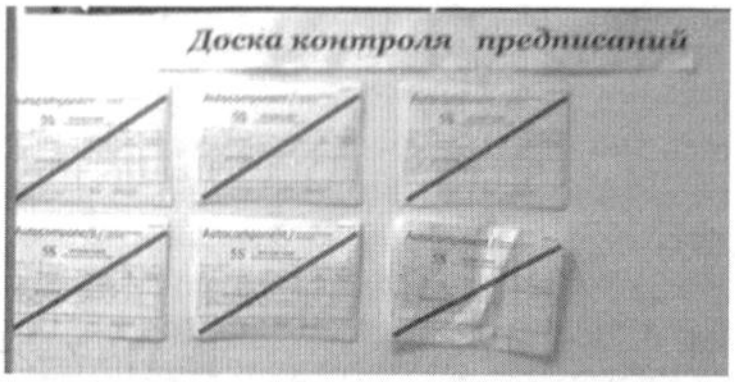

有必要的话，向工序5S负责人发出指令书，在管理板上体现出来。

图 11-7-2g　在各种各样的展示板中共享信息

技能培训与人才培养

现场作业人员的工作不仅仅是操作，改善也是极为重要的工作。但是，没有人天生具备改善的能力，所以需要大家有意识地培养。为此，G 企业的 T-TPS 中对现场的人才进行了各种各样的培训（**图 11-7-2h~图 11-7-2k**）。其中，组长的培训是重中之重。

要更进一步让 T-TPS 扎根的话，就要让作业人员养成良好的思维习惯，因此需要对员工进行详细的说明，必须让他们理解改善是“为了自己”，“是有益的”。

为了实施培训，G企业重新设计了课程。新加入的作业人员需要全员接受5S培训。没有遵守5S标准的作业人员同样参加培训，从2009年4月开始，总共343人接受了5S培训。

新加入的作业人员全部要接受5S体系培训，不遵守5S标准的作业人员同样要接受培训。

ЖУРНАЛ РЕГИСТРАЦИИ ПРОВЕДЕНИЯ ВНУТРЕННЕГО ОБУЧЕНИЯ

培训的结果要记录在专用的纸上。

图 11-7-2h　实施 5S 的培训

5S培训对象要接受最终测试，10分钟内答对7题就为合格。

接受培训的人将获得TPS导入中心负责人制作的5S教材。

图 11-7-2i　最终测试

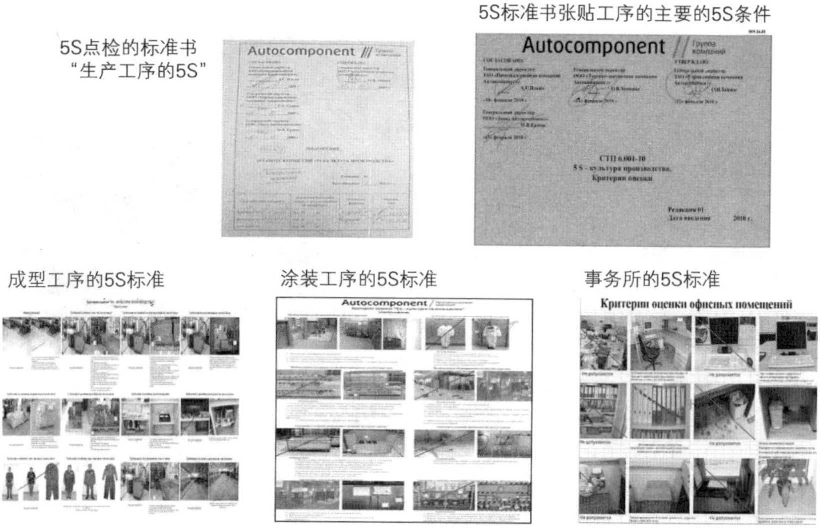

图 11-7-2j　制作与自己现场吻合的标准书

随着员工对 TPS 理解的深化，改善活动也变得越发活跃起来，现场作业人员自己制作符合自己现场情况的 5S 标准书、评价基准，积极地进行操作，GBM 得分也上升了。企业在每个节点都会表扬这样的现场。这样一来，良好的循环就会开始，一开始得分 1.16 分的 5S 活动，在三年的时间里达到 3.0 分的目标。笔者认为 5S 活动的评分和现场的活性化有明确的关联性，“活性化指数=5S 评分”。

11.7.3　班组的进化与发展

下一步，T-TPS 要将这些核心组织——班组体制的发展进

●5S活动以外各种各样的培训也在实施

5S体系	343人
改善提案	57人
班组体制	57人
看板	273人
OEE	22人
质量管理工具	10人
产品的成本	13人
PCA的企业文化	75人
换产	16人
不合格品的管理	166人
TPS基础	40人
合计	1078人

TPS検定 4級 認定書
TPS Certificate for grade-4
Аттестация ТПС Сертификат 4 уровня

Горин Павел Александрович 殿

あなたはTPS検定において評価基準を満たしましたので頭書の資格を有する者として認定いたします
You have successfully completed the TPS Certification for grade 4 assessment

TPS grade 4	1. TPS Fundamental knowledge 2. Process Improvement / Process Kaizen 3. Logistics Improvement / Logistics Kaizen 4. Quality Improvement / Quality Kaizen

TPS导入中心的负责人和工序部长40人接受TPS4级的培训。有34人接受最终测试，另外有30人合格。

图 11-7-2k　5S 活动以外各种各样的培训也在实施

行归拢。G 企业中本来没有“班组”的概念，一个管理者（监督人员）管理 200 名作业人员。但是，一个人能管理的上限是 20 人，为此要重新组成一个 20 名作业人员构成的班组，一名组长管理 20 名员工，用三年分阶段建立这样的体制。

班组数量从 2009 年的 12 组开始增加到 2010 年的 23 组，并于 2011 年达到 43 组。当然，不仅仅是人数增加，班组承担的职能也会增加，工作内容进一步深化。因此，G 企业在生产效率、质量提升等方面逐渐取得巨大的成果。

班组是否能有效地履行职能取决于组长的能力，因此 G 企业还充实了组长的培训制度。后文中提到的 2011 年班组体制的发展经历显示，组长至少要接受不合格率的管理、TPS 的基本原则、浪费的内容、班组体制、5S、QC 小团队、看板、标准作业、改善提案机制九类培训，还必须通过研修完成的测试。分数低的组长需要接受再培训以及上司的培养与指导。**图 11-7-3a～图 11-7-3c** 便是每年班组体制发展的经过。

●导入班组体制

2009年　组成12个班组
一个班组的作业人员数量是10～18人。
制订班组评价基准。
评价班组本来的状态。

原先状态的评分是2.03。

№ п/п		Бригада	Исходное состояние (май)					
			Качество	Управление производственным процессом	5S	Предложения по улучшению	Персонал	Итого
			Повышение качества продукции и работа кружков качества	% выработки	Внедрение и поддержание принципов "5S" на рабочих местах	Активность в процессе постоянных улучшений	Квалификация персонала (динамика)	(средний б… по бригад…
1	№ 18-01-01	Валькова Т.А.	1	5	2,57	1	2,9	2,49
2	№ 18-01-02	Шилкина Л.А.	1	5	2,57	1	3,25	2,56
3	№ 18-01-03	Сергеева Н.В.	1	4	2,56	1	2,9	2,29
4	№ 18-01-04	Ершова И.Е.	1	4	2,56	1	3,1	2,33
5	№ 18-01-05	Лукьянова И.А.						
6	№ 18-02	Гусева Е.В.	1	5	2,56	1	2	2,31
7	№ 18-03	Максимова С.В.	1	5	2,56	1	2	2,31
	№ 18-04-01	Михеева Е.	1	5	2,56	1	1	2,11
	№ 18-04-02	Сачкова О.Ю.	1	5	2,56	1	0,9	2,09
	№ 18-04-03	Костюнина М.В.	1	5	2,56	1	1,1	2,13
	№ 18-05	Родионова Е.В.	1	3	2,7	1	2,1	1,96
	№ 19-02-02	Лезина С.Н.	1	5	2,45	1	1,4	2,17
	№ 19-02-03	Жигалов В.П.	1	2	2,6	1	1,5	1,62
	№ 19-03	Захарова И.И.	1	4	2,64	1	1,9	2,108

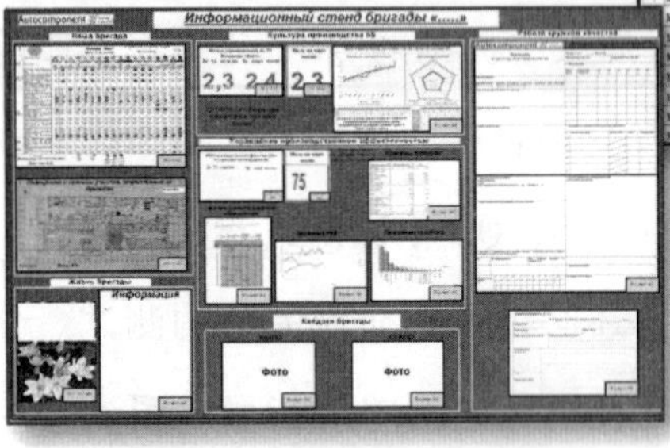

制作班组管理板

●导入“质量管理小团队”规则书

制订质量管理小团队(QC小团队)规则书。
2009年小组长提出了QC小团队的12个课题。
6个月后，组长在发表会上进行第一次小团队活动的汇报。

№	Ф.И.О.	Участок	название темы
1	Валькова Т.А.	Сборка зеркал Приора 018-01-1	Исключить дефект "Отсутствие фиксации накладки на зеркале Приора"
2	Шилкина Л.А.	Сборка зеркал Приора 018-01-2	Исключение дефектов: " Пережатие провода актуаторов", " Нескладывание зеркала Приора".
3	Сергеева Н.В.	Сборка зеркал Газель 018-01-3	Выравнивание сборочных циклов операций на зеркалах Газель
4	Ершова И.Е.	Сборка зеркал Калина 018-01-4	Выравнивание сборочных циклов операций на зеркалах Калина
5	Гусева Е.В.	сборка отопителей 018-02	Снижение уровня дефектности по сопрягаемым деталям 3310-8101466/68
6	Максимова С.В.	сборка панелей приборов 018-05	Снижение дефектности детали панель дверцы вещевого ящика наружная. Снижение трудоемкости по сборке дверцы вещевого ящика
7	Михеева Е.С.	участок литья 018-04-1	Снижение простоев по запуску оборудования
8	Сачкова О.Ю.	участок литья 018-04-2	Снижение простоев по запуску оборудования
9	Костюнина М.В.	участок литья 018-04-3	Снижение уровня дефектности панели приборов 3310.5325028
10	Родионова Е.В.	участок окраски 018-05	Снижение простоев по причине разбавления лакокрасочной смеси
11	Шульгина С.Г.	участок литья 019-02-1	Снижение дефектности детали колесо рулевого управления 4301-3402015
12	Лезина С.Н.	участок литья 019-02-2	Снижение дефектности детали Облицовка обивки крыши левой 4301-5702145
13	Жигалов В.П.	участок литья 019-02-3	Снижение дефектности детали Подлокотник двери 4301-6114010
14	Захарова И.И.	участок литья 019-03	Снижение дефектности детали Рукоятка 4301-1703159

实施的改善对策的经济效果达到了54000卢布。

图 11-7-3a　2009 年的班组体制发展

●改为23班组体制

2010年　23个班组开展活动
班组的作业人员数量为10～30人。
班组之间展开竞争。
士气的详细情况体现在“生产工序管理的班组体制”规则书里。

每月月初，负责人根据汇报进行评价。项目负责人计算平均得分，将结果记录在竞争管理板上。

得分最高的班组将获得电影票。

班组平均分为3.3分。

最好的班组范例

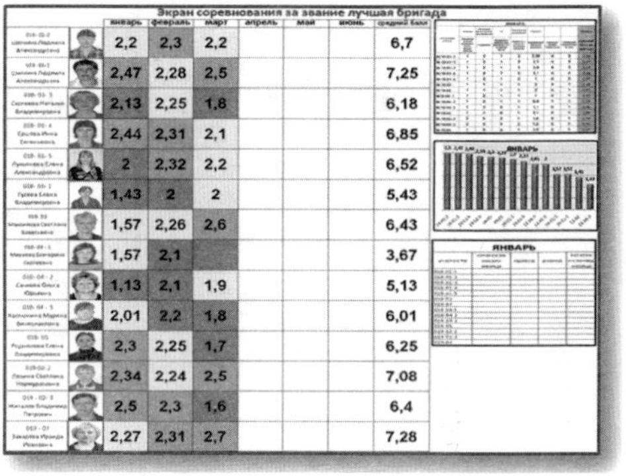

Экран соревнования за звание лучшая бригада

		январь	февраль	март	апрель	май	июнь	средний балл
[illegible]		2,2	2,3	2,2				6,7
[illegible]		2,47	2,28	2,5				7,25
[illegible]		2,13	2,25	1,8				6,18
[illegible]		2,44	2,31	2,1				6,85
[illegible]		2	2,32	2,2				6,52
[illegible]		1,43	2	2				5,43
[illegible]		1,57	2,26	2,6				6,43
[illegible]		1,57	2,1					3,67
[illegible]		1,13	2,1	1,9				5,13
[illegible]		2,01	2,2	1,8				6,01
[illegible]		2,3	2,25	1,7				6,25
[illegible]		2,34	2,24	2,5				7,08
[illegible]		2,5	2,3	1,6				6,4
[illegible]		2,27	2,31	2,7				7,28

●确定组长的作业服装

组长制服
组长除了QC小团队活动以外，
还要进行质量管理

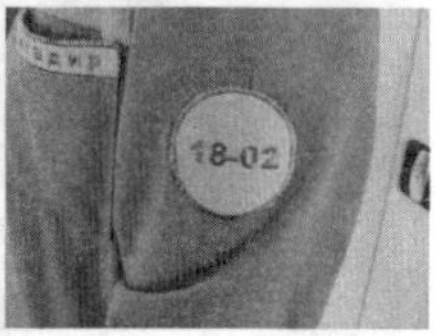

组长会议每月召开一次，
会议中主要就班组活动进行讨论

图 11-7-3b　2010 年班组体制的发展

●改为43班组体制

1组9～18人。新工厂成型工序班组的人员数量更少。

为班组制订了新的士气评价表

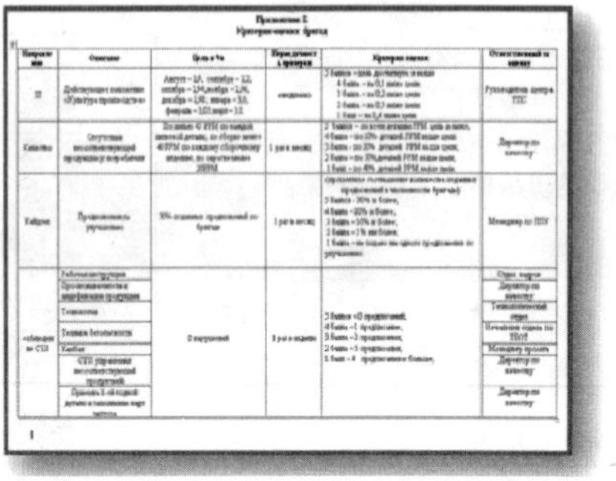

●以组长为对象的TOTAL TPS基础培训课题

①不合格率的管理
②TPS的基础
③浪费的内容
④班组体制
⑤5S
⑥QC小团队
⑦看板是JIT道具
⑧标准作业
⑨改善提案的机制

授课

授课对象获得的资料

图 11-7-3c　2011 年班组体制的发展

11.7.4　通过消灭不合格品改善质量

切实实现质量改善需要掌握“七大质量管理工具”（帕累托

图、特性要因图、柱状图、管理图、确认表、直方图、散布图)，导入“两分钟质量确认”，运用三年的时间实施组长的“质量对策汇报”（**图 11-7-4a、图 11-7-4b**），检验流程也焕然一新。此前，产品检验是由质量管理部门的检验人员实施的，现在改为检验融入生产工序，由工序的作业人员自行进行检验。导入自工序完结机制（参考上册第 3 章“质量保证”）。切实地实现这些事情，就需要对质量管理进行培训，实施质量改善。

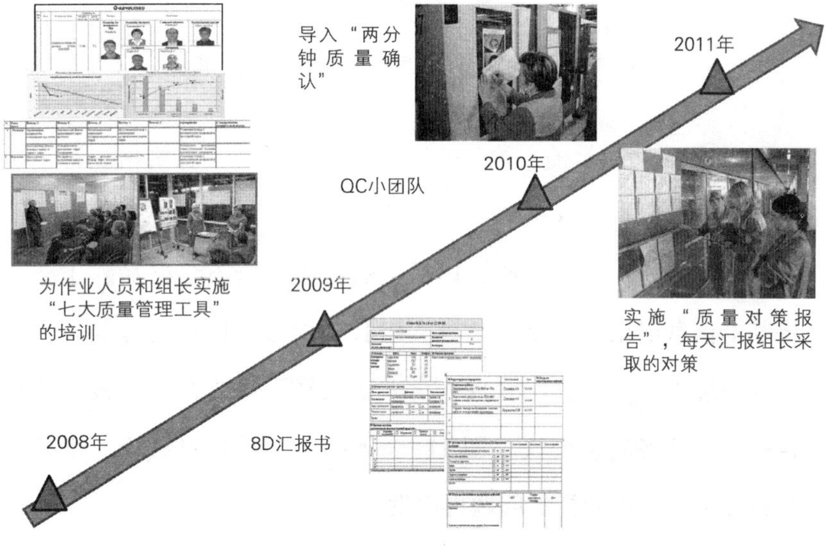

图 11-7-4a　质量提升的主要改善活动

2009 年的主要质量改善

2009 年，G 企业在不合格品的可视化方面取得了巨大成果

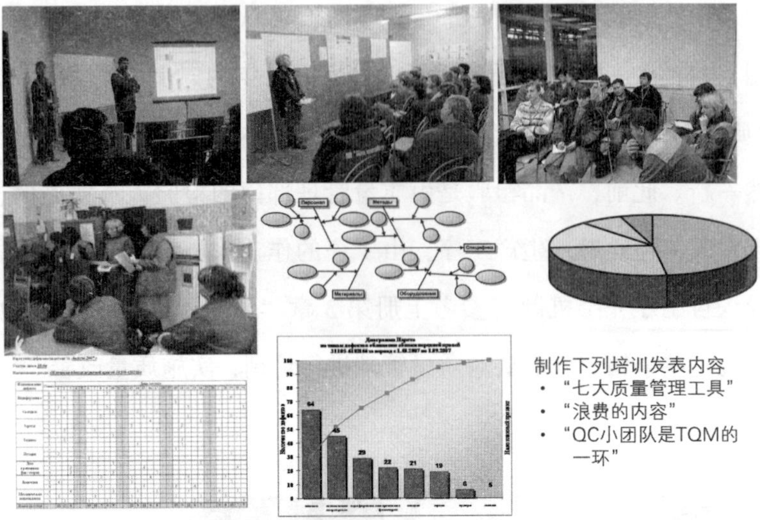

图 11-7-4b　实施“七大质量管理工具”等的培训

（**图 11-7-4c**）。目前，检验人员把发现的全部不合格情况都记录在一个笔记本里，虽然会汇总成一览表，但并没有进行不合格原因的分析。但是，改善以后，对于每一个不合格品除了要将基本信息记录在表格上之外，组长还要分工序进行分类，张贴在管理板上。组长、管理人员、部长每天都要在管理板前集合一次，开展质量会议（**图 11-7-4d**），实现信息共享，迅速分析原因，防止同样的问题再次发生。

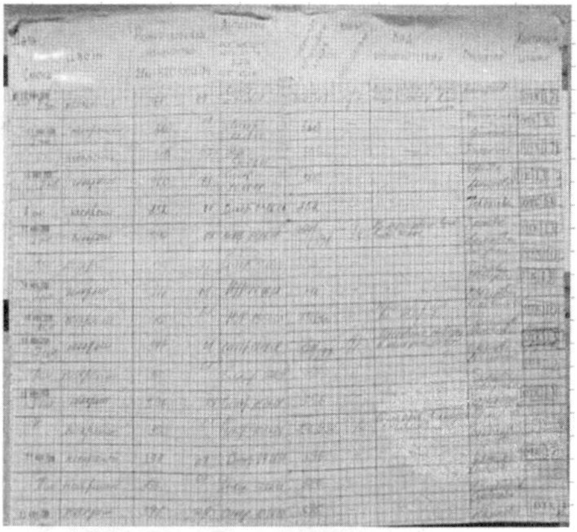

●改善前

检验人员将所有的不合格情况记录在一个笔记本里，但是对不合格品的分析相当困难，检验部门在本子里记录的是由于作业人员造成的不合格。

●改善后

组长记录零部件的不合格

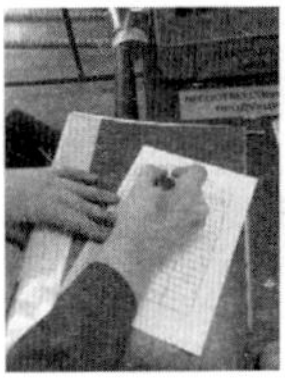

按照各工序分类张贴在管理板上

检验部门将不合格品按照各工序记录在本子上

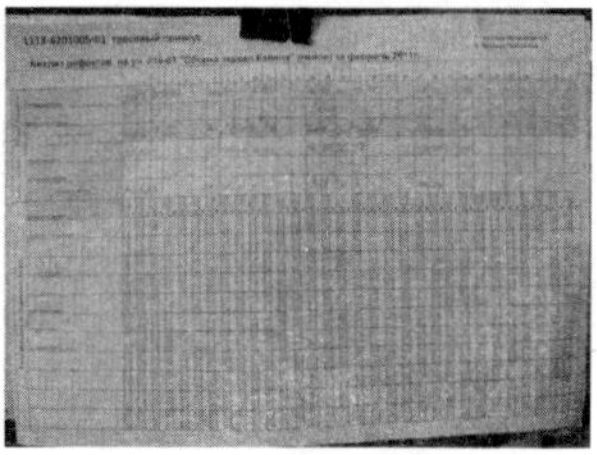

图 11-7-4c　2009 年实施生产工序不良可视化

2010 年的主要质量改善

2010 年的最大成就是树脂喷射成型工序中“质量确认标准书”的指定以及“两分钟质量确认”机制的导入（**图 11-7-4e**、**图 11-7-4f**）。即使有技术标准书，但技术标准书中没有展示质量确认的顺序，确认表中也没有零部件的照片，还没有详细的检验方法的说明等问题。于是 G 企业重新制定了解决这些问题的质量确认标准书，还在树脂成型标杆工序及组装标杆工组长、主任、部长参加质量会议。每天召开。

质量会议的成果以及具体的效果，每月汇报一次。

质量会议的参加成员。

图 11-7-4d　2009 年实施生产工序不良可视化

序中导入了“两分钟质量确认”机制，仅用两分钟就能发现大多数不合格现象。

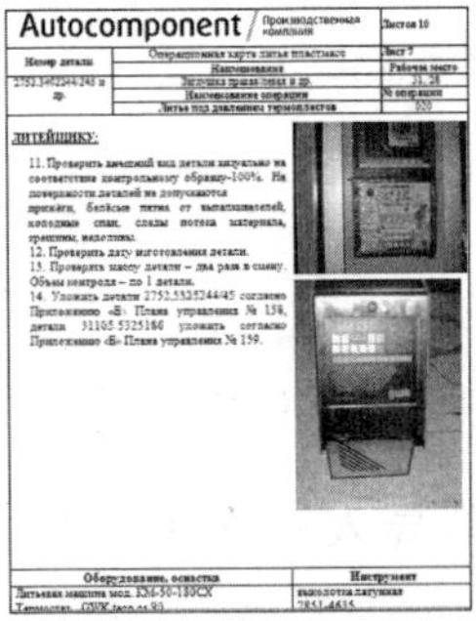

●改善前（技术标准书）

· 没有记录确认作业的顺序。
· 没有张贴零部件的照片。
· 没有详细的检验方法说明。

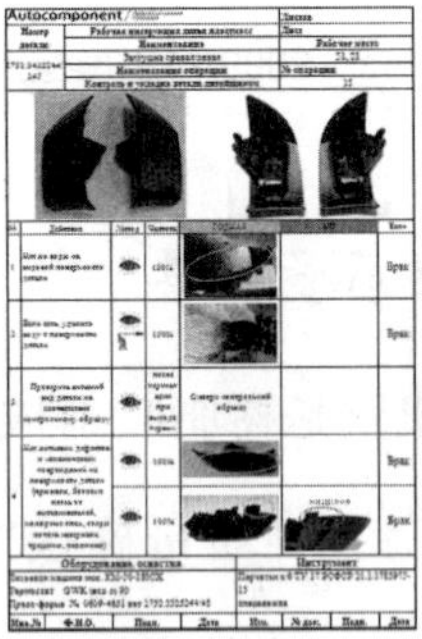

●改善后

解决技术标准书的问题，重新制作质量确认标准书。

成型零部件

图 11-7-4e　喷射成型工序中的“质量确认标准书”

制作工序中作业人员使用的两分钟质量确认表。

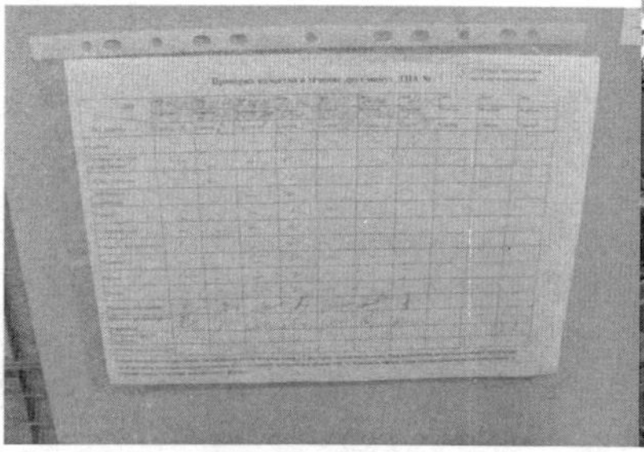

组长确认零部件质量。

图 11-7-4f 导入“两分钟质量确认”

实现俄罗斯第一的质量管理

质量改善活动开展了三年，质量相关的基本思路已经扎根现场（**图 11-7-4g**）。生产现场以组长为核心管理质量，在可视化管理板中记录质量数据；组长还会指定降低质量不合格的改善计划，进行改善；组长无法对应的质量问题，则在厂长、技术部长、生产部长、采购部长等出席的每周会议上讨论解决。会议室在生产现场的质量角召开。这样的活动非常奏效，G 企业还获得了俄罗斯第一的质量管理奖，并借此契机吸引了来自德国大众、法国雷诺等国外汽车制造商的零部件生产订单。为了满足订单需求，G 企业通过改善生产效率，增加设备、扩大产能，业绩大幅提升。

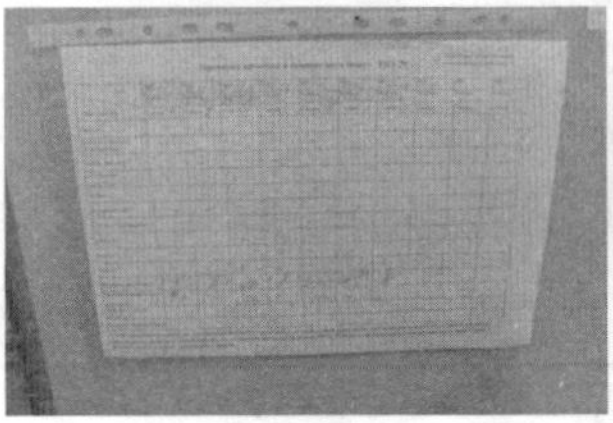

组长负责记录两分钟质量确认。

成型工序的组长也管理组装工序，调查不合格品与不合格的原因。

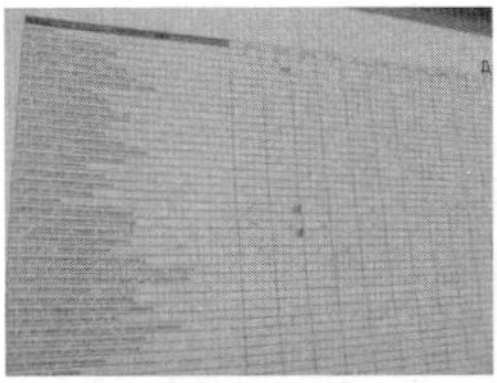

成型以及组装工序的管理板上体现问题，向客户流出的不合格零部件会与具体的问题记录在一起。

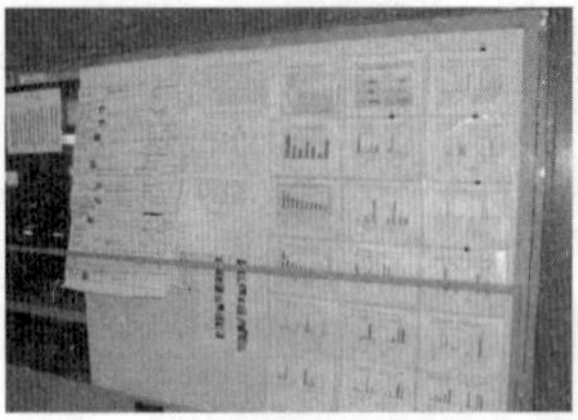

生产工序的管理板上展示由作业人员造成的不合格率推移图。

设计、外协零部件的不合格、物流的失误等仅靠组长不能解决的问题将记录在确认表当中，在负责人参加的会议上，讨论对策。

生产工序中各作业人员制造出的不合格数量得到可视化。从成型工序流到组装工序产生的不合格品成品展示在成型工序中。

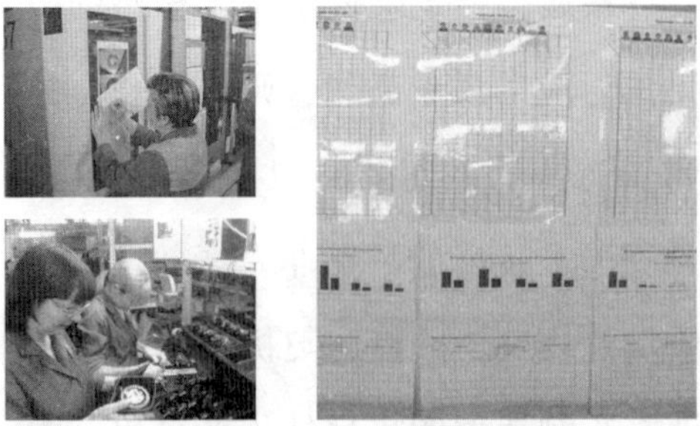

组长针对上月不合格前5名，制订出不合格减半目标图表，或者本月实施的对策方案。

图 11-7-4g　组长的质量管理

另外，以班组为基础的 QC 小团队活动也很活跃（**图 11-7-4h**）。例如，2010 年 QC 小团队提出并实施的 35 个课题，产生了 506000 卢布的经济效益。班组和 QC 小团队在 3 年的时间里大幅发展，为了跟上发展的脚步，班组体制的规则修订了 4 次，对 QC 小团队的规则书也进行了重新制订（**图 11-7-4i**）。

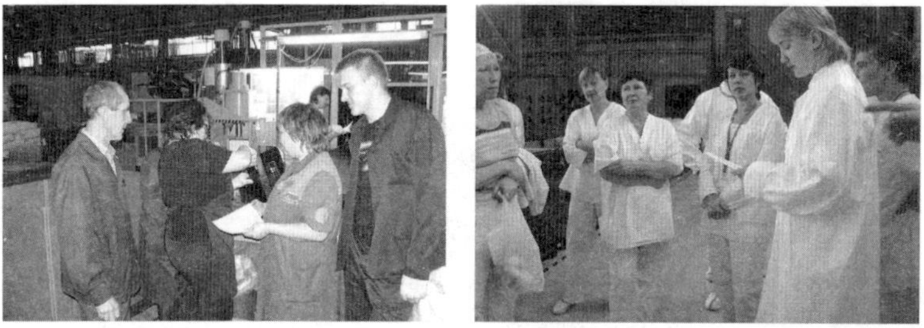

组长每月一次汇报QC小团队的课题。2010年共计35个课题，实施对策后的经济效果达到506000卢布。

第6个月实施的QC小团队汇报会。实施的改善由负责的组长进行发表。

图 11-7-4h　QC 小团队很活跃，经济效果显著

制作的标准资料

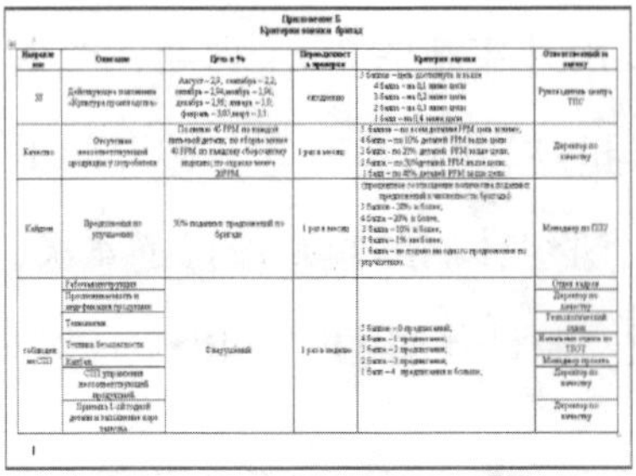

制作新的班组评价基准

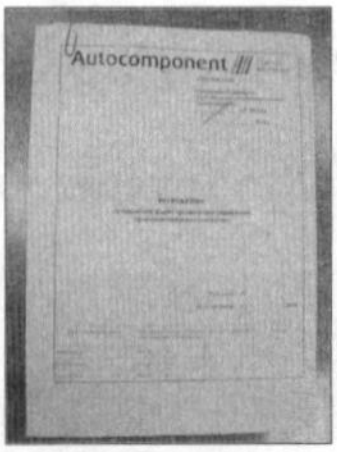

班组体制的规则书在3年时间里修改了4次。

重新制订QC小团队规则书。

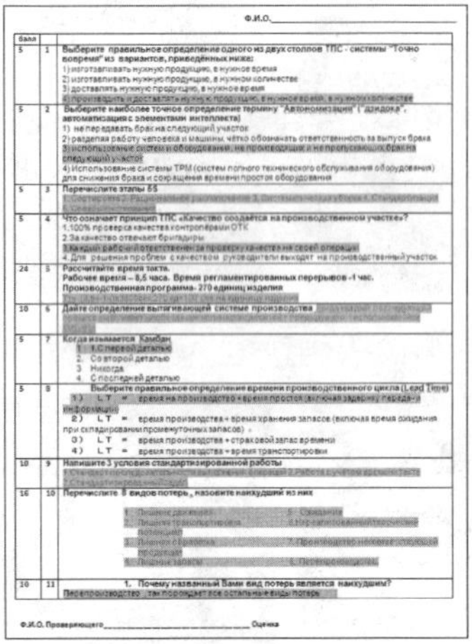

Ф.И.О.________________

балл		
5	1	**Выберите правильное определение одного из двух столпов ТПС - системы "Точно вовремя" из вариантов, приведённых ниже:** 1) изготавливать нужную продукцию, в нужное время 2) изготавливать нужную продукцию, в нужном количестве 3) доставлять нужную продукцию, в нужное время 4) производить и доставлять нужную продукцию, в нужное время, в нужном количестве
5	2	**Выберите наиболее точное определение термину "Автономизация" ("дзидока", автоматизация с элементами интеллекта)** 1) не передавать брак на следующий участок 2) разделяя работу человека и машины, чётко обозначать ответственность за выпуск брака 3) использование систем и оборудований, не производящих и не пропускающих брак на следующий участок 4) Использование системы TPM (систем полного технического обслуживания оборудования) для снижения брака и сокращения времени простоя оборудования
5	3	**Перечислите этапы 6S**
5	4	**Что означает принцип ТПС «Качество создаётся на производственном участке»?** 1.100% проверка качества контролёрами ОТК 2.За качество отвечают бригадиры 3.Каждый рабочий ответственен за проверку качества на своей операции 4.Для решения проблем с качеством руководители выходят на производственный участок
24	5	**Рассчитайте время такта.** **Рабочее время – 8,5 часа. Время регламентированных перерывов -1 час.** **Производственная программа- 270 единиц изделия**
10	6	**Дайте определение вытягивающей системе производства**
5	7	**Когда изымается Канбан** 1. 1.С первой деталью 2. Со второй деталью 3. Никогда 4. С последней деталью
5	8	**Выберите правильное определение времени производственного цикла (Lead Time)** 1) LT = время на производство + время простоя (включая задержку передачи информации) 2) LT = время производства + время хранения запасов (включая время ожидания при складировании промежуточных запасов) 3) LT = время производства + страховой запас времени 4) LT = время производства + время транспортировки
10	9	**Напишите 3 условия стандартизированной работы**
16	10	**Перечислите 8 видов потерь, назовите наихудший из них**
10	11	1. Почему названный Вами вид потерь является наихудшим? Перепроизводство, так порождает все остальные виды потерь

Ф.И.О. Проверяющего________________ Оценка

培训后实施测试

图 11-7-4i　制订班组体制、QC 小团队相关的标准书

11.7.5　组装工序的生产效率改善

生产现场开始充满活力时，就该着手改善生产效率了。

提升生产效率运用的 T-TPS 工具有山积表，能一眼看出各工序作业人员的工作量和有效的作业时间（能将工序编制率可视化出来），以及作业标准书等。

“卡莉娜”的车门镜制造流水线

在“卡莉娜”的车门制造流水线中，G 企业运用山积表实现作业均衡化的效果（参考上册 P91 的“作业的重新分配”）。节拍时间为 71 秒，G 企业改变了流水作业的皮带传送带方式，各自在自己的操作台上进行作业的单元方式，来实现作业的均衡化（**图 11-7-5a**）。再加上，实现组装零部件的“一个流”，减少半成品，排除搬运浪费，削减库存，削减生产空间等。

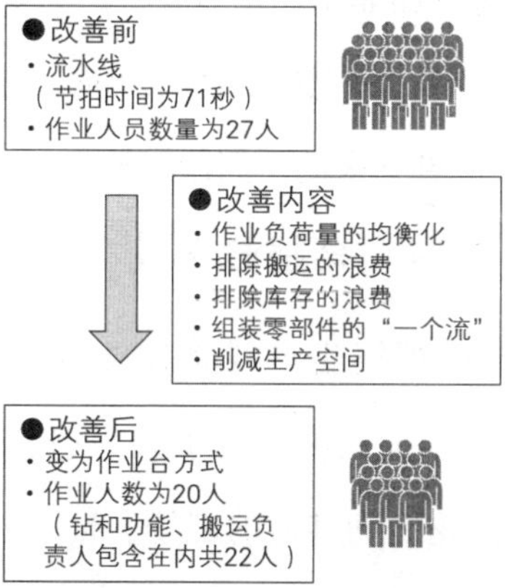

改善前的流水线

图 11-7-5a

改善结果是，必要的作业人员数量从27人减到20人，实现了7个人的省人化。这7个人当中有1个人是组长，还有1个人负责搬运，剩下的5个人则轮岗到其他的现场。专职的搬运人员在削减零部件库存及作业的均衡化方面发挥了巨大的作用。

热风机流水线

热风机的组装线也实现了作业人员从30人减到19人，减少的11人当中，有1人为组长，1人负责搬运，剩下的9人轮岗到其他的现场。特别是导入新的作业台和工装夹具，在缩短作业时间和减少作业负荷方面非常有效（**图11-7-5b**）。热风机的生产场地在改善以前为360㎡，改善后为288㎡，进一步改善的结果是缩小到了126㎡，节省下来的空间用来补足车门镜的制造流水线。

“GAZEL”的车门制造流水线

“GAZEL”的后视镜生产线将作业人员从27人减少到20人，省下来的7名作业人员中有1人为组长，还有1人负责搬运，剩下的5人则轮岗到其他的现场。

仪表板的组装线

改善前有30名作业人员，生产能力为70台/班次，但是通过改善，以26名作业人员达到了每班次168台的生产能力。以只有4名作业人员就生产出两倍以上的数量。就像这些例子当

●热风机组装线的进化

●制作新的作业台及工装夹具

图 11-7-5b　热风机工序的改善内容

中提到的，G 企业的生产效率提升效果惊人，企业收益自然有了飞跃式的提升。然而，生产效率提升的基础是日复一日的培训，这一点不能忽视。大部分作业人员不仅积累了改善的经验，还接受各种各样的标准化作业培训（图 11-7-5c）。

图 11-7-5c　标准化作业培训

另外，G 企业一直不遗余力地积极表扬作业人员，包括取得优秀改善成果的班组或者个人。为了激励他们，G 企业为他们创造了发表成果的机会，让他们能得到上司及周围同事的认可。成绩优异的班组还能获得奖状，这些能获得名誉、尊重的评价对于现场人员来说是莫大的鼓励。

11.7.6　喷射成型工序的换产改善

本节将介绍树脂喷射成型工序中的生产效率改善“SMED 项目”。SMED 是 Single Minute Exchange of Die 的缩写，表示的是喷射成型工序中切换生产产品的换产作业（模具更换作业），时间不到 10 分钟，也称为快速换模法（参考上册 P75 的**图 2-3-2b**）。

喷射成型中需要在切换产品时更换模具，更换模具的时间长，生产效率就会很低，因此实现 SMED 是一个重大的课题。SMED 项目中应该要做的事情有“换产时间的缩短”→“增加换产的次数”→“减少换产的批量”（**图 11-7-6a**）。结果是，能实现库存削减、喷射成型设备的必要数量削减，及时的组装线零部件配送。只要实现这些内容，生产效率就会大幅提高。

为此，必要的具体改善对策是以下三项：①内换产作业（不停下设备、流水线就无法操作的作业）转变为外换产作业；②缩短内换产作业；③换产作业的标准化（消除浪费）。

●项目的目的
・换产时间的缩短，实现这一点，可以增加换产次数，将流水线的停止时间缩短到最小，因此可以减小生产批量。结果可以使库存得到削减。
●计划的实绩
・削减仓库库存。
・削减喷射成型设备的台数。
●主要的改善课题
・将内换产作业改为外换产作业
・缩短内换产作业的时间
・将换产作业标准化
●实际的推进步骤
・分两阶段实施
・第1阶段，缩短4台标杆设备的换产时间
・第2阶段，缩短标杆工序所有设备的换产时间

图 11-7-6a　SMED 项目的概要

SMED 项目分两个阶段实施三项改善对策。第一阶段是聚焦标杆工序的喷射成型机，采取三项改善对策，实现 SMED；第二阶段则是将改善扩大到流水线的整体，在标杆线所有的喷射成型机实现 SMED。在项目开始的时候，首先要明确项目的规则书与项目的负责人（**图 11-7-6b**）。在项目开始之初征集项目的口号，以竞赛形式评选出最佳口号，表彰口号的提出人（**图 11-7-6c**）。

在第一阶段中，以 4 台喷射成型机作为改善对象（**图 11-7-6d**）。确定换产的目标时间后，开始寻找实现这一点的改善方法，这时拍摄录像能起到很大的作用（**图 11-7-6e**）。通过分析拍摄的录像，作业人员可以明确问题点，制订改善的换产标准作业书。

Autocomponent Группа компаний

ПРОТОКОЛ № 0-21/9

Фирма: «Группа Компаний Автокомпонент»

Дата: 28.05.09.

Тема: выполнение плана SMED

Участники: Сафронов А.В., Смыслов В.А. Смолькина Е.А, Миронов М.А., Аверин М.В., Орлов Ш.Р., Кузнецова И.Г., Дёмин И.В., Батров Р.Г., Лелюхин И.А, Седов А.В., Курденков А.В., Груздев С.Н., Фуфаев В.В, Кондраков С.Б., Зотов В.А., Гречухин С.П., Жирнов А.А., Комиссаров В.В., Яшин В.А.

Результаты	Исполнитель
1. Начать стандартизацию элементов центровки пресс-формы на эталонных ТПА, заполнение формы стандартизации	Курденков А.В
[illegible]	[illegible]
[illegible]	[illegible]
1. Перенести термостата в легкодоступное место на сторону от оператора, цифровыми значениями к проходу на ТПА 65	Батров Аверин

图 11-7-6b　确定项目负责人

对获得最佳标语的米哈尔罗布进行表彰，指导师蟹先生亲自颁发获奖奖品。标语展示在SMED管理板上。

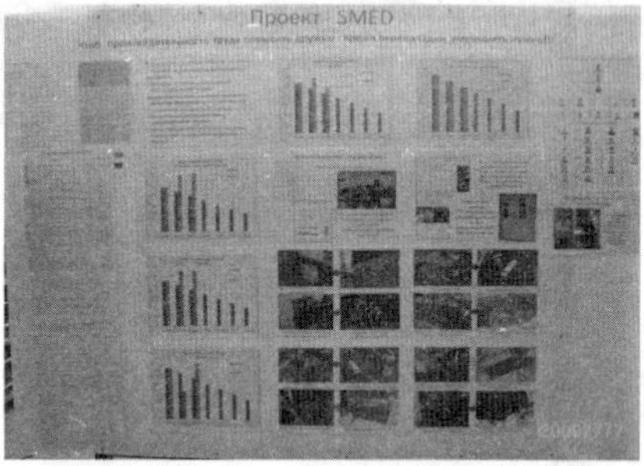

图 11-7-6c　开展项目口号竞赛

下面笔者将用照片介绍具体的改善案例（图 **11-7-6f**）。大多数改善的结果是，4 台标杆设备的换产时间缩短了 35.9%～57.0%，平均缩短了 48%（图 **11-7-6g**）。

下一步的第二阶段，要选定标杆线，向流水线中所有的喷

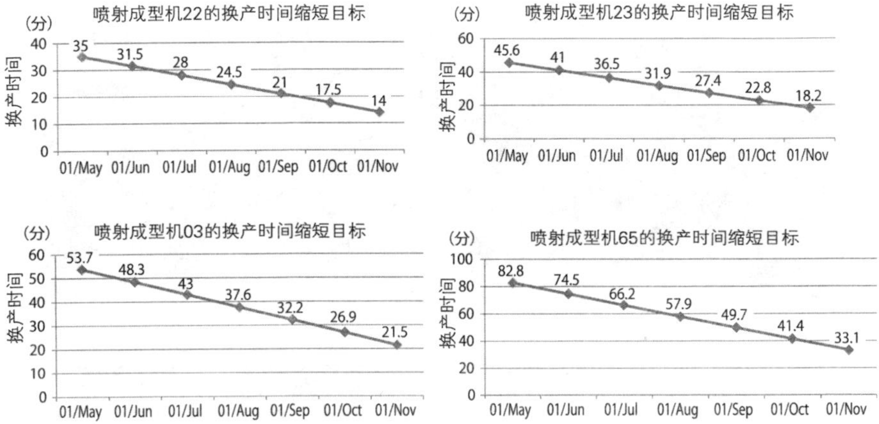

图 11-7-6d　改善对象的 4 台喷射成型机的换产时间缩短目标

射成型机 SMED 进行挑战，实施了各种各样的改善。其中一部分如**图 11-7-6h** 所示，制订像**图 11-7-6i** 这样的缩短目标，推进换产作业的效率化。在第二阶段的活动中，则主要是将改善活动固化下来，使得 SMED 活动能够持续。

对改善对象喷射成型机的换产作业拍摄录像

制作换产时间确认表

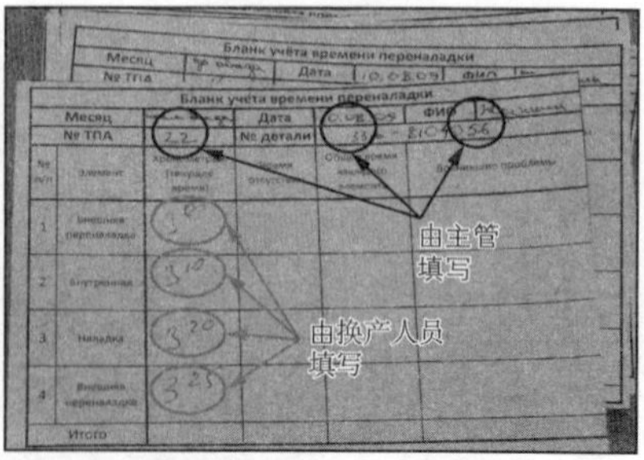

制订换产作业标准书

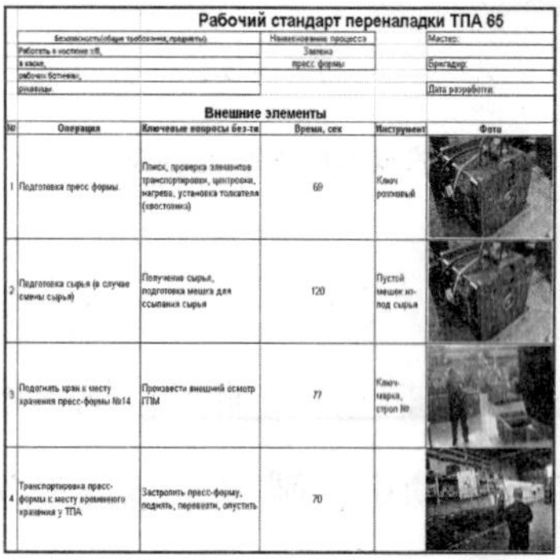

Рабочий стандарт переналадки ТПА 65

Безопасность(общие требования, предметы)	Наименование процесса	Мастер:
Работать в костюме х/б,	Замена	
в каске,	пресс формы	Бригадир:
рабочих ботинках,		
рукавицах		Дата разработки:

Внешние элементы

№	Операция	Ключевые вопросы без-ти	Время, сек	Инструмент	Фото
1	Подготовка пресс формы	Поиск, проверка элементов транспортировки, центровки, нагрева, установка толкателя (хвостовика)	69	Ключ рожковый	
2	Подготовка сырья (в случае смены сырья)	Получение сырья, подготовка мешка для ссыпания сырья	120	Пустой мешок из-под сырья	
3	Подогнать кран к месту хранения пресс-формы №14	Произвести внешний осмотр ГПМ	77	Ключ-марка, строп №	
4	Транспортировка пресс-формы к месту временного хранения у ТПА	Застропить пресс-форму, поднять, перевезти, опустить	70		

实施主任与换产作业人员的培训

图 11-7-6e　对改善对象的喷射成型机换产作业拍摄录像、分析拍摄的录像，制作确认表，最终落实到作业标准

不是标准端子

设置端子

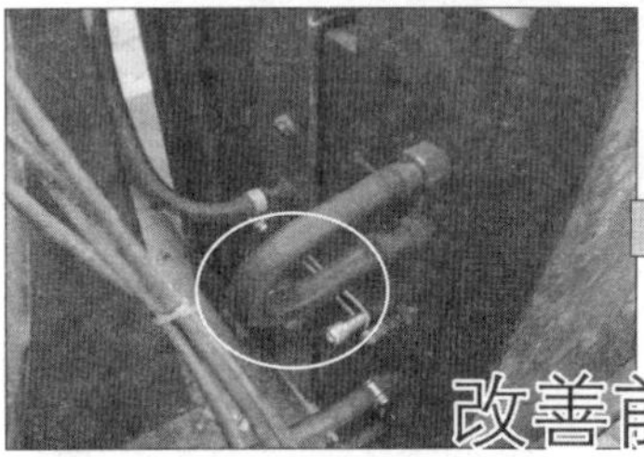

封闭的工装难以使用

设置端子

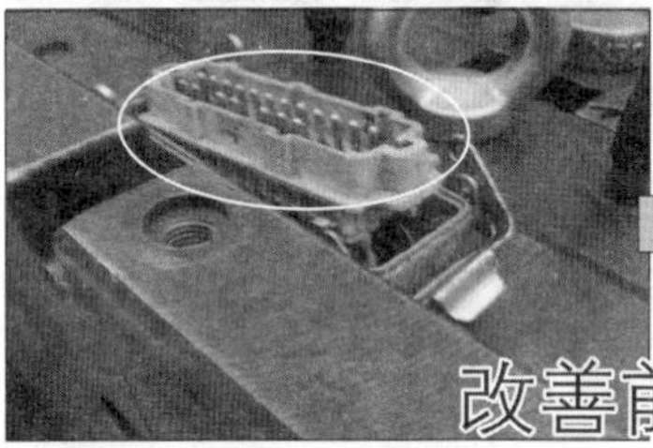

没有设置端子

设置端子

没有安装环，导致操作无法顺利进行

设置合理的安装环

图 11-7-6f1　模具的换产作业改善案例（1）

模具容易失衡，不好放置

设置必要的螺栓，保证模具的平衡

端子在作业人员相反一侧，所以难以安装冷却设备

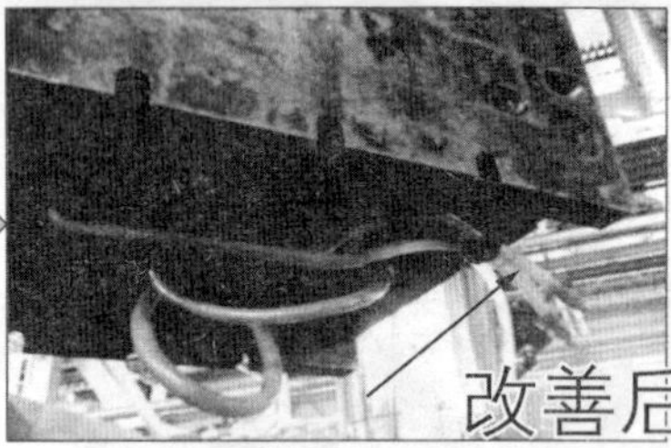

增加两根管子，改善冷却设备的安装作业

●实施模具的预备加热（实现20分钟的作业时间缩短）

生产前的模具加热由喷射成型机上的控制器来实施

喷射成型机旁，放好用于临时存放模具的垫子

安装用于加热生产前的模具的装置

安装连接设备的按钮

图 11-7-6f2　模具的换产作业改善案例（2）

没有模具的货架存放地，所以需要寻找模具

在地面上设计放置区，将模具放在界线以内

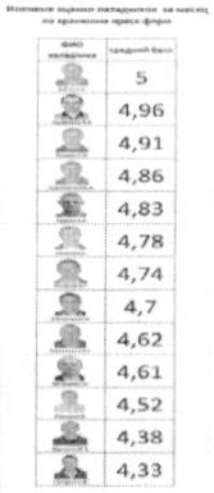

确定管理模具存放区的负责人，
每天对模具存放区进行评分

在喷射成型机
安装阶梯

没有整理夹具

固定夹具的存放场所

图 11-7-6f3　模具的换产作业改善案例（3）

加热设备在喷射成型机后面，产生步行浪费

加热设备移到喷射成型机的前面

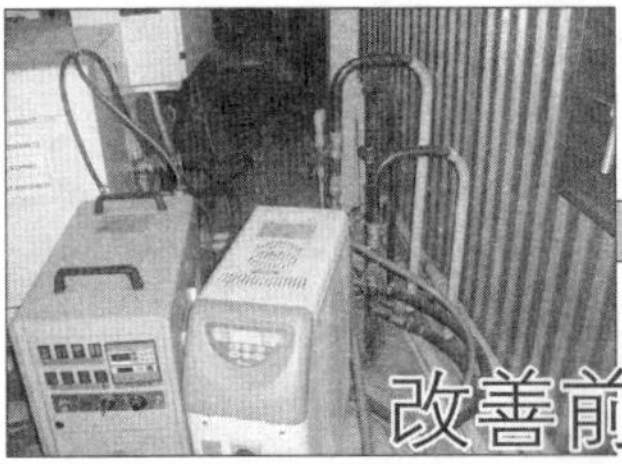

加热设备占据通道

在作业人员易于使用的地方移动加热设备，
保持通道整洁

在喷射成型机旁边放置材料容器

设置增加区域，以便维修

使用柜子存放工装

图 11-7-6f4　模具的换产作业改善案例（4）

●制作推板的安装作业步骤书

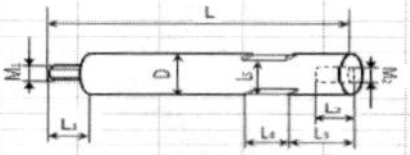

№ ТПА	№ детали	D	L	L1	L2	L3	L4	L5	M1	M2
22	V.110-8201432/34	24	55	19	25	25	20	19	20	16
22	V.110-8201244	24	49	24	25	25	20	19	20	16
22	3310-5303038	24	53	19	25	25	20	19	20	16
22	3310-5303070	24	55	19	25	25	20	19	20	16
22	3102-8204032-01	24	45	20	25	25	20	19	20	16
22	ZZ.8109034/36	24	45	18	25	25	20	19	16	16
22	3302-1311068	28	45	25	25	25	20	24	20	16
23	31107.8201230/31	24	60	20	25	25	20	19	24	16
23	3302-1311077	24	55	20	25	25	20	19	24	16
23	3310-3505052	20	55	18	25	25	20	17	16	16

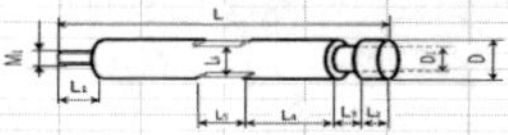

№ ТПА	D	D1	L	L1	L2	L3	L4	L5	L6	M1	кол-во
22	$26^{-0,1}$	$16,5\pm^{0,1}$	200	20	$9\pm^{0,1}$	12	40	15	22	16	2
23	$26^{-0,1}$	$16,5\pm^{0,1}$	160	20	$9\pm^{0,1}$	12	40	15	22	16	2

●改变模具的设计标准

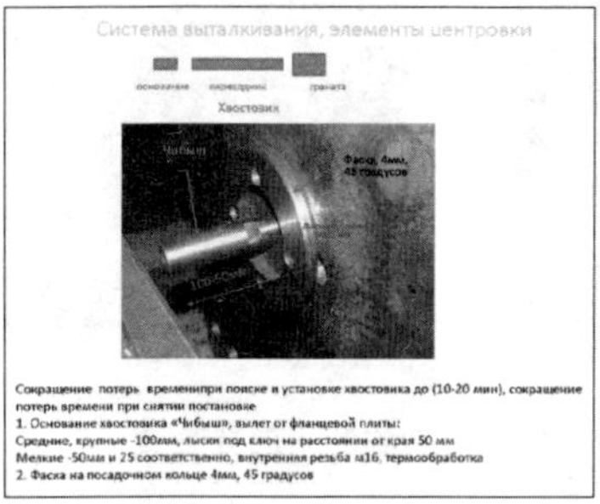

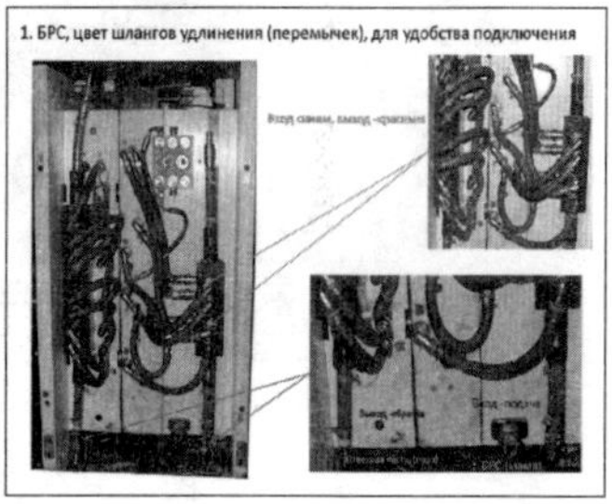

图 11-7-6f5　模具换产作业的改善案例（5）

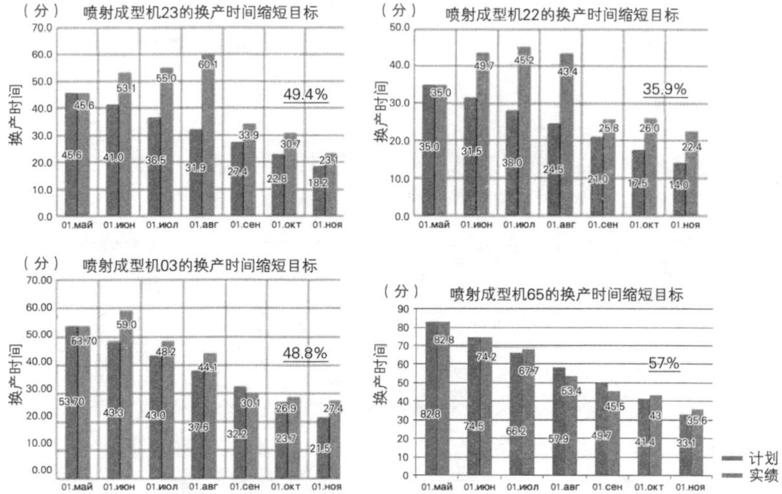

图 11-7-6g　4 台标杆设备的换产时间平均缩短 48%

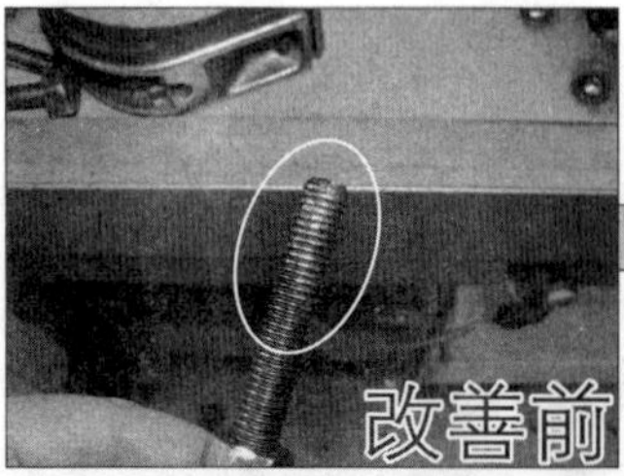

螺栓质量不合格（螺纹有凹陷）　　购买新的螺栓

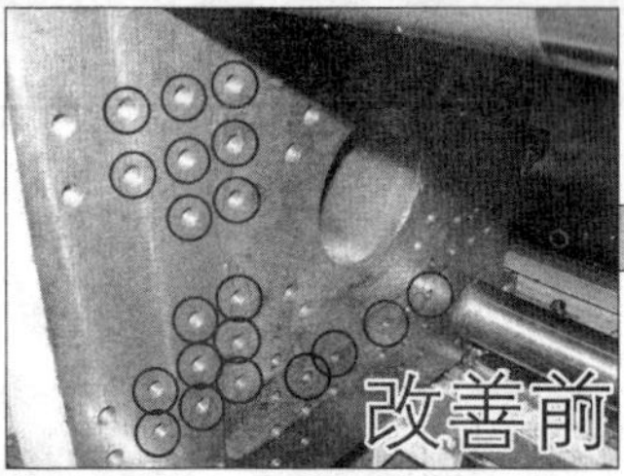

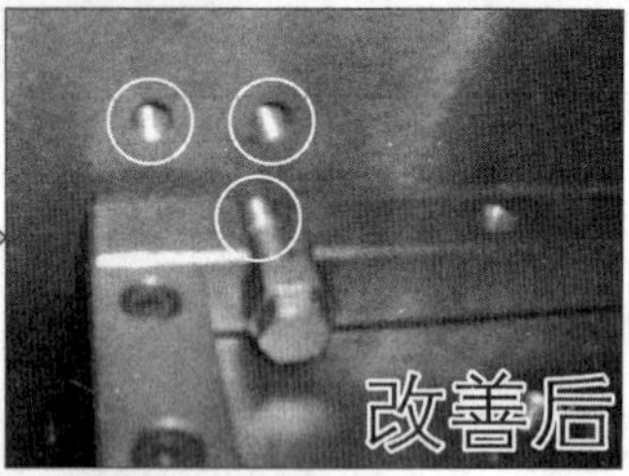

成型机的螺纹很旧，模具会掉落　　检查成型机，维修螺纹

图 11-7-6h　标杆线实施的一部分改善

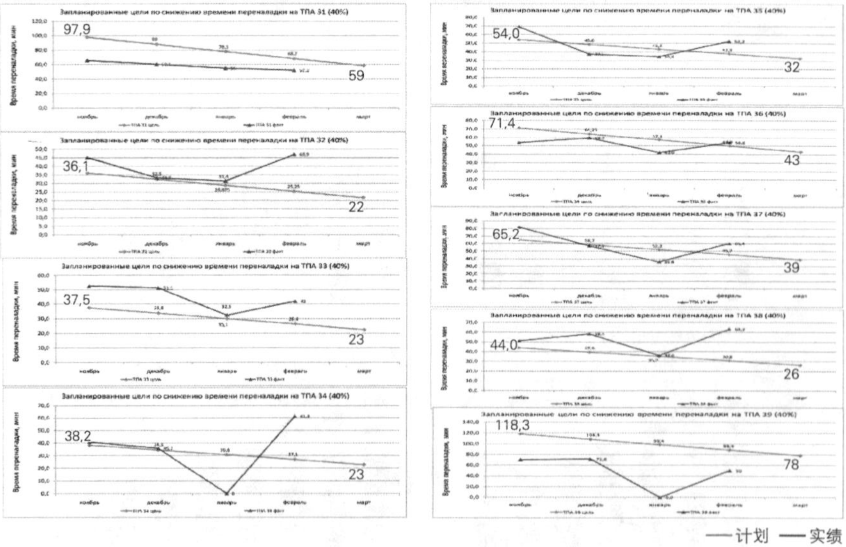

图 11-7-6i　标杆线喷射成型机的换产时间推移

11.7.7 物流的改善

物流改善则是通过看板实现各生产线和仓库间的同期化（**图 11-7-7a**），以减少浪费的库存。合适的箱子尺寸，在确定收容数的基础上导入看板，减少浪费（**图 11-7-7b**）。虽然是日常活动，但是效果巨大，库房仓库减少了约 47%，必要的库存面积减少，减少到 152㎡（**图 11-7-7c**）。

图 11-7-7a　导入看板

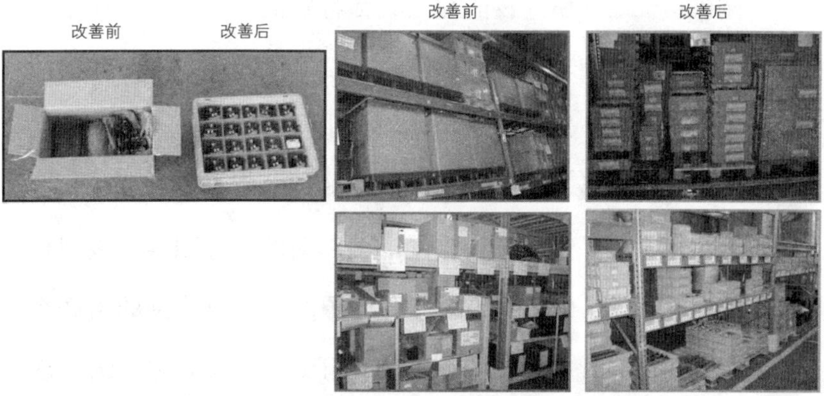

图 11-7-7b　物流的改善案例

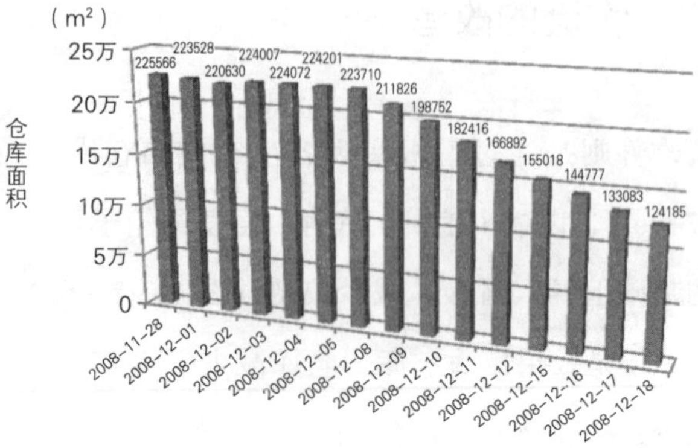

图 11-7-7c　仓库面积的变化

11.7.8　生产效率大幅提升，客户增多，成立新工厂

3 年的改善效果非常明显，特别是组装工序、喷射成型工序实现了大幅的成本降低。**图 11-7-8a** 所示的是 G 企业生产效率提升实现的成本降低金额。

刚到访工厂时那些技能和士气都特别低的作业人员如今都能自主自律地改善。最开始 1.16 分的 GBM 得分，经过 3 年的活动时间上升到 3.0 分，获得了铜奖（**图 11-7-8b**）。

值得强调的是，生产效率、质量的评分得到提升，G 企业的顾客群也大幅扩大。开展改善活动以前的主要顾客是俄罗斯国内的汽车厂商，2009~2012 年，德国的大众及法国的雷诺企业，以及美国、日本的汽车制造商也开始青睐该厂家。为了应

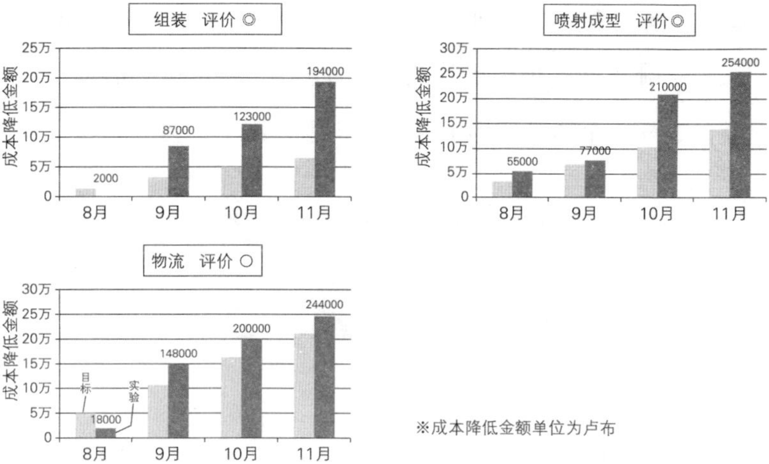

图 11-7-8a 组装工序、喷射成型工序、物流的成本降低金额

图 11-7-8b 获得 GBM 铜奖时的纪念仪式

对于增加的订单，G 企业还成立了新工厂。这种发展的原动力到底来自哪里呢？那就是推进改善的核心组织——班组。G 企业就是这样一个典型的例子——“班组强则工厂强”。

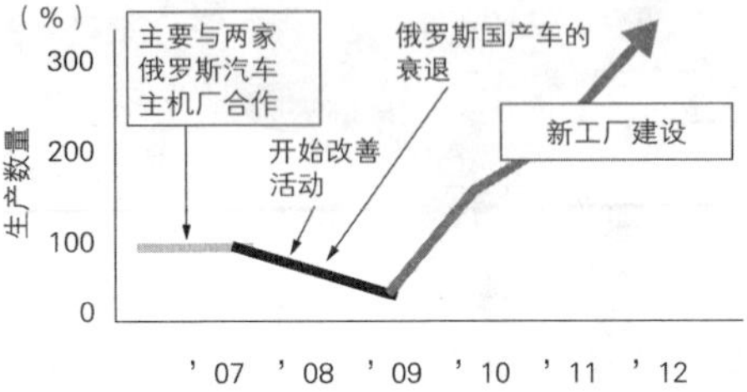

“生产数量”指的是以2007年生产量为100%的相对值。G企业接受丰田指导的时期为2008~2011年，为期3.5年。

- 德国大众　后视镜（2009年~）
- 法国雷诺　发动机罩、正时皮带、热风机及其他50种零部件（2011年~）
- 美国GM企业　仪表板、装饰板（2011年~）
- 日本的N企业　发动机罩、正时皮带、热风机、其他零部件（2012年~）

图 11-7-8c　吸引新顾客，零部件生产数量急剧扩大

11.8 俄罗斯的点心企业 通过降低成本、削减库存、改善质量达到目标

H 企业是一家生产蛋糕、煎制点心、冷冻食品的俄罗斯食品工厂（**图 11-8a**、**图 11-8b**），员工具有强烈的问题意识，每个人都像企业经营者一样思考——“今后是和世界企业竞争，必须推动现场的改善”“要改善现场，就要发现现场的问题，培养能进行改善的人才”“培养出来的人才要主导改善活动，创造出新一代的制造现场，这样才能提升质量、成本的竞争力”。他们还希望“现场能让人感受到工作价值，享受现场改善”，对制造工序的完善（“5S”“可视化”“标准书的完善”）与现场活性化的重要性都有很深入的认识。

●对象工厂	蛋糕、煎制点心、冷冻食品的制造工厂
●企业名	H企业（简称）
●所在地	俄罗斯
●员工人数	约19000人

图 11-8a　H 企业的概要

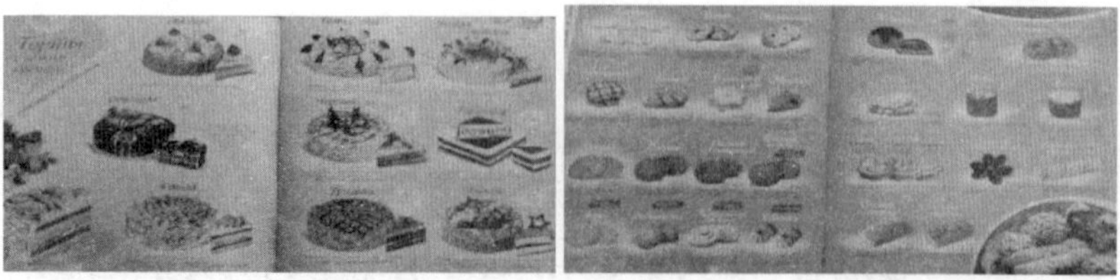

图 11-8b H 企业的主打产品——蛋糕（左）与煎制点心（右）

在实际的改善活动中，有 30 多年改善活动的实务经验指导师进行了支援，支援时间为 2014 年 1 月到 2016 年 4 月，大约两年的时间。指导师每月一次、每次一周在生产现场进行直接指导，根据实现制定的“月度改善实施计划书”确认进度，指导后制作“支援实施结果汇报书”，确定下一次指导前要实施的课题，通过这样的循环往复来实施改善。

本次活动的巨大目标是产品制造的基础和 T-TPS 的基础。产品制造的基础，是要确保以下三个内容：①质量，提升生产效率；②抑制生产过量；③能对应生产变动。另外，T-TPS 有三项基本原则：A. JIT（Just In Time），缩短生产的过程周期时间；B. 自働化（自工序完结），质量在工序内造就；C. 现场的活性化（造物即育人），构建全体员工都能感觉到成就感的现场。体悟产品制造的基本和 T-TPS 的基本，才能切实掌握与世界企业比拼的竞争力。

要高效推进改善活动，不可或缺的一点是把握目前实力，为此，首先要使用“工厂的实际状态评价指标：GBM（Global

Bench Marking）”，开展工厂的实力评价。GBM 从①现场活性化、②标准书、③人、④物流、⑤设备、⑥质量的六大视点，分为五个阶段来评价工厂的实力的手法（**图 11-8c**）。指导师实际巡回工厂，现地现物地进行评价。

①现场活性化	5S、可视化、自主改善活动
②标准书	标准作业票文件的整备
③人	人的动作、标准作业的遵守
④物流	存放区、库存管理、物流
⑤设备	保全、换产
⑥质量	质量的自工序管理

图 11-8c　构成 GBM 的六个项目

要明确工厂的优势、劣势等 GBM 结果，并以此制订 T-TPS 的导入支援计划书，概要如**图 11-8d** 所示。导入支援计划中主要有六个改善项目。

No　　项目	第一年	第二年	第三年
〔1〕现状调查确认（根据GBM结果制订改善计划）	○		
〔2〕完善改善体制	○		
（1）TPS改善启动会	○		
（2）改善团队的组建（含：大房间的筹备）	○		
（3）改善实施内容及目标值确定	○		
〔3〕制造工序的改善实施 推进	→	→	自主实施
〔4〕现场的活性化、构建活性化的现场	→	→	
〔5〕TPS基本原则 基础培训：TPS检定（4级）学习	→		
〔6〕GBM（工厂评价）的实施（TPS检定协会）	○　○	○	
成果发表会	○　○	○　○	

图 11-8d　导入支援计划

①成本改善：提高生产效率、缩短设备换产时间、减少直

接材料费与加工费；

②减少库存：缩短过程周期时间、半成品库存、制订标准库存量、生产计划；

③提升质量：彻底实施“质量在工序内造就”、彻底实施问题的防止再发；

④工作现场的可视化：生产量、设备流水线的可动率、是否有工序异常；

⑤现场的活性化：QC 小团队活动、多能工化、制造部门组织的重新审视、TPS 培训；

⑥社长课题事项的改善推进切实实施这些改善，需要完备的活动体制。

H 企业的活动负责人是社长，下面的改善负责人则由兼任副社长的制造部长担任，并安排直接由改善负责人管理的改善推进员，总共 5 人，是专职的改善推进员，除了改善没有兼任其他业务。同时，指定推动现场活动的改善推进团队成员，这一角色从制造部、质量保证部、生产管理部门人员、技术员当中选任。

同时，H 企业还设立了能让任何人看到改善情况的大房间。活用大房间的方式，在 T-TPS 中被称为“改善用的大房间方式”（**图 11-8e**），大房间除了将改善情况可视化之外，在共享问题点、改善案例的横推等信息共有化方面也十分有效，还能提高作业人员的参与意识。

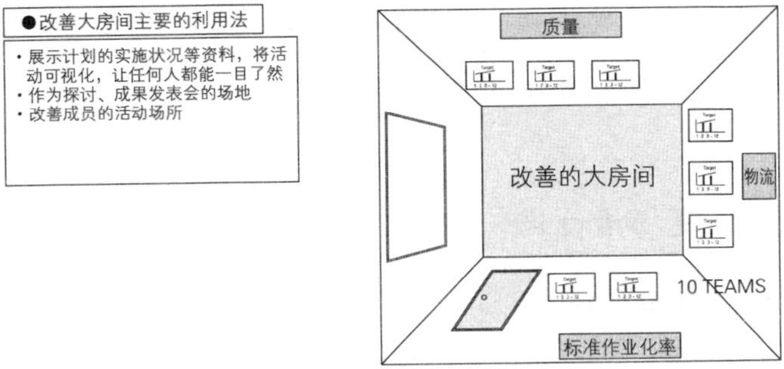

图 11-8e　改善大房间的示意图

完善活动体制之余，H 企业还确定了改善的目标，即 GBM 评价的得分目标（方案）以及企业的利润目标值（**图 11-8f**）。致力于目标的实现，全员推进改善。

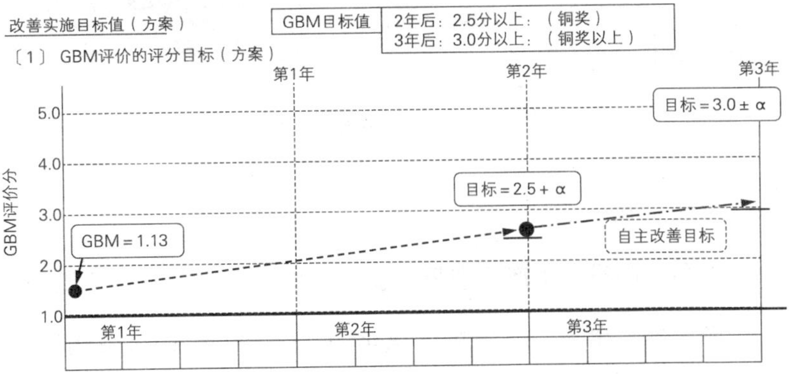

〔2〕 企业的利润目标值（方案）：每年10%以上

No	项目	第1年	第2年	第3年
（1）	・成本降低	5%～15%	10%～20%	20%～30%
（2）	・降低库存			
（3）	・质量提升			

图 11-8f　GBM 评价分数目标及企业的利润目标

下面笔者将从现场活性化、标准书、人、物流、设备五大视角，通过照片分析具体的改善案例。

【1】现场活性化

①5S 改善活动

“5S”的定义是由过去的整理、整顿、清扫、清洁 4S，再增加 1S——素养。通过 5S 改善活动，工厂焕然一新，吸引了很多参观者（**图 11-8g**）。

图 11-8g　改善后工厂的样子

②生产管理板

在各工序设立生产管理板，将每天的生产品类、生产数量、生产顺序标示出来，是现场可视化的一个环节，这么做能让生产情况一目了然。

③信息角

在各工序设立信息角，张贴必要的信息（**图 11-8h**），也是现场可视化的一个方面。

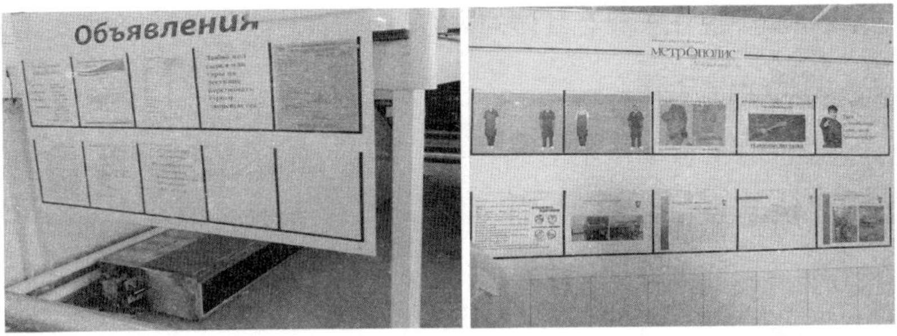

图 11-8h　改善后信息角的样子

【2】标准书

在所有制造工序中制作作业标准书放在工序内。无论是谁，只要需要，随时都能确认（图 **11-8i**）。

图 11-8i　制作标准作业书

【3】人

和人密切相关的改善包括：①改善浪费作业；②以人才培

养为核心。现在来看看具体的内容。

①改善浪费作业

·工序的流动作业化

将生产单位形成一个批量，按照一定的批量进行流动，操作变得顺畅起来（**图 11-8j**）。这样一来，操作区的空间变小，生产进度也一目了然。

图 11-8j　按照每个批量的集中流动作业进行生产

·改善的切块工序

制作切块用的工具，消除人工的菜刀切割作业（**图 11-8k**）。切割作业效率提升，切块的均一性也得到了保证。

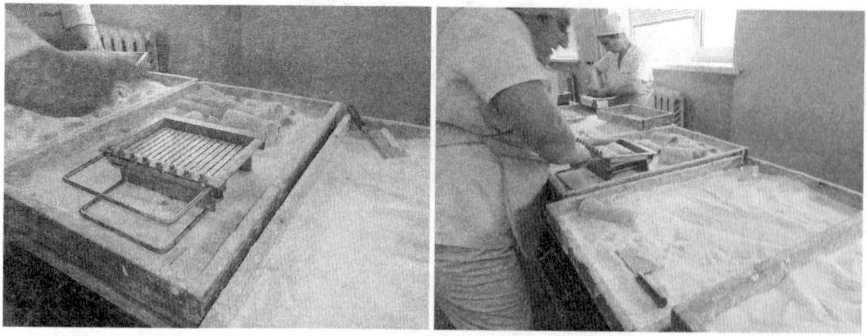

图 11-8k　开发人造革的裁断机

· 减少不必要的步行

集中搅拌机，改变布局，消除操作中的步行数量（图 11-8l）。

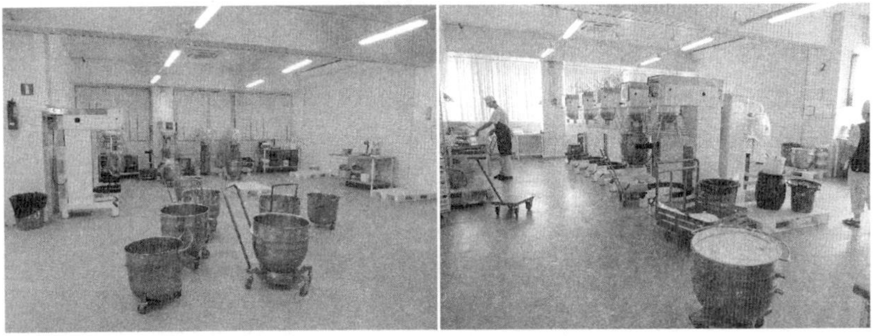

图 11-8l　改变搅拌机的布局

②以人才培养为核心

· 多能工化

以一人能完成三个以上工序为目标推动多能工化（图 11-8m）。

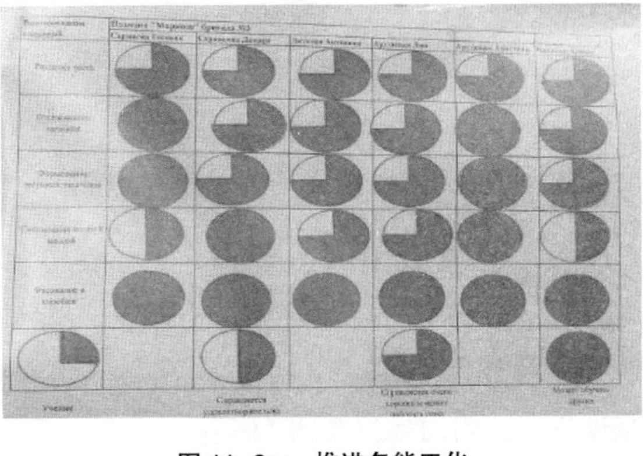

图 11-8m　推进多能工化

· 实施 TPS 检定（4 级）

切实掌握 TPS 知识。

图 11-8n　TPS 检定（4 级）的教材与认定书

【4】物流

· 库存量的管理

在存放区的墙上，展示原材料名称，最大、最小数量（**图 11-8o**）。

图 11-8o　库存量的管理

· 完善标签整理货架

制作整理货架，明确标识（图 **11-8p**）。

图 11-8p　专用整理货架

【5】设备

此前一直使用操作台，制作带有安灯的皮带流水线，提高了作业效率。**图 11-8q** 的右边照片的符号就是安灯。安灯就能显示流水线的状态，蓝色灯在运转中，红色灯在停止中，黄色灯则表示呼叫。

图 11-8q　从作业台进行的操作（左）变为简易流水线的流动作业（右）

通过实施各种各样的改善，产生了巨大的效果。GBM 评价分在两年间从 1.17 分上升到了 2.81 分（**图 11-8r**）。H 企业则以 GBM 铜奖的 3 分为目标，正在持续开展自主活动。成本、库存、质量等数据很遗憾不能公布，但都绝对达到了当初制定的目标。

GBM评价	第一次	第一年	第二年
①现场活性化	1.2	2.5	2.7
②标准书	1.2	1.9	2.3
③人	1.2	2.5	3.2
④物流	1.0	2.3	3.0
⑤设备	1.4	2.8	2.9
⑥质量	1.0	2.9	2.8
平均分（平均值）	1.17	2.49	2.81

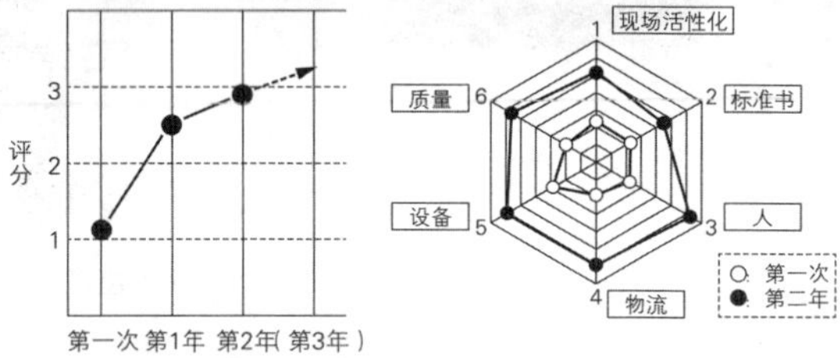

图 11-8r　GBM 得分大幅上升

译者简介

丁汝峰

长春大学日语专业毕业，大阪市立大学经营学专业结业。

1989 年至 2003 年供职于央企，历任翻译、高级经理、副处长、处长。

2003 年至今，任日本中产连北京代表处首席代表、北京中产连经济技术有限公司总经理。

近二十年来，他带领跨国技术专家团队，从事产业效率提升的指导工作，并致力研究符合中国国情的企业运营精益化的规律和方法。

龙蔚婷

北京第二外国语学院日语专业毕业，曾与日本专家共同指导中国企业推进精益生产方式十余年，现任深圳泰克工程技术有限公司运营总监，专注数字化精益改善系统，致力于精益化与数字化在制造业的融合应用。

“精益制造”专家委员会

齐二石　天津大学教授（首席专家）

郑　力　清华大学教授（首席专家）

李从东　暨南大学教授（首席专家）

江志斌　上海交通大学教授（首席专家）

关田铁洪（日本）　原日本能率协会技术部部长（首席专家）

蒋维豪（中国台湾）　益友会专家委员会首席专家（首席专家）

李兆华（中国台湾）　知名丰田生产方式专家

鲁建厦　浙江工业大学教授

张顺堂　山东工商大学教授

许映秋　东南大学教授

张新敏　沈阳工业大学教授

蒋国璋　武汉科技大学教授

张绪柱　山东大学教授

李新凯　中国机械工程学会工业工程专业委会委员

屈　挺　暨南大学教授

肖　燕　重庆理工大学副教授

郭洪飞　暨南大学副教授

毛少华　广汽丰田汽车有限公司部长

金　光　广州汽车集团商贸有限公司高级主任

姜顺龙　中国商用飞机责任有限公司高级工程师

张文进　益友会上海分会会长、奥托立夫精益学院院长

邓红星　工场物流与供应链专家

高金华　益友会湖北分会首席专家、企网联合创始人

葛仙红　益友会宁波分会副会长、博格华纳精益学院院长

赵　勇　益友会胶东分会副会长、派克汉尼芬价值流经理

金　鸣　益友会副会长、上海大众动力总成有限公司高级经理

唐雪萍　益友会苏州分会会长、宜家工业精益专家

康　晓　施耐德电气精益智能制造专家

缪　武　益友会上海分会副会长、益友会/质友会会长

东方出版社

广州标杆精益企业管理有限公司

標杆精益®
BENCHMARK LEAN

人民东方出版传媒
People's Oriental Publishing & Media
東方出版社
The Oriental Press

近冈裕、山崎良兵、野々村洸：

数字孪生制造：

技术、应用 · 10 讲

创新的零成本试错之路，智能工业化组织的必备技能

吉田胜：

超强机床制造：

市场研究与策略 · 6 讲

机床制造的下一个竞争核心，是提供“智能工厂整体优化承包方案”

吉田胜、近冈裕、中山力，等：

只做一件也能赚钱的工厂

获得属于下一个时代的，及时满足客户需求的能力

吉田胜：

商用智能可穿戴设备：

基础与应用 · 7 讲

将商用可穿戴设备投入生产现场

拥有快速转产能力，应对多变市场需求

吉田胜、山田刚良：

5G 智能工厂：

技术与应用 · 6 讲

跟日本头部企业学

5G 智能工厂构建

木崎健太郎、中山力：

工厂数据科学家：

DATA SCIENTIST · 10 讲

从你的企业中找出数据科学家

培养他，用好他

中山力：

增材制造技术：

应用基础 · 8 讲

更快、更好、更灵活

——引爆下一场制造业革命

内容合作、推广加盟

请加主编微信

定价：28.00 元

定价：36.00 元

定价：30.00 元

定价：32.00 元

定价：32.00 元

定价：32.00 元

定价：38.00 元

定价：26.00 元

定价：36.00 元

定价：22.00 元

定价：32. 00 元

定价：36. 00 元

定价：36. 00 元

定价：36. 00 元

定价：38. 00 元

定价：28. 00 元

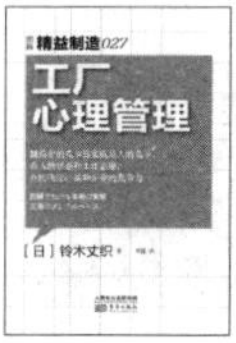

定价：38. 00 元

定价：36. 00 元

定价：38. 00 元

定价：36. 00 元

定价：36. 00 元

定价：46. 00 元

定价：38. 00 元

定价：42. 00 元

定价：49. 80 元

定价：38. 00 元

定价：38. 00 元

定价：38. 00 元

定价：45. 00 元

定价：52. 00 元

定价：42.00 元

定价：42.00 元

定价：48.00 元

定价：58.00 元

定价：48.00 元

定价：58.00 元

定价：58.00 元

定价：42.00 元

定价：58.00 元

定价：58.00 元

定价：58.00 元

定价：58.00 元

定价：58.00 元

定价：58.00 元

定价：58.00 元

定价：68.00 元

定价：68.00 元

定价：68.00 元

定价：68.00 元

定价：68.00 元

定价：68.00 元

定价：68.00 元

定价：58.00 元

定价：88.00 元